Jung
O Mapa da Alma
Uma Introdução

JUNG
O Mapa da Alma
Uma Introdução

MURRAY STEIN

Tradução
ÁLVARO CABRAL

Revisão técnica
MARCIA TABONE

Editora
Cultrix
SÃO PAULO

Título original: *Jung's Map of the Soul — An Introduction.*

Copyright © Carus Publishing Company.

Copyright da edição brasileira © 2000 Editora Pensamento-Cultrix Ltda.

5ª edição 2006 (catalogação na fonte).

14ª reimpressão 2024.

Todos os direitos reservados. Nenhuma parte deste livro pode ser reproduzida ou usada de qualquer forma ou por qualquer meio, eletrônico ou mecânico, inclusive fotocópias, gravações ou sistema de armazenamento em banco de dados, sem permissão por escrito, exceto nos casos de trechos curtos citados em resenhas críticas ou artigos de revistas.

A Editora Cultrix não se responsabiliza por eventuais mudanças ocorridas nos endereços convencionais ou eletrônicos citados neste livro.

Dados Internacionais de Catalogação na Publicação (CIP)
(Câmara Brasileira do Livro, SP, Brasil)

Stein, Murray
    Jung : o mapa da alma : uma introdução / Murray Stein ; tradução Álvaro Cabral ; revisão técnica Marcia Tabone. -- 5. ed. -- São Paulo : Cultrix, 2006.

Título original : Jung's map of the soul.
ISBN 978-85-316-0646-5

    1. Jung, Carl Gustav, 1875-1961 2. Psicanálise 3. Psicologia junguiana I. Título.

06-4677
    CDD-150-1954

Índices para catálogo sistemático:

1. Psicologia analítica junguiana 150.1954

Direitos de tradução para a língua portuguesa adquiridos com exclusividade pela
EDITORA PENSAMENTO-CULTRIX LTDA., que se reserva a
propriedade literária desta tradução.
Rua Dr. Mário Vicente, 368 – 04270-000 – São Paulo, SP – Fone: (11) 2066-9000
http://www.editoracultrix.com.br
E-mail: atendimento@editoracultrix.com.br
Foi feito o depósito legal.

Para Sarah e Christopher

Sumário

Agradecimentos	9
Introdução	11
1. Superfície (Consciência do Ego)	21
2. O interior povoado (Os Complexos)	40
3. Energia psíquica (Teoria da Libido)	60
4. As fronteiras da psique (Instintos, Arquétipos e o Inconsciente Coletivo)	81
5. O revelado e o oculto nas relações com outros (Persona e Sombra)	97
6. O caminho para o interior profundo (Animus e Anima)	115
7. O centro transcendente e a integridade da psique (O Si-Mesmo)	137
8. O surgimento do si-mesmo (Individuação)	153
9. Do tempo e eternidade (Sincronicidade)	176
Notas	196
Glossário	205
Referências	207
Índice	209

Agradecimentos

Este livro não teria sido possível sem a paciente datilografia e assistência editorial de Lynne Walter. Quero agradecer-lhe por sua dedicação e inabalável otimismo. Também gostaria de agradecer a Jan Marlan por seu estímulo e entusiástico apoio. Aqueles que assistiram a minhas conferências ao longo dos anos reconhecerão suas contribuições nos muitos pontos de detalhe que não estariam neste texto se não fossem suas indagações e observações. O meu muito obrigado a todos.

Introdução

> Era possível explorar timidamente as costas da África para
> o sul, mas se rumassem para oeste nada encontrariam
> exceto o medo, o desconhecido, não o *Mare Nostrum* mas
> o Mar do Mistério, o *Mare Ignotum*.
>
> Carlos Fuentes
> *O Espelho Enterrado*

No verão em que Jung faleceu, eu estava me preparando para ingressar na universidade. Era 1961. Os seres humanos tinham começado a explorar o espaço exterior, e a corrida estava em pleno curso para ver quem seriam os primeiros a chegar à Lua, os americanos ou os russos. Todos os olhares estavam concentrados na grande aventura da exploração espacial. Pela primeira vez na história humana, pessoas tinham logrado zarpar de *terra firma* e viajado rumo às estrelas. Não me dei conta na época de que o nosso século tinha sido marcado de uma forma igualmente decisiva pelas jornadas para o interior, as grandes explorações do mundo íntimo pelos pares de Carl Jung nas décadas que antecederam o Sputnik e a Apollo. O que John Glenn e Neil Armstrong significaram para nós como exploradores do espaço exterior, Jung significa em relação ao espaço interior, um corajoso e intrépido viajante penetrando no desconhecido.

Jung faleceu em paz na sua casa dos arredores de Zurique, num quarto de frente para o lago tranqüilo a oeste. Para o sul, podia-se divisar os Alpes. No dia anterior ao de seu passamento, pediu ao filho que o ajudasse a ir até a janela para uma derradeira visão de suas amadas montanhas. Passara uma vida inteira explorando o espaço interior e descrevendo em seus escritos o que aí descobriu. Por coincidência, aconteceu que no ano em que Neil Armstrong caminhou na superfície da Lua embarquei numa viagem a Zurique, a fim de estudar no Instituto Jung. O que estou compartilhando com os leitores neste volume é a essência de quase trinta anos de estudo do mapa da alma traçado por Jung.

A finalidade deste livro é descrever as conclusões a que Jung chegou, tal como as apresentou em seus escritos publicados. Descobrir Jung pode ser, antes de mais nada, algo como mergulhar naquele "Mar de Mistério" a cujo respeito

Fuentes escreveu em seu relato sobre os primeiros exploradores que se aventuraram a cruzar o Atlântico desde a Espanha. É com uma sensação de excitação, mas também de medo, que um homem penetra nessas remotas paragens. Recordo as minhas primeiras tentativas. Senti-me dominado por tamanha excitação que procurei ansiosamente o conselho de muitos dos meus professores universitários. Perguntava-me se isso era "seguro". Jung era tão atraente que me parecia ser bom demais para ser verdadeiro! Ver-me-ia perdido, confuso, desorientado? Felizmente para mim, esses mentores deram-me a luz verde, e estou viajando e descobrindo tesouros desde então.

A jornada original do próprio Jung foi ainda mais assustadora. Ele não tinha, literalmente, nenhuma idéia sobre se iria encontrar um tesouro ou despencar da borda do mundo no espaço exterior. O inconsciente era, na verdade, um *Mare Ignotum* quando Jung pela primeira vez penetrou nele. Mas era jovem e corajoso, e estava determinado a realizar algumas novas descobertas. Assim, não hesitou em seguir adiante.

Jung referiu-se, com freqüência, a si mesmo como um pioneiro e explorador do mistério inexplorado que é a alma humana. Parece ter tido um espírito arrojado. Para ele — como para nós ainda — a psique humana era um vasto território e, no seu tempo, não tinha sido ainda muito estudada. Era um mistério que desafiava os aventureiros com a perspectiva de ricas descobertas e assustava os tímidos com a ameaça de insanidade. Para Jung, o estudo da alma tornou-se também uma questão de grande importância histórica, visto que, como ele certa vez disse, o mundo inteiro está pendente de um fio, e esse fio é a psique humana. É vital que nos familiarizemos todos com isso.

A grande interrogação, claro, é esta: Pode a alma humana ser alguma vez conhecida, suas profundezas sondadas, seu vasto território explorado e mapeado? Foi talvez algum resíduo da grandiosidade científica do século XIX o que levou pioneiros da psicologia da profundidade, como Jung, Freud e Adler, a empreender esse esforço e a pensar que poderiam definir a inefável e supremamente inescrutável psique humana. Mas estavam dispostos a penetrar nesse *Mare Ignotum* e Jung tornou-se um Cristóvão Colombo do mundo interior. O século XX tem sido uma era de grandes avanços científicos e maravilhas tecnológicas de toda a espécie; também tem sido uma idade de profunda introspecção e investigação de nossa comum subjetividade humana, o que resultou no campo hoje amplamente conhecido como psicologia da profundidade.

Um modo de nos familiarizarmos com a psique consiste em estudar os mapas que esses grandes pioneiros traçaram dela e colocaram à nossa disposição. Em suas obras, podemos encontrar muitos pontos de orientação para nós próprios, e talvez sejamos também estimulados a realizar investigações adicionais e a fazer novas descobertas. O mapa da psique elaborado por Jung, por mais preliminar e talvez não-refinado que seja, por mais aberto e sem limites previamente fixados que se apresente — como são todas as primeiras tentativas de mapear territórios desconhecidos —, ainda pode ser de grande proveito para aqueles que querem penetrar no espaço interior, o mundo da psique, e não ficar completamente perdidos pelo caminho.

Neste livro, aceito Jung em seu papel autodesignado de explorador e cartógrafo, e deixo que essa imagem me guie ao apresentar esta introdução à sua teoria da psique humana. A psique é o território, o domínio desconhecido que ele estava explorando; a sua teoria é o mapa por ele criado para comunicar o seu entendimento da psique. Assim, é o mapa da alma oferecido por Jung que eu tentarei descrever neste livro, conduzindo o leitor pelo território de seus escritos. Ao fazê-lo, estou apresentando um mapa de um mapa, mas que espero seja útil quando o leitor decidir empreender por conta própria suas incursões na vida e obra de Jung.

Como todos os cartógrafos, Jung trabalhou com os instrumentos, as provas e os testemunhos de que podia dispor em seu tempo. Nascido em 1875, concluiu o curso de medicina na Universidade de Basiléia, na Suíça, em 1900, e fez sua especialização em psiquiatria no Hospital Burghölzli, em Zurique, até 1905. Sua importante colaboração com Freud decorreu entre 1907 e 1913, após o que consumiu alguns anos entregue a uma profunda auto-análise, dela emergindo então com a sua própria e distinta teoria psicológica — denominada psicologia analítica — a qual apresentou ao mundo em 1921 no livro *Tipos Psicológicos*.[1] Em 1930, aos 55 anos de idade, ele tinha criado a maioria das características básicas de sua teoria mas não detalhara ainda um certo número de importantes pontos. Os detalhes seriam apresentados nos anos seguintes a 1930 e continuariam fluindo da pena de Jung até a sua morte em 1961.

O projeto de explorar cientificamente a psique humana foi iniciado nos primeiros anos da vida adulta de Jung. A sua primeira expedição oficial é descrita em sua tese doutoral, *On the Psychology and Pathology of So-Called Occult Phenomena* (*Sobre a Psicologia e Patologia dos Chamados Fenômenos Ocultos*).[2] O estudo fornece-nos uma descrição psicológica do mundo interior de uma jovem e talentosa mulher que, sabemos hoje, era na realidade sua própria prima Helene Preiswerk. Quando adolescente, ela tinha a capacidade incomum de atuar como médium para os espíritos de mortos, que falariam através dela com vozes e acentos históricos notavelmente precisos. Jung estava fascinado e empenhou-se em entender e interpretar esse desconcertante fenômeno psicológico. Persistindo nesse intento, usou o teste de associação verbal para desvendar características ocultas da paisagem psíquica que não tinham sido classificadas antes. Divulgou-as em numerosos artigos que estão hoje reunidos no volume 2 de suas *Obras Completas*. A essas recém-descobertas características do inconsciente deu o nome de "complexos", um termo que perdurou e o fez famoso. Depois disso, ocupou-se de dois sérios problemas psiquiátricos, a psicose e a esquizofrenia, e produziu um livro, *A Psicologia da Dementia Praecox*,[3] que enviou a Freud como exemplo de seu trabalho e como sugestão para a forma como algumas das idéias de Freud podiam ser aplicadas em psiquiatria (Freud era neurologista). Após receber calorosa e entusiástica resposta de Freud, estabeleceu com este um assíduo relacionamento profissional e tornou-se rapidamente o líder do incipiente movimento psicanalítico. Teve então início o seu estudo das sombrias regiões das condições neuróticas, chegando finalmente à descoberta de mais ou menos invariantes fantasias e padrões de comportamento universais (os arquétipos) numa área da psique profunda a que chamou o "inconsciente coletivo". A descrição e o relato detalhado do arquétipo e do inconsciente coletivo converter-se-iam na sua assinatura, a marca que distingue o seu mapa dos de todos os outros exploradores da psique profunda, o inconsciente.

O ano de 1930 divide a vida profissional de Jung em duas metades quase exatamente iguais: em 1900, iniciou sua especialização e estudos psiquiátricos no Hospital Burghölzli, e em 1961 faleceu como um sábio ancião em sua residência de Küsnacht, às margens do lago Zurique. Em retrospecto, pode-se ver que os primeiros trinta anos de atividade profissional foram profundamente criativos. Durante esses anos, gerou os elementos básicos de uma monumental teoria psicológica, assim como abordou importantes questões coletivas do seu tempo mas que não estão isentas de permanente atualidade. Os segundos trinta anos foram talvez menos inovadores no tocante a novos conceitos teóricos, mas a produção de livros e artigos foi até maior do que no primeiro período. Foram os anos de aprofundamento e validação de hipóteses e intuições anteriores. Ampliou ainda mais suas teorias para incluir estudos de história, cultura e religião, e para criar uma ligação essencial com a física moderna. A atividade clínica de Jung com pacientes psiquiátricos e com analisandos foi mais absorvente e intensa na primeira metade de sua vida profissional; reduziu-se a um mínimo depois de 1940, quando a guerra interrompeu a vida coletiva normal na Europa e Jung também sofreria, pouco depois, um ataque cardíaco.

A investigação de Jung da psique também foi eminentemente pessoal. A sua exploração da mente inconsciente não foi realizada unicamente com sujeitos experimentais e pacientes. Ele também se analisou. De fato, durante um certo tempo, tornou-se o seu próprio sujeito primordial de estudo. Observando cuidadosamente seus próprios sonhos e desenvolvendo a técnica de imaginação ativa, encontrou um caminho para penetrar cada vez mais profundamente nos espaços mais recônditos e de mais difícil acesso do seu mundo interior. Para entender seus pacientes e a si mesmo, desenvolveu um método de interpreta-

Introdução 15

ção que se baseou em estudos comparativos de cultura humana, mito e religião; de fato, usou todo e qualquer material proveniente da história do mundo que tivesse alguma relação com os processos mentais. Deu a esse método o nome de "ampliação".

As principais fontes e origens do pensamento de Jung ainda não foram claramente elaboradas em detalhe. Em seus escritos, reconheceu uma dívida para com muitos pensadores que o antecederam, entre eles Goethe, Kant, Schopenhauer, Carus, Hartmann e Nietzsche; da maior importância é o fato de se situar a si próprio na linhagem dos gnósticos antigos e dos alquimistas medievais. Seu filósofo preferido era Kant. A influência da dialética de Hegel é também evidente em sua teorização. E Freud deixou visíveis marcas. Conquanto possa ser demonstrado que o pensamento de Jung desenvolveu-se e cresceu ao longo dos anos que sua carreira abrangeu, existe, porém, uma notável continuidade em sua orientação intelectual básica. Alguns leitores de Jung encontraram sementes de suas ulteriores teorias psicológicas já evidentes em algumas das palestras universitárias lidas em sua associação acadêmica e publicadas como *As Palestras Zofingia*. Estas foram redigidas antes de 1900, quando ele era ainda um estudante na Universidade de Basiléia. O historiador Henry Ellenberger chega ao ponto de afirmar que "a célula germinal da psicologia analítica de Jung será encontrada em seus debates na Associação Acadêmica Zofingia e em seus experimentos com a sua jovem prima, a médium Helene Preiswerk".[4] As palestras Zofingia mostram os primeiros confrontos de Jung com as questões que o ocupariam durante a vida inteira, como a questão de expor a religião e a experiência mística à investigação empírica, científica. Mesmo jovem, Jung já nessa altura argumentava que tais assuntos deviam ser acessíveis à pesquisa empírica e abordados com espírito aberto. Quando se encontrou com William James em 1909 na Clark University [em Worscester, Massachusetts], esse foi um ponto alto de suas conversas, porque James tinha adotado a mesma posição e produzira o seu estudo clássico, *As Variedades da Experiência Religiosa*, usando precisamente esse tipo de método.

Da totalidade desse estudo e experiência, portanto, Jung extraiu um mapa da alma humana. É um mapa que descreve a psique em todas as suas dimensões, e também procura explicar sua dinâmica interna. Mas Jung era sempre cuidadoso a respeito do mistério supremo da psique. Sua teoria pode ser lida como um mapa da alma, mas é o mapa de um mistério que não pode, em última instância, ser captado em termos e categorias racionais. É o mapa de uma coisa viva, palpitante, mercurial — a psique.

Ao ler Jung, também é necessário ter em mente que o mapa não é o território. O conhecimento do mapa não é a mesma coisa que ter uma experiência da psique profunda. No máximo, o mapa pode ser um instrumento útil para aque-

16 Jung — O Mapa da Alma

les que querem orientação e guia. Para alguns que se perdem ou se extraviam, pode ser até um salva-vidas. Para outros, estimulará um poderoso desejo de experimentar aquilo sobre que Jung está falando. Eu comecei a escrever os meus sonhos quando li Jung pela primeira vez. Mais tarde, viajei a Zurique e estudei durante quatro anos no Instituto Jung. Pela análise e experiência pessoal do inconsciente, obtive conhecimento em primeira mão de muitas das descobertas de Jung. E, no entanto, o meu mundo interior não é idêntico ao dele. Seu mapa interior pode mostrar o caminho e indicar os princípios gerais, mas não oferece qualquer conteúdo específico. Este deve ser descoberto pela própria pessoa.

Para muitas características do mapa, Jung confiou na intuição científica e numa imaginação espantosamente vigorosa. Os métodos adotados pela ciência do seu tempo não podiam provar nem refutar a sua hipótese sobre o inconsciente coletivo, por exemplo. Hoje, estamos bem mais próximos de poder comprovar a sua existência. À semelhança daqueles maravilhosamente ilustrados mapas da Antigüidade e da Renascença — desenhados antes da cartografia tornar-se científica — o mapa que Jung criou é deslumbrante, não só abstrato. Aí podemos encontrar sereias e dragões, heróis e personagens perversas. Como investigador científico, é claro, ele era obrigado a testar empiricamente seus palpites e conceitos hipotéticos. Mas isso ainda deixava muito espaço livre para a imaginação mítica.

Jung trabalhou na disciplina da psiquiatria, ou psicologia médica, como às vezes se lhe referia. Seu principal professor nos primeiros anos de seu aprendizado no Hospital Burghölzli em Zurique foi o célebre psiquiatra suíço Eugen Bleuler, inventor do termo "esquizofrenia" para referir-se a uma das mais severas enfermidades mentais, e autor de numerosos textos sobre a questão psicológica da ambivalência. Tanto quanto possível, Jung procurou sempre em fontes alheias a si e à sua própria experiência imediata as provas e a verificação para suas teorias e hipóteses. Sua gama de leitura e estudo era vastíssima. Sua pretensão era de que, como investigador empírico da psique, o mapa por ele traçado descrevesse não só o território do seu próprio mundo interior mas se referisse às características da alma humana em geral. À semelhança de outros grandes artistas, os quadros que ele pintou teriam o poder de falar a pessoas de muitas gerações e culturas.

A minha opinião é a de que esse psicólogo suíço, cujo nome é hoje universalmente conhecido e altamente respeitado, mas cuja obra, com freqüência, não é cuidadosamente lida e muitas vezes criticada por ser incoerente e contraditória, produziu na realidade uma teoria psicológica coerente. Vejo-a como um mapa tridimensional que mostra os níveis da psique assim como as relações dinâmicas entre eles. É uma obra de arte cujas partes estão em perfeita harmonia entre si, atraindo e seduzindo a uns e não a outros. Os seus postulados são moldados como proposições científicas e, não obstante, muitos deles são extremamente difíceis de provar ou refutar no plano empírico. Importantes trabalhos estão em curso nessa área mas, sejam quais forem os resultados que eles venham a mostrar, o conjunto da obra de Jung continuará a atrair atenção e admiração. As obras de arte nunca se tornam obsoletas, embora os mapas possam perder sua importância com o progresso do tempo e as mudanças na metodologia.

Descrever o mapa junguiano da psique num pequeno livro não é um projeto completamente novo, e outros, com destaque para Jolande Jacobi e Frieda Fordham, produziram obras introdutórias semelhantes em tempos idos. O que este meu trabalho acrescenta, assim espero, é a ênfase sobre a coerência da teoria como um todo e sua rede sutil de interconexões. Tal como a teoria é freqüentemente apresentada, há um pouco disto e um pouco daquilo, e o fato de que todas as peças promanam de uma só visão unificada — que eu entendo como uma visão sublime da alma — não é tão óbvia. É também o caso de que um considerável número de anos transcorreu desde que essas mais antigas introduções à teoria de Jung foram oferecidas e o tempo ficou maduro para uma nova introdução.

O meu objetivo é mostrar que embora lacunas e incoerências existam no mapa de Jung, há uma profunda unidade subjacente de visão que supera com larga margem os ocasionais lapsos de precisão lógica. O meu principal interesse nesta exposição não é mostrar o desenvolvimento do pensamento de Jung ou considerar em detalhe as suas aplicações práticas em psicoterapia e análise. Consiste, antes, em assinalar a unidade intelectual subjacente ao tumulto de comentários e detalhes que constituem a sua obra completa. O leitor atento sairá, espero, da leitura deste livro com um quadro geral da teoria de psicologia analítica tal como foi exposta pelo próprio Jung, assim como terá adquirido um conhecimento dos mais importantes detalhes e como pertencem e se integram num único todo.

A razão da notável unidade da descrição da psique que Jung nos oferece provém, creio eu, de uma característica do seu pensamento que não é fruto de sua metodologia empírica. Jung era um intuitivo pensador criativo à maneira de filósofos como Platão e Schopenhauer. Criou o seu mapa da psique a partir de idéias em curso na comunidade científica e intelectual do seu tempo, mas deu a essas idéias uma feição ímpar. Em vez de se apresentar com novas e radicais noções, optou por recorrer às idéias geralmente disponíveis e com elas modelar um novo padrão sumamente distinto. Como um grande artista plástico trabalhando numa determinada tradição de pintura, usou as imagens e os materiais que lhe eram acessíveis, e criou algo novo, algo que jamais fora visto antes, embora usando exatamente as mesmas combinações de elementos.

Jung era também um visionário na tradição de Mestre Eckhart, Boehme, Blake e Emerson. Muitas das suas mais importantes intuições originaram-se em suas experiências do sublime, as quais lhe chegaram em sonhos, visões e imaginação ativa. Ele confessa isso abertamente em sua autobiografia, onde escreve que o seu principal professor sobre a "realidade da psique" foi a figura Philemon, que lhe apareceu primeiro num sonho e com quem se engajou depois, durante anos, num processo de imaginação ativa.[5] A experiência direta da alma é a fonte primordial da teoria de Jung e isso explica sua profunda unidade e coerência internas.

Mas Jung também era um cientista dedicado, e isso separa sua obra dos escritos de poetas e místicos. Trabalhou com o método científico, o que significou que considerava sua obra passível de prestar contas à comunidade científica, e submeteu-a a testes empíricos. Às suas visões, intuições e percepções internas não era simplesmente permitido apoiarem-se em seus próprios méritos; elas eram colocadas em confronto com a evidência fornecida pela experiência humana em geral. A forte necessidade de Jung de ser científico e empírico explica os limites mal definidos em sua teoria, as toscas aproximações que poderiam ter sido trabalhadas de forma muito mais refinada pelo puro intelecto e a imaginação. O mundo empírico — a vida tal como é experimentada — é confuso, desordenado, e não se encaixa perfeitamente nos moldes criados pelo pensamento e pela imaginação humanos. Como Jung era um visionário pensador intuitivo e, ao mesmo tempo, um cientista empírico, o seu mapa da psique humana é coerente e, no entanto, só vagamente sistemático e com todas as suas partes em recíproca harmonia.

Uma razão por que continuo a apreciar os escritos de Jung e o venho lendo assiduamente há mais de 25 anos é ele não ser compulsivamente coerente. Quando estudei pensadores verdadeiramente sistemáticos, como Tillich ou Hegel, sempre me senti contorcendo-me nas duras e ásperas garras de suas mentes inflexíveis. Seus pensamentos estão, para mim, organizados de forma elevada demais, soberba demais. Onde está a desordem, o colorido, o suco da vida? Isso levou-me a recorrer aos artistas e poetas em busca de sabedoria, em vez de, em primeiro lugar, a filósofos e teólogos. Desconfio dos sistemas rígidos. Acho-os paranóides. Os escritos de Jung nunca me afetaram desse modo.

Lendo Jung, senti sempre o seu profundo respeito pelos mistérios da psique humana, e essa atitude permite que os horizontes continuem em expansão. O seu mapa abre panoramas em vez de os bloquear. Espero ser capaz de comunicar essa mesma impressão ao leitor.

Este é um livro introdutório. Embora eu espere que mesmo estudantes avançados da psicologia de Jung se beneficiem com a sua leitura, o meu verdadeiro público é formado por aqueles que gostariam de saber o que Jung disse mas não encontraram ainda o modo correto de ingressar em seus maciços escritos e complexo pensamento. Cada capítulo deste livro focaliza um tema de sua teoria. Abordo aquelas passagens específicas de suas *Obras Completas* que expõem esse trecho do seu mapa. O leitor especialmente motivado e diligente pode consultar essas referências mais tarde, com a cabeça repousada. A minha apresentação centrada no texto oferecerá, assim espero, um amistoso convite para mergulhar nos documentos primários e enfrentar o desafio de implicar com o significado por vezes obscuro de Jung e de refletir sobre as suas implicações.

A seleção dessas leituras é minha própria escolha pessoal. Outros textos igualmente valiosos poderiam ter sido citados e usados. Procurei escolher os mais claros e representativos ensaios e trechos da obra de Jung para demonstrar a coerência essencial da sua visão. O mapa junguiano da psique é uma realização maciça de intelecto, observação e intuição criativa. Poucos pensadores modernos chegaram perto de igualar essa imponente obra, a qual está alojada nos dezoito volumes das *Obras Completas*, os três volumes de *Cartas*, as várias coletâneas de entrevistas e escritos ocasionais, e sua autobiografia (escrita com Aniela Jaffé). Dessa montanha de material, escolhi os tópicos que pertencem mais essencialmente à sua teoria e pus de lado aqueles que se relacionam com a prática analítica e a interpretação de cultura, história e religião. Retorno à pergunta que formulei antes: Existe realmente um sistema nas obras de Jung? É ele um pensador sistemático? A resposta é, provavelmente, um circunspecto sim. A teoria é coesa, da mesma forma que a Suíça é um país coeso embora a população fale quatro línguas diferentes. O todo está unido, embora as partes pareçam como se pudessem manter-se sozinhas e funcionar de forma totalmente independente. Jung não pensou sistematicamente do modo que um filósofo pensa, construindo sobre premissas básicas e certificando-se de que as partes se ajustam e se combinam mutuamente sem contradição. Ele afirmou ser um cientista empírico e, assim, a sua teorização combina com o caráter desordenado do mundo empírico. Pensador intuitivo, Jung expõe grandes conceitos, elabora-os em algum detalhe e depois segue em frente para outros grandes conceitos. Faz freqüentemente marcha à ré, repete-se e vai tapando lacunas à medida que avança. Tem que se conhecer toda a sua obra para se obter um quadro correto. Se ele for lido de um modo mais ou menos aleatório por algum tempo, o leitor começará a desconfiar de que as peças se ajustam, de uma forma ou de outra, na própria mente de Jung, mas só depois de lida toda a sua obra e refletindo sobre ela por muito tempo, é que o leitor poderá ver como realmente isso ocorre.

Penso que Jung sentiu que, tendo adquirido consciência da profundidade e vasta extensão da psique humana através de seu trabalho clínico e de sua experiência pessoal, tinha de trabalhar pacientemente durante considerável período de tempo, a fim de formular de um modo responsável essa visão sublime da alma humana. Não se precipitaria, e não foram poucas as vezes em que protelou uma publicação por vários anos, enquanto trabalhava na construção de estruturas que pudessem sustentar o seu pensamento na comunidade intelectual. Como tentamos apreender essa visão em toda a sua magnitude, precisamos ter em mente que Jung a elaborou ao longo de um período de sessenta anos. Não devíamos estar abertamente obcecados com a consistência exata numa obra dessa amplitude e que está afinada com a realidade empírica.

Seus estudantes em Zurique contam uma história a respeito de Jung. Certa vez, quando era criticado por ser inconsistente em alguns pontos da teoria, ele respondeu: Tenho o meu olhar concentrado no fogo central, e estou tentando colocar alguns espelhos em volta a fim de mostrá-lo a outros. Por vezes, as bordas desses espelhos deixam lacunas e não se ajustam todas com exatidão. Não posso evitar isso. Vejam o que eu estou tentando assinalar!

Considero ser minha tarefa descrever tão rigorosamente quanto possível o que Jung mostra nesses espelhos. É uma visão que tem sustentado muita gente em nossa geração e pode ser uma visão para o futuro previsível. Sobretudo, os seus escritos fornecem-nos imagens de um grande mistério: a psique humana.

1

Superfície

(Consciência do Ego)

Começarei a desenrolar o mapa da psique traçado por Jung examinando a sua descrição da consciência humana, bem como de sua característica mais central, o ego. "Ego" é um termo técnico cuja origem é a palavra latina que significa "eu". Consciência é a percepção dos nossos próprios sentimentos e no seu centro existe um "eu". Este é um óbvio ponto de partida e o portal para ingressar no vasto espaço interior a que damos o nome de psique. É também uma complexa característica da psique, a qual ainda contém muitos enigmas e perguntas sem resposta.

Embora Jung estivesse mais interessado em descobrir o que havia por baixo da consciência, nas regiões interiores da psique, ele também assumiu a tarefa de descrever e explicar a consciência humana. Desejava criar um mapa completo da psique, de modo que isso foi inevitável: a consciência do ego é uma característica primordial do território que ele estava explorando. Jung não pode realmente ser qualificado como um psicólogo do ego mas, de fato, atribuiu um valor social ao ego, ofereceu uma descrição das funções do ego e reconheceu a importância crítica de maior consciência para o futuro da vida humana e para a cultura. Além disso, tinha uma noção perfeita de que a consciência do ego é, *per se*, a condição prévia para a investigação psicológica. É a ferramenta. O nosso conhecimento como seres humanos sobre qualquer coisa é condicionado pelas capacidades e limitações da nossa consciência. Portanto, estudar a consciência é dirigir a atenção para o instrumento que se está usando para a investigação e exploração psicológicas.

Por que é tão importante, sobretudo em psicologia, entender a natureza da consciência do ego? Porque há a necessidade de proceder a ajustes para a distorção. Disse Jung que toda a psicologia é uma confissão pessoal.[1] Todo psicólogo criativo está limitado por suas próprias preferências pessoais e por seus pressupostos não examinados. Nem tudo o que parece ser verdadeiro até para a consciência do mais sério e mais sincero investigador constitui necessariamente um conhecimento preciso. Muito do que passa por ser conhecimento entre os seres humanos é, na realidade, após inspeção mais rigorosa e mais crítica, mero preconceito ou crença baseada em distorção, prevenção, boato, especulação ou pura fantasia. As crenças passam por ser conhecimento e adere-se a elas como se fossem certezas dignas de crédito. "Eu creio a fim de poder entender", um famoso comentário de Santo Agostinho, pode parecer hoje estranho aos nossos ouvidos modernos e, no entanto, é esse freqüentemente o caso quando as pessoas começam a falar sobre realidade psicológica. Jung empenhou-se seriamente em examinar os fundamentos de seu próprio pensamento mediante um exame crítico do instrumento que estava usando para realizar suas descobertas. Argumentou vigorosamente que um entendimento crítico da consciência é essencial para a ciência, tanto quanto o é para a filosofia. O entendimento correto da psique ou, a bem dizer, de qualquer outra coisa, depende do estado de consciência de cada um. Jung queria oferecer um entendimento crítico da consciência. Esse foi o seu objetivo primacial ao escrever sua obra-chave, *Tipos Psicológicos,* a qual descreve oito estilos cognitivos que distinguem a consciência humana e processam de modo diferente a informação e a experiência de vida.

A Relação do Ego com a Consciência

Jung, portanto, escreve muito sobre consciência do ego em grande parte de suas obras publicadas. Para os meus propósitos aqui, examinarei inicialmente o primeiro capítulo, intitulado "O Eu", de um de seus últimos livros, *Aion — Estudos Sobre o Simbolismo do Si-Mesmo,* assim como alguns textos e passagens afins. Eles sumariam adequadamente a sua posição e representam o seu pensamento maduro sobre o assunto. No final deste capítulo incluirei algumas referências a *Tipos Psicológicos.*

Aion pode ser lido em muitos níveis diferentes. É, como dissemos, uma obra dos últimos anos de Jung e reflete seu profundo envolvimento com a história intelectual e religiosa ocidental e seu futuro, bem como os seus mais detalhados

Superfície 23

pensamentos acerca do arquétipo do si-mesmo. Os primeiros quatro capítulos foram adicionados ao livro mais tarde a fim de dotar o novo leitor com uma introdução à sua teoria psicológica geral e oferecer um ponto de entrada no vocabulário da psicologia analítica. Se bem que essas páginas introdutórias não sejam detalhadas nem particularmente técnicas, elas contêm as mais condensadas considerações de Jung sobre as estruturas psíquicas denominadas ego, sombra, anima, animus e si-mesmo.

Jung define aí o "ego" nos seguintes termos: "Entendemos por ego aquele fator complexo com o qual todos os conteúdos conscientes se relacionam. É este fator que constitui, por assim dizer, o centro do campo da consciência, e dado que este campo inclui também a personalidade empírica, o ego é o sujeito de todos os atos conscientes da pessoa."[2] A consciência é um "campo" e aquilo a que Jung chama aqui a "personalidade empírica" é a nossa personalidade tal como a conhecemos e a vivenciamos diretamente. O ego , como "sujeito de todos os atos pessoais de consciência", ocupa o centro desse campo. O termo ego refere-se à experiência que a pessoa tem de si mesma como um centro de vontade, de desejo, de reflexão e ação. Essa definição do ego como o centro da consciência mantém-se constante do começo ao fim dos escritos de Jung.

Jung dá prosseguimento a esse texto com um comentário sobre a função do ego dentro da psique: "A relação de qualquer conteúdo psíquico com o ego funciona como critério para saber se este último é consciente, pois não há conteúdo consciente que não se tenha apresentado antes ao sujeito."[3] O ego é um "sujeito" a quem os conteúdos psíquicos são "apresentados". É como um espelho. Além disso, a ligação com o ego é a condição necessária para tornar qualquer coisa consciente — um sentimento, um pensamento, uma percepção ou uma fantasia. O ego é uma espécie de espelho no qual a psique pode ver-se a si mesma e pode tornar-se consciente. O grau em que um conteúdo psíquico é tomado e refletido pelo ego é o grau em que se pode afirmar que ele pertence ao domínio da consciência. Quando um conteúdo psíquico só é vaga ou marginalmente consciente, é porque não foi ainda captado e mantido em seu lugar na superfície refletora do ego.

Nas passagens que se seguem a essa definição do ego, Jung estabelece uma distinção crucial entre características conscientes e inconscientes da psique: consciência é o que conhecemos e inconsciência é tudo aquilo que ignoramos. Um outro estudo, escrito mais ou menos na mesma época [*A Natureza da Psique*], torna essa distinção um pouco mais precisa: "O inconsciente não se identifica simplesmente com o desconhecido; é antes o *psíquico desconhecido*, ou seja, tudo aquilo que presumivelmente não se distinguiria dos conteúdos psíquicos conhecidos, quando chegasse à consciência."[4] A distinção entre consciente e inconsciente, tão fundamental na teoria geral da psique de Jung, como

24   *Jung — O Mapa da Alma*

é, aliás, para toda a psicologia da profundidade, postula que alguns conteúdos são refletidos pelo ego e mantidos na consciência, onde podem ser examinados e manipulados de novo, ao passo que outros conteúdos psíquicos situam-se fora da consciência, seja temporária, seja permanentemente. O inconsciente inclui todos os conteúdos psíquicos que se encontram fora da consciência, por qualquer razão ou qualquer duração. Na realidade, essa é a grande massa constituinte do mundo psíquico. O inconsciente era a principal área de investigação em psicologia da profundidade e o mais apaixonado interesse de Jung estava na exploração desse território. Mas voltaremos a falar disso mais adiante.

Em seus escritos, Jung refere-se freqüentemente ao ego como um "complexo", termo este que será extensamente discutido no próximo capítulo. Na passagem do *Aion*, entretanto, ele chama-lhe simplesmente um conteúdo específico da consciência, afirmando assim que a consciência é uma categoria mais ampla do que o ego e contém mais do que somente o ego.

O que é então a consciência, esse campo onde o ego está localizado e cujo centro é por este último ocupado e definido? A consciência é, muito simplesmente, o estado de conhecimento e entendimento de eventos externos e internos. É o estar desperto e atento, observando e registrando o que acontece no mundo em torno e dentro de cada um de nós. Os humanos não são, é claro, os únicos seres conscientes sobre a Terra. Outros animais também são conscientes, uma vez que podem, obviamente, observar e reagir ao seu respectivo meio ambiente em termos cuidadosamente modelados. A sensibilidade das plantas para o seu meio ambiente também pode ser tomada como uma forma de consciência. A consciência, *per se*, não separa nem distingue a espécie humana de outras formas de vida. Nem a consciência é algo que separa os humanos adultos das crianças. *Stricto sensu*, a consciência humana não depende em absoluto, no tocante à sua qualidade essencial, de idade ou desenvolvimento psicológico. Um amigo meu que observou o nascimento de sua filha disse-me como ficou profundamente comovido quando, depois da placenta ser removida e os olhos do bebê serem limpos, ela os abriu e passeou o olhar pela sala, assimilando-a. Isso era, obviamente, um sinal de consciência. O olho é um indicador da presença de consciência. Sua vivacidade e movimento é o sinal de que um ser vígil está observando o mundo. A consciência depende não só da vista, é claro, mas também dos outros sentidos. No ventre materno, antes dos olhos do bebê estarem funcionando para ver, ele registra sons, reage a vozes e a música, e indica um notável grau de receptividade. Ainda não sabemos exatamente quando o embrião atinge pela primeira vez um certo nível de percepção e receptividade que possa ser definido como consciência, mas é um processo que se inicia muito cedo e certamente no período pré-natal.

O oposto de consciência é o sono profundo e sem sonhos, a ausência total de reatividade e da capacidade de perceber e sentir. E a permanente ausência

Superfície

de consciência de um corpo é praticamente uma definição de morte, exceto em casos de prolongado coma. A consciência, mesmo que se trate apenas do potencial para consciência futura, é o "fator vital"; ele pertence a corpos vivos.

O que o desenvolvimento faz à consciência é adicionar-lhe um conteúdo específico. Em teoria, a consciência humana pode ser separada do seu conteúdo — os pensamentos, lembranças, identidade, fantasias, emoções, imagens e palavras que afluem e se aglomeram no seu espaço. Mas, na prática, isso é quase impossível. De fato, só os iniciados espirituais de um nível avançado parecem ser capazes de fazer essa distinção de um modo convincente. É verdadeiramente um sábio quem pode separar a consciência do seu conteúdo e logra manter uma coisa separada da outra, aquele cuja consciência não é definida por identificações com pensamentos e imagens selecionados. Para a maioria das pessoas, porém, a consciência sem um estável objeto para servir-lhe de âncora, de fundamento, parece ser uma coisa extremamente efêmera e transitória. A substancialidade da consciência e o sentimento de solidez são tipicamente fornecidos por objetos e conteúdos estáveis tais como imagens, recordações e pensamentos. Substância e continuidade em consciência são feitas disso. Entretanto, como o atestam as vítimas de derrame cerebral, os conteúdos e até as funções egóicas da consciência — pensar, recordar, denominar e falar, reconhecer imagens, pessoas e faces familiares — são, na realidade, mais transitórios e frágeis do que a própria consciência. É possível pertencer inteiramente à própria memória, por exemplo, e ainda ser consciente. A consciência é como um quarto cujas quatro paredes cercam o conteúdo psíquico que temporariamente o ocupa. E a consciência precede o ego, o qual se converte, em última instância, no seu centro.

O ego, como a consciência, também transcende e sobrevive ao conteúdo específico que, em qualquer momento determinado, ocupa o quarto da consciência. O ego é o ponto focal no interior da consciência, a sua característica mais central e talvez mais permanente. Contra a opinião do Oriente, Jung argumenta que sem um ego, a própria consciência torna-se discutível. Mas é verdade que certas funções do ego podem ser suspensas ou aparentemente obliteradas sem destruir a consciência por completo e, assim, uma espécie de consciência sem ego, um tipo de consciência que apresenta muito poucas provas evidentes de um centro obstinado, de um "eu", é uma possibilidade humana, pelo menos durante curtos períodos de tempo.

Para Jung, o ego forma o centro crítico da consciência e, de fato, determina em grande medida que conteúdos permanecem no domínio da consciência e quais se retiram, pouco a pouco, para o inconsciente. O ego é responsável pela retenção de conteúdos na consciência, e também pode eliminar conteúdos da consciência deixando de os refletir. Para empregar o termo de Freud, que Jung considerou útil, o ego pode "reprimir" conteúdos que não lhe agradam, ou que considera intoleravelmente penosos ou incompatíveis com outros conteúdos. Também pode recuperar conteúdos da armazenagem no inconsciente (isto é, do banco de memória) desde que (a) não estejam bloqueados por mecanismos de defesa, como a repressão, os quais mantêm os conflitos intoleráveis fora de alcance e (b) tenham uma ligação associativa suficientemente forte com o ego — isto é, foram "aprendidos" com suficiente solidez.

O ego não é fundamentalmente constituído e definido pelos conteúdos adquiridos da consciência, tais como as identificações momentâneas ou mesmo crônicas. É algo como um espelho ou um ímã que segura um conteúdo num ponto focal da consciência. Mas também quer e age. Como centro vital da consciência, precede a aquisição da linguagem, a identidade pessoal e até o conhecimento de um nome pessoal. As aquisições subseqüentes, como o reconhecimento do próprio rosto e nome, são conteúdos que se aglomeram em torno desse centro de consciência e têm o efeito de definir o ego e ampliar a sua faixa de comando executivo e autoconhecimento. Fundamentalmente o ego é um centro virtual de percepção consciente que existe, pelo menos, desde o nascimento, o olho que vê e sempre viu o mundo desde essa vantajosa posição, desde esse corpo, desde esse ponto de vista individual. Em si mesmo, não é nada, quer dizer, não é uma coisa. Portanto, é algo sumamente esquivo e impossível de imobilizar. Pode-se até negar que ele exista. E, no entanto, está sempre presente. Não é o produto de criação, crescimento ou desenvolvimento. É inato. Embora possa ser mostrado que se desenvolve e adquire vigor desse ponto em diante, através de "colisões" com a realidade (ver adiante), o seu núcleo é "dado". Chega com a criança recém-nascida.

Da forma como Jung descreve a psique, existe uma rede de associações entre os vários conteúdos da consciência. Todos eles estão ligados direta ou indiretamente à agência central, o ego. O ego é o centro da consciência, não só geográfica mas também dinamicamente. É o centro de energia que movimenta os conteúdos da consciência e os organiza por ordem de prioridade. O ego é o *locus* da tomada de decisões e do livre-arbítrio. Quando digo "Estou indo aos Correios", o meu ego tomou uma decisão e mobiliza a energia física e emocional necessária para cumprir a tarefa. O ego conduz-me aos Correios e faz-me chegar lá. É o executivo que fixa as prioridades: "Vá aos Correios e não se deixe levar pelo seu desejo de ir passear no parque." Embora o ego possa ser visto como o centro de toda a conduta interesseira (*ego*-ismo), ele é também o do altruísmo. Em e de si mesmo, o ego, tal como Jung o entendeu e descreveu, é moralmente neutro, não uma "coisa ruim", como o ouvimos ser citado em linguagem vulgar ("oh, ele tem um tal de ego!"), mas uma parte necessária da vida psicológica humana. O ego é o que separa os humanos de outras criaturas da

Superfície 27

natureza que também possuem consciência; é também o que separa o ser humano individual de outros seres humanos. É o agente individualizante na consciência humana.

O ego focaliza a consciência humana e confere à nossa conduta consciente sua determinação e direção. Porque temos um ego, possuímos a liberdade para fazer escolhas que podem desafiar os nossos instintos de autopreservação, propagação e criatividade. O ego contém a nossa capacidade para dominar e manipular vastas somas de material dentro da consciência. É um poderoso ímã associativo e um agente organizacional. Uma vez que os humanos possuem tal força no centro da consciência, eles estão aptos a integrar e dirigir grandes quantidades de dados. Um ego forte é aquele que pode obter e movimentar de forma deliberada grandes somas de conteúdo consciente. Um ego fraco não pode fazer grande coisa desse gênero de trabalho e sucumbe mais facilmente a impulsos e reações emocionais. Um ego fraco é facilmente distraído e, por conseqüência, carece de foco e motivação consistente.

É possível, para os humanos, permanecerem conscientes mesmo que suspendam boa parte do funcionamento normal do ego. Pelo exercício da vontade, podemos dirigir-nos para ser passivos e inativos, e observar simplesmente o mundo interior ou exterior, como uma máquina fotográfica. Normalmente, porém, não é possível manter por muito tempo uma consciência observacional volitivamente restringida, porque o usual é o ego e a psique que o integra serem rapidamente envolvidos pelo que está sendo observado. Quando assistimos a um filme, por exemplo, podemos começar simplesmente observando e recebendo pessoas e cenários. Mas não tardaremos em identificar-nos com este ou aquele personagem, e as nossas emoções são ativadas. O ego prepara-se para agir e se a pessoa tem dificuldade em distinguir entre imagens cinematográficas e realidade (uma outra função do ego), ela pode ser tentada a enveredar por um comportamento físico. O corpo é então mobilizado e o ego visa a um determinado curso de ação e intenta concretizá-lo. Com efeito, os filmes são estruturados de modo que os espectadores tomem emocionalmente partido e apóiem seja o que for que um determinado personagem estiver fazendo ou sentindo. Envolvido desse modo, o ego é ativado como centro de desejos, esperanças e talvez até intenções. É concebível que uma pessoa resolva tomar uma importante decisão em sua vida enquanto vê um filme, em conseqüência dos sentimentos e pensamentos gerados na consciência por essas imagens. Sabe-se de pessoas que saíram de um cinema e tornaram-se violentas ou lascivas como resultado direto do impacto do filme. O ego foi aliciado pela emoção, identificação e desejo, e usa a sua função diretiva e energia para atuar.

Como fica evidenciado, a liberdade do ego é limitada. Ele é facilmente influenciado por estímulos psíquicos internos e ambientais externos. O ego pode responder a um estímulo ameaçador pegando em armas e defendendo-se; ou pode ser ativado e estimulado por um irresistível impulso interior para criar, amar ou desejar vingar-se. Também pode reagir a um impulso do ego — isto é, de um modo narcisista. Pode, assim, ver-se dominado por uma necessidade de vingança, por exemplo.

A consciência vígil é enfocada, pois, pelo registro do ego de estímulos e fenômenos internos e ambientais, e pela colocação do corpo em movimento. As origens do ego, repetindo, situam-se antes dos primeiros dias da infância. Até mesmo um bebê de meses nota a ocorrência de mudanças em seu meio ambiente, algumas das quais lhe parecem agradáveis e estende os braços para agarrá-las. Esses sinais precoces da intencionalidade de um organismo são provas evidentes no tocante às raízes primordiais do ego, a "egoidade" do indivíduo.

Refletir sobre a natureza e essência desse "eu" leva a profundas indagações psicológicas. O que é, fundamentalmente, o ego? O que sou eu? Jung diria simplesmente que o ego é o centro da consciência.

O "eu" sente, talvez ingenuamente, que sua existência é eterna. Até mesmo noções sobre vidas anteriores adquirem, por vezes, um timbre de verdade e de realidade. É uma questão em aberto se o "eu" muda essencialmente ao longo de uma vida. O "eu" que chorou pela mãe aos dois anos não é o mesmo que chora por um amor perdido aos 45 anos ou pelo falecimento de um cônjuge aos 85 anos? Embora muitas características do ego claramente se desenvolvam e mudem, sobretudo no que se refere à cognição, autoconhecimento, identidade psicossocial, competência, etc., uma pessoa também se apercebe de uma importante continuidade no núcleo do ego. Muitas pessoas ficam emocionadas ao descobrir a "criança que existe dentro delas". Isso nada mais é do que o reconhecimento de que a pessoa que eu era como criança é a mesma pessoa que sou como adulto. Provavelmente o núcleo essencial do ego não muda ao longo da vida. Isso talvez pudesse explicar também a forte intuição e convicção de muitas pessoas de que esse núcleo do ego não desaparece com a morte física, mas ou vai para um lugar de eterno repouso (céu, nirvana) ou renasce numa outra vida no plano físico (reencarnação).

Uma criança diz pela primeira vez "eu" por volta dos dois anos. Até então, ela refere-se a si mesma na terceira pessoa ou pelo nome: "Dudu quer" ou "Tininha vai". Quando uma criança é capaz de dizer "eu" e pensar em referência a si mesma, colocando-se conscientemente no centro de um mundo pessoal e atribuindo a essa posição um específico pronome na primeira pessoa, ela deu um grande salto para diante em consciência. Mas isso não é, em absoluto, o nascimento do ego primordial. Muito antes disso, consciência e comportamento foram organizados em torno de um centro virtual. O ego existe claramente

Superfície   29

antes de podermos referir-nos a ele de uma forma consciente e reflexiva, e o processo de aprender a conhecê-lo é gradual e prossegue ao longo da vida inteira. O processo de aquisição da consciência de si mesmo passa por muitas etapas desde a infância até a idade adulta. Uma dessas etapas é descrita por Jung com certo detalhe em *Memórias, Sonhos, Reflexões* [*Erinnerungen, Träume, Gedanken*], quando fala a respeito de sair de uma nuvem aos 13 anos de idade e perceber pela primeira vez: "Agora sou eu mesmo."[5] [*Jetzt bin ich*, jetzt bin *ich* vorhanden.]

É em virtude dessa capacidade para realizar um alto nível de conhecimento de si mesmo e de compreensão das razões para o seu próprio comportamento — ou seja, um ego auto-reflexivo — que a consciência humana difere da consciência animal, pelo menos, até onde chegam os nossos atuais conhecimentos. Essa diferença é atribuível não só à capacidade verbal humana, a qual nos dá não só a competência para falar sobre o "eu" que sabemos que somos e enriquecer assim a sua complexidade, mas também para exercer a pura função auto-reflexiva presente na consciência humana. Esta função é pré-lingüística e pós-lingüística. Consiste na pessoa saber que é (e, mais tarde, que morrerá). Em virtude de termos um ego — esse espelho embutido na consciência — podemos saber que somos e o que somos. Outras espécies animais também desejam claramente viver e controlar seu meio ambiente, e dão provas evidentes de emoção e consciência, assim como de intencionalidade, comprovação da realidade, autocontrole e muito mais que associamos a uma função do ego. Mas os animais não têm, ou têm muito menos dessa função auto-reflexiva dentro da consciência. Têm menos ego. Sabem eles que são, que morrerão individualmente, que são indivíduos distintos? É duvidoso. O poeta Rilke sustentou que os animais não enfrentam a morte do modo que os humanos a enfrentam, e isso dá-lhes a vantagem de viver mais plenamente no momento presente. Os animais não têm consciência de si mesmos do mesmo modo que os humanos e sem linguagem não podem expressar com qualquer grau de refinamento a auto-consciência que porventura tenham, nem diferençar-se de outros com a espécie de ferramentas lingüísticas que os humanos possuem.[6]

Depois de um certo ponto no desenvolvimento, o ego humano e a consciência humana passam a ser largamente definidos e moldados pelo mundo cultural em que a pessoa cresce e é educada. Isso constitui uma camada, ou invólucro, da estrutura do ego em torno do ego central. À medida que uma criança cresce numa cultura e aprende suas formas e hábitos por intermédio de interações familiares e experiências educacionais na escola, o invólucro do seu ego vai ficando cada vez mais espesso. Jung refere-se a essas duas características do ego como "Personalidade nº 1" e "Personalidade nº 2".[7] A Personalidade nº 1 é o ego nuclear inato e a Personalidade nº 2 é a camada culturalmente adquirida do ego que cresce no transcorrer do tempo.

Alguns conteúdos específicos da consciência do ego de uma pessoa podem apresentar considerável grau de estabilidade ao longo do tempo. O próprio nome de uma pessoa é, usualmente, uma característica estável da consciência. Pode até parecer, depois de um certo ponto, estar permanentemente soldada ao ego. Embora um nome seja um tratamento impessoal e pertença à arena pública como parte de uma *persona* (ver o capítulo 5), quando é proferido pelos pais, ou um filho, ou o ser amado, ele toca os mais íntimos lugares do nosso sentimento como pessoa. Deve, entretanto, ser ainda reconhecido que um nome é um artefato cultural e, como tal, está menos solidamente vinculado ao ego do que, por exemplo, o corpo. Pessoas têm mudado seus nomes e continuaram sendo as mesmas pessoas. Até hoje, ninguém mudou completamente de corpo para ver se ainda é esse o caso; se (ou quando) isso acontecer, descobriremos se o ego também transcende o corpo. Suspeito de que a resposta será que ele transcende efetivamente o corpo, muito embora a sua relação com o corpo nos pareça tão completamente unida.

Poderíamos ser tentados a definir o ego como a consciência de si mesmo do corpo como entidade atuante, individual, limitada e ímpar. Se a pessoa tivesse recebido um nome diferente, poder-se-ia argumentar, o seu "eu" essencial não seria diferente do que é. Mas se tivesse um corpo diferente, seria o seu ego essencialmente outro? O ego está enraizado profundamente num corpo, até muito mais do que em sua cultura, mas até que ponto essa conexão é profunda, eis um ponto suscetível de debate. Não obstante, o ego teme profundamente a morte do corpo. É o medo de que a extinção do ego se siga ao desaparecimento do corpo. Segundo Jung, porém, o ego não está estritamente limitado à base somática. Em *Aion*, ele declara que o ego "não é um fator simples ou elementar mas um complexo que, como tal, não pode ser exaustivamente descrito. A experiência mostra que ele assenta em duas bases aparentemente diferentes, a somática e a psíquica".[8]

No pensamento de Jung, a psique não pode ser reduzida a mera expressão do corpo, o resultado da química do corpo ou de algum processo de natureza física. Pois a psique também tem participação da mente ou espírito (a palavra grega *nous* capta melhor o pensamento de Jung sobre este ponto) e, como tal, pode transcender e, ocasionalmente, transcende a sua localização física. Em capítulos subseqüentes, veremos com maior precisão como Jung deriva a psique de uma combinação de natureza física e espírito ou mente transcendente, *nous*. Mas, por agora, é suficiente notar que psique e corpo não são coincidentes, nem um deriva do outro. Também o ego, que é predominantemente tratado por Jung como um objeto completamente psíquico, só em parte repousa numa base somática. O ego está baseado no corpo somente no sentido de que experimenta a unidade com o corpo, mas o corpo que o ego experimenta é

Superfície
31

psíquico. É uma imagem do corpo e não o próprio corpo. O corpo é experimentado "a partir da totalidade de percepções endossomáticas",[9] ou seja, a partir do que a pessoa pode conscientemente sentir do corpo. Essas percepções do corpo "são produzidas por estímulos endossomáticos, dos quais somente alguns transpõem o limiar da consciência. Uma considerável proporção desses estímulos ocorre inconscientemente, isto é, subliminarmente... O fato de serem estímulos subliminares não significa necessariamente que o seu *status* seja de mera natureza fisiológica, como tampouco seria verdadeiro a propósito de um conteúdo psíquico. Por vezes, são capazes de transpor o limiar, ou seja, de se converter em percepções. Mas não há dúvida de que uma vasta proporção desses estímulos endossomáticos são simplesmente incapazes de consciência e tão elementares que não há razão alguma para atribuir-lhes uma natureza psíquica".[10]

Na passagem acima, observamos que Jung traça a linha da fronteira da psique para incluir a consciência do ego e o inconsciente, mas não a base somática como tal. Muitos processos fisiológicos nunca transitam para a psique, nem mesmo para a psique *inconsciente*. Em princípio, são incapazes de se tornar alguma vez conscientes. É evidente que o sistema nervoso simpático, por exemplo, é em sua maior parte inacessível à consciência. Quando o coração pulsa, o sangue circula e os neurônios disparam, alguns processos somáticos, mas não todos, podem tornar-se conscientes. Não está claro em que medida a capacidade do ego para penetrar na base somática pode ser desenvolvida. Iogues treinados afirmam ser capazes de exercer considerável controle sobre processos somáticos. Ficaram conhecidos por querer a própria morte, por exemplo, e ter simplesmente paralisado o coração por sua livre e espontânea vontade. A capacidade de um iogue para mudar a temperatura superficial na palma da mão à sua vontade foi testada e verificada: ele podia deliberadamente alterá-la por dez ou vinte graus. Isso demonstra uma considerável capacidade para penetrar e controlar o corpo, mas ainda deixa muito território intocado. Até que profundidade da subestrutura celular pode o ego penetrar? Pode um ego treinado reduzir um tumor canceroso, por exemplo, ou dominar eficazmente a hipertensão? Muitas indagações subsistem.

Cumpre ter em mente que existem dois limiares: o primeiro separa a consciência do inconsciente, o segundo separa a psique (consciente e inconsciente) da base somática. Discutirei esses limiares em maior detalhe em capítulos ulteriores, mas deve ser assinalado, desde agora, que se trata de amplos limiares, os quais devem ser concebidos como fronteiras fluidas, não como barreiras fixas e rígidas. A psique, para Jung, abrange a consciência e o inconsciente, mas não inclui todo o corpo em sua dimensão puramente fisiológica. O ego, sustenta Jung, está baseado no soma *psíquico*, isto é, numa imagem do corpo, e não no corpo *per se*. Portanto, o ego é essencialmente um fator psíquico.

A Localização do Ego

Todo o território da psique é quase completamente coincidente com a extensão potencial do ego. A psique, conforme Jung a define nesta passagem, está restringida por, e limitada a, onde o ego pode, em princípio, chegar. Isto não significa, entretanto, que a psique e o ego são idênticos, uma vez que a psique inclui o inconsciente e o ego está mais ou menos limitado à consciência. Mas o inconsciente é, pelo menos, potencialmente acessível ao ego, mesmo se o ego, na realidade, não tenha muita experiência de contatos com ele. A questão, aqui, é que a própria psique tem um limite, e esse limite é o ponto em que os estímulos ou conteúdos extrapsíquicos não podem mais, em princípio, ser conscientemente experimentados. Na filosofia kantista, de que Jung era adepto, essa entidade não-experimentável é denominada a *Ding an sich*, a coisa em si-mesma. A experiência humana é limitada. A psique é limitada. Jung não era um pan-psiquista, ou seja, alguém que afirma que a psique está em toda a parte e organiza tudo. O corpo situa-se fora da psique, e o mundo é muitíssimo maior do que a psique.

Devemos evitar, entretanto, impor uma precisão exagerada ao uso de terminologia por Jung, sobretudo em termos tais como *psique* e *inconsciente*. Caso contrário, criaremos noções muito compactas e rigorosas onde Jung deixou deliberadamente lacunas e aberturas. A psique não é *precisamente* coextensiva com o território combinado consciente-e-inconsciente, nem está exatamente limitada à extensão do ego. Nas margens, onde psique e soma se juntam e onde psique e mundo se encontram, existem nuanças de "dentro/fora". Essas áreas cinzentas foram qualificadas por Jung de *psicóides*. Trata-se de uma área cujo comportamento se assemelha ao da psique mas que não é de todo psíquica. É quase-psíquica. Nessas áreas cinzentas encontram-se enigmas psicossomáticos como, por exemplo, "De que modo mente e corpo se influenciam mutuamente?" "Onde uma termina e a outra começa?" Essas questões ainda não foram respondidas.

Jung traça essas sutis distinções na passagem de *Aion* onde descreve a base psíquica do ego nos seguintes termos: "Por um lado, o ego apóia-se no campo total da consciência e, por outro, na soma total de conteúdos inconscientes. Estes enquadram-se em três grupos: primeiro, os conteúdos temporariamente subliminares que podem ser reproduzidos voluntariamente (memória) ...segundo, os conteúdos inconscientes que não podem ser reproduzidos voluntariamente ...terceiro, os conteúdos que são totalmente incapazes de tornar-se conscientes."[11] Este terceiro grupo deveria, por definições anteriores, ser deixado fora do domínio da psique e Jung, não obstante, colocou-o aqui dentro do inconsciente. É evidente ter ele visto que o inconsciente atinge um lugar onde já não

Superfície 33

é mais psique e penetra em regiões não-psíquicas, isto é, no "mundo" para além da psique. E no entanto, para uma certa distância, pelo menos, esse mundo não-psíquico está situado dentro do inconsciente. Neste ponto, acercamo-nos das fronteiras de grandes mistérios: a base para a percepção extrapsíquica, a sincronicidade, as curas milagrosas do corpo e outros.

Como cientista, Jung tinha que fornecer argumentos e provas para hipóteses tão audaciosas quanto a existência do inconsciente, em seus aspectos tanto pessoais quanto coletivos. Ele meramente alude aqui a esses argumentos, os quais são desenvolvidos em grande detalhe em outras obras: "O grupo dois pode ser inferido da irrupção espontânea na consciência de conteúdos subliminares."[12] Aí se descreve como os complexos afetam a consciência. "O grupo três é hipotético; é uma inferência lógica dos fatos subjacentes no grupo dois."[13] Certos padrões sistemáticos nos complexos levaram Jung a formular a hipótese dos arquétipos. Se certos efeitos são suficientemente fortes e persistentes, um cientista formula uma hipótese que, espera-se, explique os efeitos e conduza a novas investigações.[14]

O ego, prossegue Jung no *Aion*, assenta em duas bases: uma somática (corpórea) e uma psíquica. Cada uma dessas bases é constituída de múltiplas camadas e existe parcialmente na consciência, mas sobretudo no inconsciente. Dizer que o ego assenta em ambas é dizer que as raízes do ego mergulham no inconsciente. Em sua estrutura superior, o ego é racional, cognitivo e orientado para a realidade, mas em suas camadas mais profundas e escondidas está sujeito ao fluxo da emoção, fantasia e conflito, e às intrusões dos níveis físico e psíquico do inconsciente. O ego pode, portanto, ser facilmente perturbado por problemas somáticos e por conflitos psíquicos. Entidade puramente psíquica, centro vital da consciência, sede da identidade e da volição, o ego, em suas camadas mais profundas, é vulnerável a perturbações oriundas de muitas fontes.

Como sublinhei acima, o ego deve ser distinguido do campo da consciência onde está alojado e para o qual constitui o ponto focal de referência. Escreve Jung: "Quando digo que o ego 'fica' no campo total da consciência, não quero com isso significar que ele consiste nisso. Se assim fosse, seria impossível distingui-lo do campo da consciência como um todo."[15] Tal como William James, que distinguiu entre o "eu" e o "a mim",[16] Jung descreve uma diferença entre o ego e o que James chamou "a corrente de consciência". O ego é um ponto que mergulha na corrente de consciência e pode separar-se desta ao dar-se conta de que ela é algo diferente de si mesmo. A consciência não está totalmente sob o controle do ego, mesmo que se coloque a uma distância suficiente dele para observar e estudar o seu fluxo. O ego movimenta-se no interior do campo da consciência, observando, selecionando, dirigindo a atividade motora até uma certa medida, mas ignorando também uma considerável soma de material que a consciência está, por outro lado, tomando em consideração. Se conduzimos um automóvel por uma estrada que nos é familiar, a atenção do ego desviar-se-á freqüentemente e ocupar-se-á de outros assuntos alheios à condução. Chegamos sãos e salvos ao nosso destino, tendo superado sinais de trânsito e numerosas situações perigosas de tráfego, e perguntando aos nossos botões como foi que conseguimos chegar lá! O foco da atenção estava em outro lugar, o ego divagara e entregara a condução do carro à consciência não-egóica. Nesse meio-tempo, a consciência, apartada do ego, está constantemente monitorando, captando, processando e reagindo à informação. Se ocorrer uma crise, o ego retorna e assume o comando. O ego concentra-se muitas vezes numa lembrança, num pensamento ou sentimento, ou em planos que extraiu da corrente de consciência. Deixa outras operações de rotina para uma consciência habituada. Essa separabilidade do ego e da consciência é uma forma atenuada e não-patológica de dissociação. O ego pode, em certa medida, dissociar-se da consciência.

Embora um ego rudimentar ou primitivo pareça estar presente desde os mais recuados momentos de consciência como uma espécie de centro virtual ou ponto focal, ele cresce e desenvolve-se em importantes aspectos durante a infância. Escreve Jung: "Embora as suas bases sejam relativamente desconhecidas e inconscientes, psíquicas e somáticas, o ego é um fator consciente por excelência. É mesmo adquirido, empiricamente falando, ao longo da vida do indivíduo. Parece surgir, em primeiro lugar, da colisão entre o fator somático e o meio ambiente, e, uma vez estabelecido como um sujeito, continua a desenvolver-se em conseqüência de sucessivas colisões com os mundos exterior e interior."[17] O que faz o ego crescer, segundo Jung, é o que ele designa por "colisões". Por outras palavras, conflito, dificuldades, angústia, pena, sofrimento. São estes os fatores que levam o ego a desenvolver-se. As condições exigidas a uma pessoa para adaptar-se a ambientes físicos e psíquicos apóiam-se num centro potencial na consciência e fortalecem a sua capacidade para funcionar, com o objetivo de fazer convergir a consciência e mobilizar o organismo numa direção específica. Como centro virtual da consciência, o ego é inato, mas como centro real e efetivo deve sua estatura àquelas colisões entre o corpo psicofísico e um meio ambiente que exige resposta e adaptação. Uma quantidade moderada de conflito com o meio ambiente e certa dose de frustração são, portanto, as melhores condições para o crescimento do ego.

Essas colisões podem, porém, ser catastróficas, e acarretar sérios danos à psique. Nesse caso, o ego nascente não é fortalecido mas, pelo contrário, comprometido e tão severamente traumatizado que o seu funcionamento ulterior é radicalmente deteriorado. Maus-tratos a crianças e traumas sexuais na infância são exemplos de tais catástrofes psíquicas. Por causa delas, o ego está, com freqüência, permanentemente danificado em seus registros psíquicos inferiores.

Superfície   35

No plano cognitivo, pode ser capaz de funcionar normalmente mas, em suas partes menos conscientes, o tumulto emocional e a ausência de uma estrutura coesa criam severos distúrbios de caráter e tendências dissociativas. Tais egos não são apenas vulneráveis numa acepção normal — como são todos os egos — mas também são frágeis e hiperdefensivos. Fragmentam-se facilmente sob estresse emocional e tendem, portanto, a recorrer a defesas primitivas (mas muito poderosas) para colocar um muro entre eles e o mundo e proteger a psique de intrusões e possíveis danos. Tais pessoas não podem confiar nas outras. Paradoxalmente, também se mostram decepcionadas a todo o instante, e seriamente desapontadas pelos outros e a vida em geral. Pouco a pouco, essas pessoas isolam-se do meio circundante, que é percebido como insuportavelmente ameaçador, e vivem suas vidas em isolamento defensivo.

O ego nascente poderia ser descrito como um grito infantil de angústia, assinalando uma discrepância entre necessidade e satisfação. A partir daí, começa a desenvolver-se e acaba por tornar-se, finalmente, mais complexo. No momento em que o ego de uma criança de dois anos está dizendo "não" a todo o mundo, ele não está apenas enfrentando desafios ambientais, mas já está tentando mudar ou controlar muitos aspectos do seu ambiente. O ego dessa pessoa pequena está muito atarefado em fortalecer-se através da criação de numerosas colisões, e esses "não!" e "não quero!" são exercícios que fortalecem o ego como entidade separada e como um forte centro interior de vontade, intencionalidade e controle.

Um ego que adquiriu autonomia na infância também sente que a consciência pode ser dominada e dirigida à vontade. A circunspecção característica da pessoa manifestamente ansiosa é uma indicação de que o ego não alcançou plenamente esse nível de confiante autonomia. Mais franqueza e flexibilidade são possíveis quando o ego adquiriu um grau de controle suficiente para assegurar a sobrevivência e a satisfação de necessidades básicas.

A noção de Jung de desenvolvimento do ego em conseqüência de colisões com o meio ambiente oferece um modo criativo de considerar o potencial em todas essas inevitáveis experiências humanas de frustração em face de um ambiente hostil. Quando o ego tenta aplicar sua vontade, encontra uma certa medida de resistência do meio ambiente, e se essa colisão é bem conduzida o resultado será o crescimento do ego. Esse *insight* também nos adverte contra a tentativa de fornecer excessivo isolamento para uma criança diante das investidas de uma realidade repleta de desafios. Para estimular o crescimento do ego, um ambiente permanentemente climatizado e superprotetor não oferece nada de útil.

Tipos Psicológicos

Um breve exame da teoria de Jung de tipos psicológicos também pertence a este capítulo sobre consciência do ego. Os organizadores da edição em língua inglesa das *Obras Completas* de Jung (*Collected Works*) citam Jung em sua nota introdutória para *Tipos Psicológicos* quando dizem que consideram essa obra "uma psicologia da consciência encarada do que poderia ser chamado um ângulo clínico".[18] As duas principais *atitudes*, ou disposições (introversão e extroversão) e as quatro *funções* (o pensamento, o sentimento, a sensação e a intuição) têm uma forte influência sobre a orientação do ego, quando este empreende a realização de suas tarefas e requisitos de adaptação. A disposição inata do ego nuclear para assumir uma dessas atitudes e funções forma a sua postura característica em face do mundo e no tocante à assimilação da experiência.

As colisões com a realidade despertam a nascente potencialidade do ego e desafiam-no relacionar-se com o mundo. Tais colisões também interrompem a *participation mystique*[19] da psique no mundo à sua volta. Uma vez desperto, o ego deve adaptar-se à realidade por quaisquer meios disponíveis. Jung elaborou a teoria segundo a qual existem quatro de tais meios ou funções do ego; cada uma das quais pode ser orientada por uma atitude introvertida (isto é, voltada para dentro) ou extrovertida (voltada para fora). Após a ocorrência de uma certa soma de desenvolvimento do ego, a tendência inata da pessoa para orientar-se para o mundo, interior e exterior, revelar-se-á de certos modos definidos. Argumentou Jung que o ego tem uma tendência inata, genética, para preferir um determinado *tipo* de combinação de atitude e função, e para confiar secundariamente numa outra combinação complementar para equilíbrio, com uma terceira e uma quarta ficando menos usadas e, por conseguinte, menos acessíveis e desenvolvidas. As combinações constituem o que ele designou por "tipos psicológicos".

Por exemplo, uma pessoa nasce com a tendência inata para assumir uma atitude introvertida em relação ao mundo. Isso manifesta-se primeiro como timidez na criança e mais tarde desenvolve-se numa preferência por explorar interesses solitários, como a leitura e o estudo. Se isso se combinar então com uma tendência inata para adaptar-se ao seu meio usando a função de pensar, essa pessoa vai ser naturalmente propensa a exercer atividades relacionadas com a ciência e a erudição, que combinam com essas tendências. Em tais domínios, essa pessoa tem um bom desempenho, sente-se confiante e satisfeita por trabalhar de um modo que é inteiramente compatível com sua própria natureza. Em outras áreas, como o estabelecimento de relações sociais ou a venda de assinaturas de jornais de porta em porta, essa orientação do pensamento introvertido é muito menos útil e a pessoa sente-se perdida, dominada muitas

Superfície 37

vezes por considerável constrangimento e estresse. Se essa pessoa nasceu numa cultura que tem mais apreço pela atitude extrovertida do que pela introvertida, ou numa família que reforça negativamente a introversão, o ego é compelido a adaptar-se ao meio desenvolvendo a extroversão. Isso é feito a um alto preço. A pessoa introvertida não tem outra saída senão aceitar conviver com o estresse psicológico crônico para que tal adaptação funcione. Como essa adaptação do ego não ocorreu naturalmente, ela também chama a atenção do observador como artificial. Não funciona muito bem mas, no entanto, é necessária. Uma tal pessoa funciona com uma desvantagem, assim como um extrovertido natural estaria em desvantagem numa cultura introvertida.

Diferenças tipológicas entre pessoas podem levar a conflitos sérios no seio de famílias e grupos. Filhos que são tipologicamente diferentes de seus pais são, com freqüência, incompreendidos e podem ser coagidos a adotar uma falsa tipologia que se harmonize com as preferências parentais. O filho com o perfil tipológico "correto" será o preferido e tornar-se-á o favorito. Isso prepara o terreno para a rivalidade e a inveja entre irmãos. Cada filho numa grande família será, do ponto de vista tipológico, um pouco diferente dos demais, assim como os pais também costumam ser. Os extrovertidos podem enturmar contra os introvertidos, e os introvertidos não são bons em formar grupos e equipes. Por outro lado, os introvertidos são melhores em esconder-se. Se as diferenças de tipos podem ser reconhecidas como um valor positivo e apreciado, pode haver um grande enriquecimento na vida familiar e nos grupos políticos. Aquilo com que uma pessoa pode contribuir será considerado benéfico por outras justamente porque elas não estão sintonizadas no mesmo comprimento de onda. Reconhecimento e apreciação positiva de diferenças tipológicas podem formar a base para o pluralismo criativo na vida familiar e cultural.

Essa combinação de uma função superior e de uma atitude preferida constitui a melhor arma do ego para adaptar-se e interagir nos mundos interior e exterior. A quarta função inferior, por outro lado, é a menos acessível para utilização pelo ego. A função secundária é, logo depois da função superior, a de maior utilidade para o ego, e as funções superior e secundária em combinação são as mais freqüentes e eficazmente usadas para orientação e realização. Por via de regra, uma dessas duas melhores funções é extrovertida e a outra introvertida, a função extrovertida dando uma leitura da realidade externa e a função introvertida fornecendo informação sobre o que está acontecendo interiormente. O ego usa essas ferramentas para, da melhor maneira de que é capaz, controlar e transformar os mundos interior e exterior.

Muito do que sabemos por experiência a respeito de outras pessoas e, na verdade, muito do que acabamos por reconhecer como sendo as nossas próprias personalidades, não pertence à consciência do ego. A vitalidade que uma pessoa comunica, as reações espontâneas e as respostas emocionais aos outros e à vida, a explosão de humor e as disposições de ânimo e acessos de tristeza, as enigmáticas e desconcertantes complicações da vida psicológica — todas estas qualidades e atributos podem ser imputados a outros aspectos da psique e não à consciência do ego como tal. Assim é incorreto pensar no ego como sendo equivalente à pessoa toda. O ego é simplesmente um agente, um foco de consciência, um centro de percepção sensível. Podemos atribuir-lhe ou qualidades demais ou qualidades de menos.

Liberdade Pessoal

Uma vez que o ego tenha obtido suficiente autonomia e uma certa medida de controle sobre a consciência, o sentimento de liberdade pessoal torna-se uma forte característica da realidade subjetiva. Ao longo de toda a infância e adolescência, a gama de liberdade pessoal é testada, desafiada e expandida. Tipicamente, uma pessoa jovem vive com a ilusão de possuir muito maior autodomínio e livre-arbítrio do que é psicologicamente verdadeiro. Todas as limitações à liberdade parecem ser impostas de fora, da sociedade e de regulamentações externas, e percebe-se muito pouco até que ponto o ego é controlado em igual medida de dentro. Uma reflexão mais atenta revela que somos tão escravos da nossa própria estrutura de caráter e demônios interiores quanto da autoridade externa. Com freqüência, isso só vem a ser percebido na segunda metade da vida, quando tipicamente ocorre uma consciência cada vez mais nítida de que somos os nossos piores inimigos, os nossos mais implacáveis críticos e os que mais exigimos de nós próprios em nosso trabalho. O destino é tecido de dentro, assim como ditado de fora.

Jung tem algumas reflexões provocadoras de meditação a oferecer sobre a questão de saber até que ponto a vontade é realmente livre. Como veremos nos capítulos seguintes, o ego é apenas uma pequena parte de um mundo psicológico muito mais amplo, tal como a Terra é uma pequena parte do sistema solar. Saber que a Terra gira ao redor do Sol é semelhante a tomar conhecimento de que o ego gravita em torno de uma entidade psíquica maior, o si-mesmo (*self*). Ambos os *insights* são perturbadores e desestabilizadores para a pessoa que colocou o ego no centro. A liberdade do ego é limitada. "Dentro do campo da consciência [o ego] tem, como dizemos, livre-arbítrio", escreve Jung. "Mas não atribuo a isso qualquer significado filosófico, apenas o bem conhecido fato psicológico de 'livre escolha', ou melhor dizendo, o sentimento subjetivo de liberdade."[20] Centro do seu próprio domínio, a consciência do ego dispõe de uma certa e evidente liberdade. Mas qual é a sua extensão? E em que grau fazemos

Superfície 39

nossas escolhas na base de condicionamento e hábito? Escolher uma Coca em vez de uma Pepsi reflete uma medida de liberdade mas, de fato, essa escolha está limitada por um prévio condicionamento, como a publicidade, e pela existência ou ausência de outras alternativas. Uma criança pode ser encorajada a exercitar o livre-arbítrio e a efetuar discriminações oferecendo-se-lhe uma escolha entre três tipos de camisas, por exemplo. O ego da criança sente-se gratificado, pois está livre para escolher aquela que quer. Entretanto, a vontade da criança é limitada por muitos fatores: o sutil desejo de agradar ao pai (ou mãe) ou, inversamente, o desejo de rebelar-se contra ele (ou ela); pela gama de possibilidades oferecidas; pelas pressões e exigências dos seus iguais. A nossa real gama de livre-arbítrio é, como a da criança, limitada por hábito, pressão, disponibilidade, condicionamento e muitos outros fatores. Nas palavras de Jung, "assim como o nosso livre-arbítrio colide com a necessidade no mundo exterior, também encontra seus limites fora do campo da consciência, no subjetivo mundo interior, onde entra em conflito com os fatos do si-mesmo".[21] O mundo exterior impõe limitações políticas e econômicas, mas os fatores subjetivos limitam igualmente o nosso exercício da livre escolha.

Em termos gerais, é o conteúdo do inconsciente que reduz o livre-arbítrio do ego. O Apóstolo Paulo expressou isso classicamente quando confessou: "Porque nem mesmo compreendo o meu próprio modo de agir, pois não faço o que prefiro e, sim, o que detesto... Pois o querer o bem está em mim; não, porém, o fazê-lo."[22] Os demônios da contradição conflitam com o ego. Jung concorda: "Assim como circunstâncias e eventos externos nos 'acontecem' e limitam a nossa liberdade, também o si-mesmo age sobre o ego como uma ocorrência objetiva, que o livre-arbítrio pode fazer muito pouco para alterar."[23] Quando a psique toma conta do ego como uma incontrolável necessidade interna, o ego sente-se derrotado e tem que enfrentar a exigência de aceitar a sua incapacidade para controlar a realidade interna, assim como tem de chegar a essa conclusão a respeito dos mais amplos mundos sociais e físicos circundantes. A maioria das pessoas, no decorrer de suas vidas, acaba percebendo que não pode controlar o mundo exterior, mas são muito poucas as que adquirem consciência de que seus processos psíquicos internos tampouco estão sujeitos ao controle do ego.

Com estas considerações, começamos ingressando no território do inconsciente. Nos próximos capítulos, descreverei a visão de Jung das áreas inconscientes da psique humana, as quais constituem de longe a vasta maioria do seu território.

2

O interior povoado
(Os Complexos)

No capítulo prévio, vimos que a consciência do ego — a superfície da psique — está sujeita a perturbações e reações emocionais que são criadas por colisões entre o indivíduo e o ambiente externo. Considerou Jung que essas colisões entre a psique e o mundo têm uma função positiva. Se não forem excessivamente severas, tendem a estimular o desenvolvimento do ego porque exigem maior capacidade de concentração e isso leva, em última instância, a uma competência mais pronunciada para resolver problemas e à maior autonomia individual. Forçada a efetuar escolhas e a assumir posições, uma pessoa desenvolve a capacidade para fazer mais o mesmo e fazê-lo cada vez melhor. É como desenvolver um músculo aplicando tensão isométrica. O ego cresce através de muitas dessas vigorosas interações com o mundo. Perigos, atrações, contrariedades, ameaças e frustrações causados por outras pessoas e vários fatores ambientais, tudo isso gerou um certo nível de energia concentrada na consciência, e o ego é mobilizado para lidar com esses aspectos das incursões do mundo.

Existem, porém, outras perturbações de consciência que não estão claramente vinculadas a quaisquer causas ambientais e são totalmente desproporcionais em face dos estímulos observáveis. Essas perturbações não são primariamente causadas por colisões externas e sim internas. As pessoas enlouquecem, às vezes, com poucos motivos aparentes. Ou têm bizarras experiências imaginárias internas que redundam em formas inexplicáveis de comportamento. Tornam-se psicóticas, têm alucinações, sonham ou ficam pura e simplesmente loucas, ou apaixonam-se, ou são dominadas por uma fúria incontrolável. Os humanos nem sempre agem racionalmente e comportam-se de acordo com avaliações claras do interesse pessoal. O "homem racional", no qual se baseia tanta teoria econômica, é apenas, na melhor das hipóteses, uma descrição parcial dos seres humanos tal como realmente funcionam. Os humanos são impelidos por forças psíquicas, motivados por pensamentos que não se baseiam em processos racionais, e sujeitos a imagens e influências para além daquelas que podem ser medidas no meio ambiente observável. Em resumo, somos criaturas impulsionadas por emoções e imagens, tanto quanto somos racionais e ambientalmente adaptadas. Sonhamos tanto quanto ponderamos, e sentimos provavelmente muito mais do que pensamos. No mínimo, uma grande parcela de pensamento é colorida e modelada por emoções, e a maioria dos nossos cálculos racionais está sujeita às nossas paixões e medos. Foi o propósito de entender esse lado menos racional da natureza humana que levou Jung a adotar as ferramentas do método científico, e a dedicar sua vida à investigação do que dá forma e motiva a emoção, a fantasia e o comportamento humanos. Esse mundo interior era uma *terra incognita* no seu tempo. E ele descobriu que ela está povoada.

Atingindo o Inconsciente

Imaginemos por um momento que a psique é um objeto tridimensional como o sistema solar. A consciência do ego é a Terra, *terra firma*; é onde vivemos, pelo menos durante as nossas horas vígeis. O espaço ao redor da Terra está cheio de satélites e meteoritos, alguns grandes, outros pequenos. Esse espaço é o que Jung chamou o inconsciente, e os objetos com que primeiro nos deparamos quando nos aventuramos nesse espaço são o que ele chamou os *complexos*. O inconsciente é povoado por complexos. Foi esse o território que Jung explorou inicialmente em sua carreira como psiquiatra. Depois deu-lhe o nome de inconsciente *pessoal*.

Começou a mapear essa área da psique mesmo antes de examinar minuciosamente o complexo de ego ou a natureza do inconsciente. Empreendeu essa exploração inicial usando um instrumento científico que foi altamente considerado na virada do século: o Experimento de Associação Verbal.[1] Depois, empregou também alguns *insights* colhidos nos primeiros escritos de Sigmund Freud. Armado com a noção de determinação inconsciente de processos mentais e com o Experimento de Associação Verbal, Jung chefiou uma

42 Jung — O Mapa da Alma

equipe de pesquisadores no projeto científico de condução de experimentos laboratoriais cuidadosamente controlados a fim de se apurar se tais fatores psicológicos inconscientes podiam ser empiricamente verificados.

Os resultados desse projeto foram compilados no livro *Estudos de Associação Verbal* [*Diagnostische Assoziationstudien*], editado por Jung. Esses estudos foram realizados na Clínica Psiquiátrica da Universidade de Zurique, com o apoio e o incentivo de seu professor, Eugen Bleuler.[2] O projeto foi concebido em 1902 e prosseguiu durante os cinco anos seguintes. Os resultados foram publicados separadamente entre 1904 e 1910 no *Journal für Psychologie und Neurologie*. Foi no decorrer desses estudos experimentais que Jung começou a usar o termo "complexo", que tomou do psicólogo alemão Ziehen mas ampliou e enriqueceu com uma considerável contribuição de suas próprias pesquisas e formulações teóricas. Esse termo foi adotado mais tarde por Freud e largamente usado nos círculos psicanalíticos[3] até Freud e Jung cortarem relações, após o que foi mais ou menos completamente apagado, junto com Jung e tudo o que fosse "junguiano", do léxico freudiano.

A teoria dos complexos foi a mais importante entre as primeiras contribuições de Jung para o entendimento do inconsciente e sua estrutura. Parcialmente, foi o modo de Jung conceituar o que Freud estivera escrevendo, até esse ponto, sobre os resultados psicológicos da repressão, sobre a permanente importância da infância para a estrutura do caráter e sobre a enigmática resistência em análise. Continua a ser um útil conceito na prática analítica até os dias de hoje. Como foi que ele chegou à descoberta e mapeamento dessa característica do inconsciente?

A questão consistia em como penetrar na mente para além das barreiras da consciência. A consciência pode ser investigada mediante a simples formulação de perguntas e registro das respostas obtidas, ou por introspecção. Mas como penetrar mais fundo no mundo subjetivo e explorar suas estruturas e operações? Para abordar esse problema, Jung e uma equipe de residentes psiquiátricos montaram uma série de experimentos com sujeitos humanos para ver se, bombardeando a psique com estímulos verbais e observando as respostas na consciência — as "pistas", por assim dizer, de sutis reações emocionais —, poderiam encontrar provas que evidenciassem a existência de estruturas subjacentes. Colaborando estreitamente com seus colegas Bleuler, Wehrlin, Ruerst, Binswanger, Nunberg e, mais destacadamente, com Riklin, Jung refinou primeiro o Experimento de Associação Verbal para os seus propósitos específicos e decidiu-se por 400 estímulos verbais comuns, cotidianos e aparentemente neutros — palavras como mesa, cabeça, tinta, agulha, pão e lanterna.[4] Disseminadas entre essas palavras estavam as mais provocantes — guerra, fiel, golpear, acariciar. Esse número foi reduzido depois a 100. Essas palavras-estímulos, lidas uma por uma a um sujeito que tinha sido instruído para responder com a primeira palavra que lhe acudisse à mente, suscitaram uma grande variedade de reações. Haveria longas pausas, respostas sem nexo, respostas com rima e respostas *"klang"* [bombásticas], e até reações fisiológicas que podiam ser medidas usando um aparelho chamado psicogalvanômetro.[5]

A questão interessante para Jung era: O que está acontecendo na psique do sujeito do teste quando é proferida a palavra-estímulo? Procurou a ocorrência de reações emotivas e, em especial, sinais de estimulação de ansiedade e seus efeitos sobre a consciência. Os tempos de resposta foram cronometrados e registrados a par das respostas textuais. Depois, todas as palavras-estímulos eram repetidas uma segunda vez, e o sujeito era solicitado a repetir cada resposta anterior. Os resultados eram anotados de novo. O teste era então analisado, primeiro calculando o tempo médio de resposta do sujeito, com o qual todos os outros tempos de resposta eram comparados. Algumas palavras podiam suscitar uma resposta em um segundo, outras dez segundos; outras podiam não suscitar resposta alguma quando o sujeito se bloqueava completamente. Depois foram anotados outros tipos de respostas. Algumas palavras seriam recebidas com respostas idiossincrásicas, como rimas, palavras sem nexo ou associações incomuns. Jung considerou que essas respostas eram *indicadores de complexo* — sinais de ansiedade e prova evidente de reações defensivas contra conflitos psicológicos inconscientes. O que poderiam elas dizer-lhe sobre a natureza do inconsciente?

Os Complexos

Jung admitiu que as perturbações da consciência, as quais eram registradas e medidas como respostas a esses estímulos verbais, eram devidas a associações inconscientes com as palavras lidas. Nesse ponto, o seu pensamento era congruente com o de Freud, tal como foi expresso em A *Interpretação dos Sonhos,* onde Freud defendera a tese de que as imagens oníricas podiam ser vinculadas a pensamentos e sentimentos do dia anterior (ou mesmo de anos prévios, incluindo os recuados tempos da infância). Tais associações, entretanto, são extremamente obscuras e encobertas. As associações existem, argumentou Jung, não entre as palavras de estímulo e de resposta mas, antes, entre as palavras-estímulos e os conteúdos ocultos, inconscientes. Algumas palavras-estímulos ativam conteúdos inconscientes e estes, por sua vez, estão ainda associados a outros conteúdos. Quando estimulada, essa rede de material associado — formada por lembranças, fantasias, imagens, pensamentos — gera uma perturbação na consciência. Os indicadores de complexo são os sinais de perturbação.

Precisamente o que causa a perturbação ainda precisa ser desvendado, e isso é feito mediante novas perguntas ao sujeito e, se necessidade houver, através de mais análise. Mas as perturbações registradas por esse experimento forneceram as localizações-chave para novas explorações e ofereceram provas de que estruturas inconscientes estavam, de fato, localizadas abaixo do nível de conhecimento consciente. Com freqüência, os sujeitos não sabiam, no começo, por que certas palavras tinham causado essas reações.

Jung observou que perturbações mensuráveis na corrente da consciência estão relacionadas, por vezes, com palavras-estímulos aparentemente inócuas, como "mesa" ou "palheiro". Analisando os padrões de respostas, ele descobriu que as palavras que revelavam a existência de perturbações podem ser tematicamente reunidas. Esses grupos apontam para um conteúdo comum. Quando os sujeitos eram solicitados a falar sobre suas associações com esses grupos de palavras-estímulos, eles eram gradualmente capazes de descrever momentos, em seu passado, que se caracterizavam por sua elevada carga emocional. Usualmente, havia traumas envolvidos. Resultou que as palavras-estímulos tinham despertado associações dolorosas que haviam sido enterradas no inconsciente, e essas associações estressantes eram as causadoras da consciência perturbada. Ao conteúdo inconsciente responsável pelas perturbações da consciência deu Jung o nome de "complexos". Tendo estabelecido que os complexos existem no inconsciente, Jung interessou-se em examiná-los ainda. Com instrumentos tais como o Experimento de Associação Verbal, pôde medi-los com um razoável grau de precisão. A medição exata podia transformar vagas intuições e teorias especulativas em dados e em ciência, um fato muito agradável para o temperamento científico de Jung. Ele concluiu que podia medir a carga emocional mantida num determinado complexo se simplesmente somasse o número de indicadores de complexo que ele gerava e a severidade dessas perturbações. Isso indicava-lhe a quantidade relativa de energia psíquica contida nesse complexo. Portanto, a investigação do inconsciente podia ser quantificada. Essa informação também viria a ser importante para a terapia, como um guia para assinalar onde estavam localizados os mais sérios problemas emocionais de um paciente e que trabalho precisava ser feito no tratamento. É especialmente útil na psicoterapia breve.

Os resultados de seus experimentos convenceram Jung de que há, de fato, entidades psíquicas fora da consciência, as quais existem como objetos que, semelhantes a satélites, gravitam em torno da consciência do ego mas são capazes de causar perturbações no ego de uma forma surpreendente e, por vezes, irresistível. São os diabretes e demônios interiores que podem pegar uma pessoa de surpresa. As perturbações causadas por complexos devem ser diferençadas, compreensivelmente, das perturbações provocadas por fatores es-

O *interior povoado* 45

tressantes oriundos do meio ambiente externo, embora possam estar, e com freqüência estejam, intimamente relacionadas umas com as outras.

Quando Jung enviou os seus *Diagnostischen Assoziationstudien* a Freud em abril de 1906, Freud imediatamente reconheceu nele uma "alma irmã" e enviou-lhe uma calorosa carta de agradecimento. Os dois homens encontraram-se um ano depois e, desde esse momento até porem fim à sua correspondência nos começos de 1913, suas relações foram emocional e intelectualmente plenas de elevados propósitos e intensidade. Poder-se-ia dizer que eles lograram estimular complexos nucleares recíprocos. Sem dúvida, ligaram-se profundamente em torno de seu interesse comum no inconsciente. Para Jung, a ligação pessoal com Freud teve enormes implicações para a sua carreira em psiquiatria e também para o desenvolvimento ulterior de sua própria teoria psicológica. Mas a sua carreira e a sua teoria adquiriram seu formato inicial à sombra da crescente presença cultural de Freud. E, no entanto, apesar de tudo, o mapa final de Jung do mundo interior é notavelmente independente da influência de Freud. O espírito de Jung era basicamente não-freudiano e por isso o seu mapa da psique é imensamente distinto do de Freud. Para os leitores que estão familiarizados com a obra de Freud, isso tornar-se-á evidente no restante deste livro. Esses dois homens viveram em universos intelectuais diferentes.

Por volta de 1910, a obra teórica de Jung sobre os complexos estava em grande parte completa. Nos anos seguintes, continuaria a detalhá-la mais um pouco, mas não lhe adicionou muito material novo nem modificou suas idéias sobre o conceito básico do complexo, exceto para acrescentar que todo e qualquer complexo contém um componente arquetípico (isto é, inato, primitivo). O seu artigo "A Review of the Complex Theory",[6] publicado em 1934, oferece um excelente resumo. Escrito muito tempo depois de seu rompimento com Freud, Jung faz algumas referências altamente elogiosas ao seu ex-mestre e colega, e à psicanálise de um modo geral, ao reconhecer o significado de Freud para a sua própria obra sobre a teoria dos complexos. Se a influência de Freud pode ser considerada importante em qualquer parte das teorias de Jung, é neste artigo.

Vale assinalar que Jung leu "A Review of the Complex Theory" em maio de 1934, em Bad Neuheim, Alemanha, no 7º Congresso de Psicoterapia. Nessa época, Jung era presidente da *International Medical Society for Psychotherapy*, que patrocinava essa conferência. A tensa situação política na Alemanha estava então carregada de conflito e confusão. Os nazistas, tendo tomado recentemente o poder, estavam atacando Freud, um judeu, como uma influência venenosa a ser extirpada da cultura alemã. Os livros de Freud eram queimados e suas idéias violentamente combatidas. Jung, que tinha sido vice-presidente da organização e aceitara a presidência em 1933, defrontava-se com um complicado e perigoso conjunto de opções políticas. Por um lado, era um período terrível para ser líder de qualquer tipo de organização em terras de língua alemã. Os nazistas vigiavam como falcões ao menor indício de afastamento de suas doutrinas racistas. Essa sociedade médica não constituía exceção. Jung era fortemente pressionado para dizer o que as autoridades alemãs queriam ouvir e para compatibilizar a organização com o programa deles. Por outro lado, era um momento em que um psiquiatra não-alemão teria grandes chances de influir favoravelmente nas perspectivas e rumos dessa associação internacional. Era declarada intenção de Jung preservar a organização como uma sociedade médica internacional. Um dos seus primeiros atos como presidente foi modificar os estatutos para que os médicos judeu-alemães pudessem manter sua filiação como membros individuais, muito embora tivessem sido excluídos de todas as sociedades médicas alemãs. Em 1933, não havia ainda como saber até que ponto viria a ser efetivo e devorador o impulso maligno dos líderes nazistas nos anos subseqüentes.

No lado sombrio da prestação de contas, entretanto, houve também um momento de oportunidade profissional para Jung. Freud tinha sido a figura preeminente entre psiquiatras e psicólogos na Alemanha, durante a década passada, e agora as idéias de Jung tinham uma oportunidade de ficar em evidência. Jung estava caminhando qual equilibrista numa corda bamba moral. O mundo estava observando, e cada lance, cada atitude por ele tomada, influenciou a opinião pública. A decisão de Jung de aceitar a presidência dessa organização médica em 1933 e seu papel subseqüente nela até 1940 foi causa de muita discussão veemente então e ainda hoje. As acusações de que Jung era simpatizante das diretrizes políticas de Hitler e do programa nazista de "purificação" do *Volk* alemão têm uma importante fonte nas coisas que ele, talvez inadvertidamente e sob severa pressão política, realmente disse e fez em seus primeiros anos como presidente.[7]

Um ponto a favor de Jung é que tendo ele apresentado as "Considerações Gerais Sobre a Teoria dos Complexos" em Bad Neuheim, em 1934, no seu discurso de posse não depreciou a importância de Freud. De fato, credita-o de tanta influência quanto a que poderia razoavelmente ser esperado que fosse atribuída a um antigo mentor com quem rompera relações e não voltara mais a falar nos últimos vinte anos. Em 1934, era um ato corajoso falar na Alemanha sobre Freud, mesmo em tons moderadamente positivos. Jung estava, antes de qualquer outro objetivo, protegendo a reputação internacional de Freud ao conceder-lhe tanto crédito nesse estudo.

O estudo começa com uma discussão do trabalho sobre associação verbal que Jung patrocinara e realizara nos primeiros anos de sua carreira. Tendo aprendido muito, nesse meio-tempo, acerca de como os seres humanos reagem mu-

O *interior povoado* 47

tuamente em situações clínicas e em outras de natureza íntima, ele começa por focalizar as dimensões psicológicas da situação experimental. Sublinha que em e de *per se*, essa situação de teste já conduz à constelação de complexos. As personalidades afetam-se reciprocamente e, quando começam a interagir, um campo psíquico é estabelecido entre elas, o qual estimula os complexos.

A palavra "constelação" aparece com freqüência nos escritos de Jung e é importante no léxico junguiano. Refere-se usualmente à criação de um momento psicologicamente carregado, um momento em que a consciência já está, ou está prestes a ficar perturbada por um complexo. "Este termo exprime simplesmente o fato de que a situação exterior desencadeia um processo psíquico que consiste na aglutinação e na atualização de determinados conteúdos. A expressão 'está constelado' indica que o indivíduo adotou uma atitude preparatória e de expectativa, com base na qual reagirá de forma inteiramente definida."[8] As reações complexas são muito previsíveis, uma vez que se saiba quais são os complexos específicos de um indivíduo. Referimo-nos coloquialmente às áreas da psique carregadas de complexos como "botões", como em "Ela sabe como apertar os meus botões!" Quando se aperta um desses botões, obtém-se em resposta uma reação emocional. Em outras palavras, constela-se um complexo. Depois que ficamos conhecendo uma pessoa por algum tempo, sabemos onde estão alguns desses botões e podemos ou evitar essas áreas sensíveis ou fazer o possível e o impossível para tocar-lhes.

Por vivências pessoais, todos sabemos o que significa estar constelado. Isso ocorre num espectro que vai desde estar levemente ansioso até ficar perdidamente angustiado e, transpondo todos os limites, cair na loucura. Quando um complexo está constelado, a pessoa é ameaçada com a perda de controle sobre suas emoções e, em certa medida, também sobre o seu comportamento. Ela reage irracionalmente e, com freqüência, lamenta-o, arrepende-se ou pensa melhor sobre o que fazer na próxima oportunidade. Para a pessoa psicologicamente orientada, há o conhecimento depressivo de que já esteve aqui muitas vezes antes, reagiu exatamente dessa maneira em muitas ocasiões e, no entanto, sente-se profundamente impotente para abster-se de fazer a mesma coisa de novo na próxima vez. Quando constelada, é como se a pessoa estivesse em poder de um demônio, uma força muito superior à sua vontade. Isso gera um sentimento de impotência. Mesmo que a pessoa se observe enquanto está se tornando a vítima relutante de uma compulsão interior para dizer ou fazer alguma coisa que ela sabe que seria preferível deixar por dizer ou fazer, o roteiro desenrola-se como previsto, e as palavras são ditas, os atos são realizados. Uma força intrapsíquica foi chamada à ação por uma situação constelante.

Os arquitetos dessas constelações "são determinados *complexos* que possuem energia específica própria".[9] A "energia" do complexo (este termo será examinado em maior detalhe no próximo capítulo) refere-se à quantidade exata de potencial requerido para o sentir e o agir que está contido no núcleo, semelhante a um ímã, do complexo. Os complexos têm energia e manifestam uma espécie de "rodopio" eletrônico próprio como os elétrons que rodeiam o núcleo de um átomo. Quando são estimulados por uma situação ou evento, soltam uma rajada de energia e pulam sucessivos níveis até chegarem à consciência. Essa energia penetra na concha da consciência do ego e inunda-a, influenciando-a assim para rodopiar na mesma direção e descarregar parte da energia emocional que foi liberada por essa colisão. Quando isso acontece, o ego perde por completo o controle da consciência ou, quanto a isso, o do próprio corpo. A pessoa fica sujeita a descargas de energia que não estão sob o controle do ego. O que o ego pode fazer, se for suficientemente forte, é conter em si mesmo parte da energia do complexo e minimizar assim os súbitos impulsos emocionais e físicos. Mas, em certa medida, nenhum de nós é inteiramente responsável pelo que dizemos ou fazemos quando sob o domínio de um complexo. Seria desnecessário dizer que isso não constitui defesa efetiva num tribunal de justiça. Por vezes, a sociedade exige um padrão de conduta superior àquele que a psique admitirá.

A complexidade (perdoem o trocadilho) da psique está ficando evidente. De fato, a teoria de Jung foi denominada, algumas vezes, psicologia dos complexos (em vez do seu nome mais usual de psicologia analítica): a complexidade e o conceito de complexos são fundamentais para a sua concepção da psique. A psique é composta de muitos centros, cada um deles possuidor de energia e até de alguma consciência e intenção próprias.

Nessa conceituação da personalidade, o ego é um complexo entre muitos. Cada um tem a sua própria cota específica de energia. Quando falamos da energia do ego, chamamos-lhe "livre-arbítrio". Quando desejamos referir-nos ao montante de energia vinculada a um complexo, podemos falar do poder dos nossos demônios interiores. Estes são as compulsões irracionais que podem apossar-se de nós e fazer conosco mais ou menos o que quiserem. De um modo geral, um complexo cria os seus efeitos dentro do domínio da consciência, mas isso nem sempre é assim. Por vezes, as perturbações ocorrem inteiramente fora da psique. Observou Jung que um complexo pode afetar objetos e outras pessoas no mundo circundante. Pode atuar como um *poltergeist* ou uma influência sutil sobre outras pessoas.

Jung fez uma outra observação interessante sobre complexos. Uma pessoa pode, por vezes, bloquear os efeitos de um complexo ou afastar a constelação de um complexo: "As pessoas dotadas de vontade forte, quando submetidas à experiência, podem, graças à sua habilidade verbal e motora, fechar-se para o significado de uma palavra-estímulo com brevíssimos tempos de reação, de modo

O *interior povoado*

a não serem afetadas por ele. Mas isso somente surte efeito quando se trata de proteger segredos pessoais de suma importância."[10] Isso significa que as pessoas podem controlar suas reações inconscientes filtrando deliberadamente os estímulos. Para superar esse obstáculo na situação de teste, Jung engendrou o que constitui o precursor do detetor de mentiras. Era uma engenhosa extensão do Experimento de Associação Verbal.

Medindo a condutibilidade elétrica da pele com um psicogalvanômetro, Jung mostrou que as mudanças na condutibilidade se correlacionam com indicadores de complexo. Por outras palavras, quando uma pessoa mente ou tenta esconder as provas de uma reação saturada de complexo, o ego pode ser capaz de encobrir alguns dos indicadores, mas ser-lhe-á muito mais difícil suprimir reações fisiológicas mais sutis. Em resposta a uma palavra ou pergunta estimuladora de um complexo, uma pessoa pode ficar com as palmas das mãos suadas, ou começar a tremer, ou sentir a boca seca. Medindo a condutibilidade da pele, Jung introduziu um método mais refinado para coletar indicadores de complexos. Ao usar esse recurso, Jung pôde resolver um caso de roubo em seu hospital psiquiátrico.[11] Seria desnecessário acrescentar que esse método não é infalível.

Os egos da maioria das pessoas serão normalmente capazes de neutralizar, em certa medida, os efeitos de complexos. Essa capacidade serve aos interesses da adaptação e até da sobrevivência. Isso é semelhante (ou, talvez, idêntico) à capacidade para dissociar. Se uma pessoa não fosse capaz de fazer isso, o ego tornar-se-ia disfuncional justamente no momento de maior perigo, quando manter a cabeça fria é o mais urgentemente necessário. Na vida profissional, é essencial pôr de lado os complexos pessoais no interesse do bom desempenho de suas tarefas. Os psicoterapeutas têm que ser capazes de colocar em segundo plano suas próprias emoções e conflitos pessoais quando estão atendendo a seus pacientes. Para que sua presença seja eficaz em face de um paciente cuja vida está em total desordem, o terapeuta deve manter-se calmo e frio, ainda que esse seja um momento de caos na sua própria vida. Como dizem no teatro, "o *show* tem que continuar". Isso requer a habilidade para anular os efeitos de complexos sobre a consciência do ego em, pelo menos, um certo grau. Ao analisar essa habilidade de uma pessoa para conter suas próprias ansiedades e reações a complexos, Jung refere-se a um consumado mestre nessa arte, o diplomata Talleyrand. Os diplomatas agem de acordo com instruções que recebem de chefes de Estado e usam um vocabulário que denunciam muito pouco de seus próprios sentimentos ou preferências. Eles prezam acima de tudo a arte de falar em termos que ocultam a emoção e escondem indicadores de complexos. E também têm a vantagem de não estar ligados a psicogalvanômetros.

Níveis do Inconsciente

É usual considerar que os complexos são "pessoais". E é verdade que a maioria dos complexos é gerada na própria história específica da vida de uma pessoa e pertence estritamente ao indivíduo. Mas também existem complexos familiares e sociais. Tais complexos pertencem tanto ao indivíduo quanto se pode dizer que uma doença pertence a alguém. Eles pertencem a um coletivo e o indivíduo "pega-os". Isso significa que em sociedade muitas pessoas estão ligadas de modo similar, psicologicamente falando. Pessoas que crescem nas mesmas famílias, ou em extensos grupos de parentesco ou em culturas tradicionais, têm considerável coparticipação nessa estrutura inconsciente comum. Mesmo numa grande e diversificada sociedade como a América, muitas experiências típicas são compartilhadas pela população inteira. Quase todas as crianças iniciam a escolaridade entre os cinco e seis anos de idade, conhecem por experiência própria o mesmo estresse dos exames e o trauma dos fracassos e humilhações, passam depois pela ansiedade das entrevistas para obtenção de um emprego. Todas essas experiências comuns às mãos de pessoas que se encontram similarmente investidas de autoridade criam padrões psicológicos de base social, através de uma espécie de sutil programação do inconsciente pessoal. Traumas compartilhados são propícios a complexos em comum. Por vezes, são característicos de uma geração. Houve um tempo em que se falou com freqüência de uma "mentalidade da depressão" para caracterizar as pessoas que chegaram à idade adulta na década de 1930 e compartilharam do trauma da Grande Depressão. Hoje falamos do "veterano do Vietnã" e partimos do princípio de que todos os que participaram dessa guerra têm mais ou menos em comum o mesmo tipo de formação de complexo resultante dos traumas de terem lutado nessa guerra.

Nesse ponto, podemos pensar na existência de uma camada cultural do inconsciente, uma espécie de inconsciente cultural.[12] É pessoal no sentido de que é adquirido durante a vida do indivíduo, mas é coletivo porque compartilhado com um grupo. O inconsciente, nesse nível, é estruturado por padrões e atitudes culturais mais amplos, os quais acabam por influenciar as atitudes conscientes do indivíduo e os complexos mais singulares dentro de um contexto de pressupostos culturais inconscientes. (O inconsciente cultural é diferente do inconsciente coletivo, que examinarei no capítulo 4.)

Isso suscita a interessante questão de como se formam os complexos. A resposta usual é por trauma. Mas a questão deve ser situada num contexto social mais amplo. Alguns dos estudos de Jung sobre associação de palavras abordaram a questão das influências da família sobre a formação do conteúdo inconsciente em crianças. Através do Experimento de Associação Verbal, ele apurou fortes indícios de padrões de uma impressionante semelhança na formação de complexos entre membros da família — entre mães e filhas, pais e filhos, e mães e filhos, por exemplo. Dessas combinações, as mais próximas eram mães e filhas. Suas respostas às palavras-estímulos revelaram ansiedades e conflitos quase idênticos. Isso levou Jung a concluir que o inconsciente tem por importante modelo as estreitas relações criadas no ambiente da família. De que forma isso ocorre exatamente não é esclarecido em sua obra. É por alguma espécie de transmissão? É pela repetição de traumas semelhantes passados de geração para geração? Isso não é respondido.

Mais tarde, no desenvolvimento de uma criança, essas estruturas psíquicas iniciais são significativamente modificadas pela exposição à cultura mais vasta. A exposição constante da psique a estímulos sociais e culturais, desde a TV à escola, torna-se um fator nas subseqüentes etapas da infância, e isso reduz a influência psicológica de culturas étnicas e familiares, pelo menos numa sociedade pluralista como a da América. Quando o grupo de iguais passa a ser central, ele gera novos e importantes elementos estruturais, muitos deles baseados, porém, em padrões culturais comumente acessíveis. E, no entanto, os antigos complexos induzidos pela família não desaparecem da psique. Os complexos materno e paterno continuam a dominar a cena no inconsciente pessoal.[13] São os gigantes.

Imagens Psíquicas

Para se chegar à estrutura básica do complexo, este deve ser decomposto em suas partes. "O que é, portanto, cientificamente falando, um 'complexo afetivo'?", pergunta Jung. "É a imagem de uma determinada situação psíquica de forte carga emocional e, além disso, incompatível com a atitude habitual da consciência."[14] A palavra "imagem" é fundamental aqui. Trata-se de um termo extremamente importante para Jung. A imagem define a essência da psique. Por vezes, Jung usa a palavra latina *imago* em vez de imagem para referir-se a um complexo. A "imago da mãe" é o complexo da mãe, distinto da mãe real. O ponto é que o complexo é uma imagem e, como tal, pertence essencialmente ao mundo subjetivo; é feito de pura psique, por assim dizer, embora represente também uma pessoa, experiência ou situação real. Não deve confundir-se com realidade objetiva — com uma outra pessoa real ou um corpo material. O complexo é um objeto interior e em seu núcleo está uma imagem.

Surpreendentemente, pode haver uma estreita correspondência entre uma imagem psíquica e a realidade externa, mesmo quando não existe qualquer probabilidade de que a psique tenha sido estampada por ela ou gravada a partir da experiência. Konrad Lorenz, o famoso etologista, estudou respostas inatas a um reflexo em alguns animais, em reação a estímulos específicos. Por exemplo, pintainhos que nunca tinham sido expostos a gaviões souberam correr para esconder-se quando um gavião os sobrevoou e sua sombra apareceu no chão. Usando dispositivos aéreos que faziam correr ao longo de arames bonecos que projetavam sombras semelhantes à do gavião, etologistas mostraram que pintainhos não adestrados, ao verem a sombra, corriam em busca de esconderijo. A resposta defensiva a um predador é embutida no sistema do pintainho e a imagem do predador é inata e reconhecida sem ter de ser aprendida.

Os complexos funcionam de um modo semelhante, só que nos humanos eles parecem ser apenas quase-instintivos, em vez de verdadeiramente instintivos. Agem como instintos na medida em que produzem reações espontâneas em determinadas situações ou pessoas, mas não são puramente inatos da mesma forma que os instintos são. São, sobretudo, produtos de experiência — traumas, interações e padrões familiares, condicionamento cultural. Estes combinam-se com alguns elementos inatos, a que Jung deu o nome de imagens arquetípicas, para formar o conjunto do complexo em seu todo. Os complexos são o que permanece na psique depois que ela digeriu a experiência e a reconstituiu em objetos internos. Nos seres humanos, os complexos funcionam como o equivalente de instintos em outros animais; imagos, ou complexos, são, por assim dizer, instintos humanos construídos.

Os sonhos são formados a partir dessas imagens inconscientes, os complexos. Jung refere-se em vários lugares aos complexos como sendo os arquitetos dos sonhos. Durante um certo período de tempo, os sonhos apresentam imagens, padrões, repetições e temas que nos fornecem um quadro descritivo dos complexos de uma pessoa.

"Essa imagem é dotada de poderosa coerência interior, possui sua totalidade própria e goza de um grau relativamente elevado de autonomia, vale dizer: está sujeita ao controle das disposições da consciência até um certo limite e, por isto, se comporta, na esfera do consciente, como um corpo estranho animado de vida própria."[15] Cada uma dessas características da imagem — sua coerência interna, sua totalidade e sua autonomia — é aspecto importante da definição de Jung do complexo. Um complexo possui solidez psíquica; é estável e duradouro através do tempo. Deixado em seu próprio espaço sem intervenção ou desafio da consciência do ego, um complexo tende a não mudar muito. Pode-se testemunhar isso em repetições dos mesmos padrões de reação e descarga emocional, dos mesmos equívocos e erros, das mesmas escolhas infelizes feitas uma e outra vez na vida de uma pessoa.

A análise procura desvendar os complexos e expô-los à reflexão consciente do ego. Essa intervenção pode alterá-los um pouco. Na análise, uma pessoa aprende como funcionam os complexos, o que desencadeia a sua constelação e

O interior povoado

o que pode evitar a sua interminável repetição. Sem tal intervenção por parte do ego, um complexo comportar-se-á como um corpo estranho animado de vida própria ou como uma infecção. Sob o domínio de um complexo, uma pessoa pode sentir-se totalmente impotente e incapaz de controlar suas emoções.

De um modo geral, os efeitos psicológicos das constelações de complexos perseveram durante extensos períodos de tempo, depois que o estímulo deixou de exercer seu impacto sobre a psique. "Certas investigações experimentais parecem indicar que a curva de intensidade ou de atividade [do complexo] tem caráter ondulatório, com um 'comprimento de onda' que varia de horas, dias ou semanas."[16] O estímulo que provoca o complexo pode ser insignificante ou grande, de longa ou breve duração, mas os seus efeitos sobre a psique podem continuar por extensos períodos de tempo e chegar à consciência em ondas de emoção ou ansiedade. Um dos sinais de psicoterapia eficaz é que as perturbações induzidas pelo complexo perseveram por períodos de tempo muito mais breves do que antes. Uma recuperação mais rápida de perturbações induzidas por um complexo indica um recrudescimento da força do ego e maior integração do material psíquico, assim como o declínio do poder dos complexos. Um tempo de perseveração abreviado significa que o poder do complexo diminuiu. Não obstante, cumpre reconhecer que um complexo nunca pode ser completamente eliminado. Os efeitos ondulatórios da "réplica sísmica" do complexo são esgotantes. A drenagem ou descarga de um poderoso complexo pode consumir uma quantidade enorme de energia psíquica e física.

Fragmentos de Personalidade

Os complexos também podem ser pensados como fragmentos da personalidade ou subpersonalidades. A personalidade de todo e qualquer adulto é vulnerável, em certa medida, à desintegração porque construída de grandes e pequenos fragmentos. Estes podem vir a descolar-se. "Minhas observações sobre os complexos corroboram esse quadro algo inquietante das possibilidades de desintegração psíquica, pois, no fundo, não há diferença de princípio alguma entre uma personalidade fragmentária e um complexo. Ambos têm em comum características essenciais e em ambos os casos coloca-se também a delicada questão da consciência fragmentada. As personalidades fragmentárias possuem, sem dúvida, uma consciência própria, mas a questão de saber se fragmentos psíquicos tão diminutos quanto os complexos também são capazes de ter consciência própria ainda não foi resolvida."[17] Jung está levantando aqui uma importante mas extremamente sutil questão sobre as diferenças entre dissociação normal, distúrbios dissociativos mais severos e distúrbio da personalidade múltipla.

Todo ser humano pode dissociar, e de fato dissocia de tempos em tempos, no sentido de experimentar alterações moderadas dos estados de consciência ou de se separar de uma experiência traumática a fim de continuar funcionando. Estar "em complexo" é, em si mesmo, um estado de dissociação. A consciência do ego é perturbada e, dependendo da extensão da perturbação, pode ser lançada num estado de considerável desorientação e confusão. Uma vez que os complexos possuem um tipo de consciência independente, uma pessoa que está "em complexo" encontra-se como se estivesse na posse de uma personalidade alheia. No distúrbio da personalidade múltipla, esses vários estados de consciência não são mantidos juntos por uma consciência unificadora, e o ego é incapaz de transpor o espaço psíquico existente entre as peças. Neste caso, o ego está restrito a fragmentos de consciência, enquanto que cada um dos outros complexos possui uma espécie de ego próprio, cada um deles operando de modo mais ou menos independente. Cada um tem sua identidade própria e até o seu próprio tipo de controle sobre as funções somáticas. Alguns estudos de personalidades múltiplas indicaram surpreendentes conexões psicossomáticas em cada uma das subpersonalidades, ao ponto de uma personalidade poder mostrar capacidades ou dificuldades físicas não apresentadas por outras. Uma personalidade pode ser alérgica à fumaça de cigarro, uma outra pode ser um fumante inveterado.

A personalidade múltipla representa uma forma extrema de dissociação da personalidade. Os processos de integração normalmente ativos na psique foram contrariados por severos traumas (usualmente sexuais) na infância. Mas, num menor grau, todos temos personalidades múltiplas, porque todos temos complexos. A diferença reside no fato de que os complexos estão, por via de regra, subordinados a um ego integrado, e a consciência do ego é mantida quando um complexo é constelado. Em geral, os complexos têm menos energia do que o ego, e manifestam apenas um mínimo de consciência própria. O ego, em contraste, possui considerável soma de energia e vontade à sua disposição, e é o centro primário da consciência.

Embora o ego seja responsável por grande parte do que chamamos motivação e propósito, os outros complexos também parecem ter propósito e vontade à parte. Com freqüência, estes estão em conflito com o que o complexo do ego quer num determinado momento. Jung descreve os complexos como "os personagens de nossos sonhos diante dos quais nada podemos fazer; são os seres élficos, tão bem caracterizados no folclore dinamarquês pela história do pastor que tentou ensinar o Pai-Nosso a dois elfos. Fizeram o maior esforço para repetir com exatidão as palavras ensinadas, mas logo na primeira frase não puderam deixar de dizer: 'Pai Nosso que *não* estás no céu'. Como era de se esperar, por razões teóricas, esses complexos maliciosos e travessos mostram-se ineducáveis".[18] A moral dessa história é que não se pode convencer os complexos a fazer o que o ego quer que eles façam. São intratáveis. São como imagens mnêmicas congeladas de experiências traumáticas. E não são experimentadas somente em sonhos mas também na vida cotidiana, onde elas fazem com que o ego se sinta igualmente impotente.

A Estrutura dos Complexos

Mais adiante, ao ocupar-se da estrutura do complexo, Jung descreve-a como sendo composta de imagens associadas e memórias congeladas de momentos traumáticos que estão enterradas no inconsciente e não são facilmente acessíveis para recuperação pelo ego. São as lembranças reprimidas. O que une os vários elementos associados do complexo e os mantém no lugar é a emoção. Esta é o elemento aglutinante. Além disso, "o conteúdo afetivo do complexo consiste num elemento nuclear e num grande número de associações secundariamente consteladas".[19] O elemento central é a imagem nuclear e a experiência em que o complexo está baseado é a memória congelada. Mas resulta que esse núcleo compõe-se de duas partes: uma imagem ou traço psíquico do trauma originador e uma peça inata (arquetípica) que lhe está intimamente associada. O núcleo dual do complexo cresce ao reunir associações à sua volta, e isso pode continuar no transcurso de uma vida inteira. Se, por exemplo, um homem lembra a uma mulher o seu severo e rude pai, pelo seu tom de voz, seu modo de reagir à vida, a intensidade de suas respostas emocionais, etc., esse homem irá compreensivelmente constelar o complexo do pai dela. Se eles interagem durante um certo período de tempo, material será adicionado ao complexo. Se ele a injuria, o complexo paterno negativo será ainda mais enriquecido e energizado, e ela tornar-se-á tanto mais reativa em situações onde o complexo do pai está constelado. Cada vez mais, ela pode evitar inteiramente tais homens ou, por outro lado, pode sentir-se irracionalmente atraída para eles. Em qualquer dos casos, sua vida torna-se mais e mais restringida por esse complexo. Quanto mais fortes os complexos, mais restringem a faixa de liberdade de escolha do ego.

Que os complexos podem ser modificados por experiência ulterior é, evidentemente, para benefício do indivíduo, e o potencial curativo da psicoterapia depende disso. A terapia envolve uma espécie de degelo das imagens mnêmicas congeladas. Pode reestruturar a personalidade, em certa medida, porque a transferência permite ao terapeuta representar (entre outras figuras da psique) os pais, tanto a mãe quanto o pai, em diferentes etapas da terapia. Quando um complexo parental é constelado pelo terapeuta, a experiência do paciente de uma diferente espécie de figura parental adiciona material ao antigo complexo e insere-lhe, ou sobrepõe-lhe, uma nova camada. Essa nova estrutura não substitui inteiramente a antiga mas pode introduzir-lhe importantes modificações, até o ponto em que o complexo deixa de restringir a vida de uma pessoa de um modo tão debilitante. A severidade da imago de um pai agressivo pode ser abrandada — descongelada — ou compensada por novas estruturas.

A outra peça do núcleo do complexo é "um fator inato no caráter do indivíduo e determinado por sua disposição".[20] Essa peça é arquetípica. No caso de complexos parentais, por exemplo, é uma imagem arquetípica de Mãe ou Pai, uma imagem derivada não de experiência pessoal mas do inconsciente coletivo. Os elementos arquetípicos na personalidade são disposições inatas para reagir, comportar-se e interagir de certas maneiras típicas e previsíveis. São semelhantes aos mecanismos desencadeadores inatos dos animais. São herdados e não adquiridos, e pertencem a cada ser humano em virtude de nascerem humanos. São o que nos torna única e caracteristicamente humanos. Não só o corpo mas também a alma — a psique — são especificamente humanos e criam as condições prévias para toda a experiência, desenvolvimento e educação subseqüentes. Alongar-me-ei sobre a teoria de Jung dos arquétipos em capítulos subseqüentes. Por agora é suficiente reconhecer que os elementos arquetípicos da psique são vivenciados cotidianamente através da experiência dos complexos.

Em termos gerais, os complexos são criados por traumas. Antes do trauma, a peça arquetípica existe como imagem e força motivadora mas não tem as mesmas qualidades perturbadoras e produtoras de ansiedade do complexo. O trauma cria uma imagem mnêmica emocionalmente carregada que se associa a uma imagem arquetípica e, juntas, essas congelam numa estrutura mais ou menos permanente. Essa estrutura contém uma quantidade específica de energia e pode com esta ligar-se a outras imagens associadas para criar uma rede. Assim, um complexo é enriquecido e ampliado por experiências ulteriores de uma espécie semelhante. Mas nem todos os traumas são de natureza externa ou provocados por colisões abrasivas com o meio circundante. Existem traumas que ocorrem sobretudo no interior da psique individual. Jung indica que complexos podem ser também criados ou suplementados por "um conflito moral que deriva, em última instância, da impossibilidade aparente de afirmar a totalidade da natureza humana".[21] As atitudes morais efêmeras em nossa sociedade impossibilitam a afirmação completa dessa totalidade em muitas situações. Temos que negar os nossos verdadeiros sentimentos e abster-nos de exprimi-los para nos entendermos ou, ocasionalmente, até para sobreviver. Realizar tais ajustes sociais a bem da adaptação cria uma máscara social, uma "persona", que exclui partes essenciais de nós próprios. De um modo geral, as pessoas preferem ser incluídas em seus grupos sociais, e aquelas que expressam suas idéias e opiniões com total franqueza ou não se submetem aos padrões do grupo tendem a ser marginalizadas ou condenadas ao ostracismo. Esse dilema social coloca uma pessoa no que Jung chama de um conflito moral. No nível mais profundo, o imperativo é ser todo. A natureza humana rebela-se contra as restrições da sociedade e da cultura, se estas inibem com excessiva severidade o impulso inato para a totalidade, e isto é uma fonte adicional de complexos.

Foi esta a questão de que Freud se ocupou em Viena, uma sociedade que era, no plano formal, sexualmente inibida mas também flagrantemente hipócrita em seus costumes sexuais. Freud demonstrou como os conflitos em torno da sexualidade têm raízes em padrões psicológicos e produzem neurose. A sexualidade, que está embutida na constituição inata do ser humano, torna-se socialmente incompatível e é, por conseguinte, separada da consciência e reprimida. Isso gera um complexo sexual em torno do qual se aglomeram os traumas com ele relacionados. Fundamentalmente, o que faz da repressão da sexualidade a fonte de patologia é o insistente imperativo do organismo humano em querer realizar a sua totalidade inata, a qual inclui a sexualidade não-inibida. Não é o conflito entre o indivíduo e a sociedade *per se* que produz o problema neurótico, como Freud argumentou, mas o conflito moral que se produz numa psique que quer negar-se a si mesma, por um lado, mas é forçada a afirmar-se, por outro.

A Erupção de Complexos

Os complexos são capazes de irromper súbita e espontaneamente na consciência e de apossar-se das funções do ego. O que se manifesta como total espontaneidade pode, entretanto, não ser tão puro assim. Existe, com freqüência, um sutil estímulo disparador que pode ser detectado se se observar com atenção o passado recente. Uma depressão neurótica, por exemplo, pode parecer endógena até se descobrir o minúsculo e repentino insulto que a deflagrou. Quando o ego é possuído desse modo, acaba assimilado ao complexo e aos propósitos do complexo, e o resultado é aquilo a que chamamos *acting out*. As pessoas que convertem em ação impulsos reprimidos [*acting out* significa precisamente "passagem ao ato"] não se apercebem, com freqüência, de que é isso o que está acontecendo. Elas estão simplesmente *in the mood*, quer dizer, com vontade de fazer, de concretizar através do comportamento algo que lhes parece congruente com o ego. Mas essa é a natureza da possessão: o ego é ludibriado ao ser induzido a pensar que está dando livre expressão a si mesmo. Só em retrospecto uma pessoa se dá conta de que "Algo se apossou de mim e me fez fazer isso. Eu não sabia o que estava fazendo!" Se uma outra pessoa tenta assinalar-lhe que está representando, a reação usual é uma furiosa atitude defensiva. A pessoa num estado de possessão não aceita com benevolência tal *feedback*. Jung diz que na Idade Média essa identificação com um complexo "tinha um outro nome: chamava-se possessão. Provavelmente ninguém imaginará que esse estado seja tão inofensivo; em princípio, porém, não há diferença entre um lapso corrente de linguagem causado por um complexo e as disparatadas blasfêmias de um possesso".[22] A diferença é uma questão de grau. Existem graus de possessão que vão dos momentâneos e inconseqüentes até os psicóticos e crônicos. O que vemos na possessão é que características da personalidade que não fazem usualmente parte do caráter e estilo do ego tornam-se ostensivamente manifestas. Essas características desconhecidas foram-se acumulando no inconsciente durante um certo período de tempo e, de súbito, o ego é superado por esse oposto interior. Agora a pessoa está possuída pelo demônio, pragueja e amaldiçoa coisas que a consciência tivera até então na conta de sagradas.

Pessoas com a Síndrome de Tourette fazem isso abertamente numa base contínua. Para uma pessoa abençoada com a chamada "psicologia normal", as personalidades fragmentadas manifestam-se numa multidão de processos muito mais sutis, alguns tão diminutos que são quase indetectáveis — lapsos de linguagem, esquecimentos. No decorrer de uma hora, uma pessoa pode passar por numerosos estados de consciência, humores, subpersonalidades, e mal se aperceber das variações. Essa sutileza passa para formas muito mais ostensivas e gritantes quando nos acercamos do nível da verdadeira possessão. A possessão tem uma qualidade mais extrema e distinta. Dificilmente passa despercebida e adquire até, com freqüência, as características de um tipo específico de personagem. Um complexo de Salvador, por exemplo, desenvolve-se tipicamente a partir de dolorosas experiências de abandono na infância e revela-se depois no comportamento que passa por ser bondade e solicitude. Essas características, entretanto, não pertencem ao ego de um modo integrado; elas tendem, antes, a ir e vir porque têm raízes num complexo autônomo sobre o qual o ego tem escasso controle. São as pessoas que não conseguem abster-se de ser prestativas e solícitas, não importa até que ponto isso possa ser destrutivo para elas próprias ou para outros. O comportamento é realmente controlado por um complexo e, portanto, não está sob o controle do ego. Também tende a flutuar de um modo mais ou menos arbitrário. Observam-se súbitas incoerências que não podem ser previstas nem explicadas. Umas vezes, essa pessoa será excessivamente ponderada e atenta; outras vezes, cruel, indiferente ou até injuriosa. Outras psiques fragmentadas (complexos) estão competindo por ganhar o patrocínio do ego. Quando um ego propenso à possessão abandona a identificação com um complexo, muda para um outro. Este outro é quase sempre uma espécie de irmão-sombra ou irmã-sombra do primeiro. Um complexo de Cris-

O *interior povoado*

to, com suas características espirituais, orientadas para o alto, abnegadas, altruístas, é emparelhado com um complexo demoníaco que se caracteriza por uma atitude de materialismo e egoísmo. Os dois complexos podem alternar-se na possessão do ego. Dr. Jekyll e Mr. Hyde. Um funcionará como a persona oficial em muitas situações sociais públicas, e o outro dominará a personalidade consciente em ambientes particulares e íntimos. Este ego é vulnerável ao que Jung chamou "enantiodromia", uma mudança para o oposto.

Os complexos são objetos do mundo interior. "É deles que depende o bem-estar da vida pessoal. São os *lares* e *penates* [os deuses domésticos] que nos aguardam na lareira, e cuja tranqüilidade é perigoso exaltar."[23] Não convém deixar de levar a sério tais deidades.

3

Energia psíquica
(Teoria da Libido)

Até aqui, descrevemos duas estruturas básicas da psique — consciência do ego e os complexos — tal como Jung as concebeu e sobre elas escreveu. Considerarei agora a força que anima essas estruturas e lhes dá vida, a saber, a *libido*. Esta é desejo e emoção, a seiva, o sangue vital da psique. Jung chamou à libido a *energia psíquica*. Nos dois capítulos prévios, usei freqüentemente o termo energia. Esta é uma característica dinâmica da psique. A teoria junguiana da libido conceitua, de um modo abstrato, as relações entre as várias partes da psique. Para usar a metáfora da psique como sistema solar, este capítulo é sobre física e as forças que afetam os vários objetos neste universo.

Num sentido filosófico geral, o assunto da energia psíquica tem sido investigado por pensadores de todas as eras. Nada tem de novo e moderno refletir sobre questões de força vital, vontade, paixão e emoção, o fluxo e refluxo de interesse e desejo. Os filósofos do Ocidente têm-se debruçado sobre tais matérias desde Heráclito e Platão, e os do Oriente desde Lao-tsé e Confúcio. Em séculos recentes, filósofos como Schopenhauer, Bergson e Nietzsche dedicaram uma atenção central a essas questões. Também físicos como Anton Mesmer, com sua teoria de um fluido psíquico no corpo, começaram a explorar por métodos mais empíricos e quase-científicos os objetos de estudo do movimento psicológico e da motivação. O famoso médico e filósofo alemão do século XIX, C. G. Carus, especulou extensamente e em profundidade sobre o inconsciente como fonte de energia e assinalou suas consideráveis influências sobre a mente consciente. Jung cita figuras como essas, a par de von Hartmann, Wundt, Schiller e Goethe, como precursores do seu próprio pensamento. Embora Freud fosse o moderno originador psicológico do termo libido e a figura diante de quem Jung se inclina em suas discussões psicanalíticas da teoria da libido, ele não foi a única influência sobre Jung nem a única personalidade a quem ele estava respondendo em seus numerosos e extensos escritos sobre libido e energia psíquica.

Uma posição sobre a natureza e o fluxo de energia psíquica é, de fato, fundamental para toda a filosofia da natureza humana e da alma, pois ela conterá os pontos de vista do autor sobre motivação e sobre os elementos dinâmicos na vida que separam os seres vivos dos mortos. A distinção entre movimento e estase constitui uma categoria básica do pensamento humano, e leva espontaneamente a imaginar o que explica a diferença entre esses dois estados de ser. Por que os corpos físicos se movimentam no espaço, e por que se deslocam numa direção e não numa outra? Na ciência física, essas interrogações conduzem à formulação de teorias de causação e de leis do movimento, como a lei da gravidade. O mesmo vale para a Filosofia e a Psicologia, onde questões de causação e de motivação e as leis que regem os corpos psíquicos em movimento são igualmente importantes. Em psicologia, converte-se numa questão da alma e do seu movimento e do seu poder para movimentar outros objetos. Aristóteles meditou sobre isso. A energia psíquica está presente num corpo vivo e não num cadáver; está presente em toda a vida vígil e na vida onírica; é o que faz a diferença entre estar "aceso" e estar "apagado", para usar uma metáfora elétrica. Mas no que consiste isso?

Sexualidade e Libido

Aquilo a que Schopenhauer chamou de Vontade e apresentou como o motivador primordial da atividade e do pensamento humanos, Freud preferiu chamar-lhe libido. Com essa escolha de terminologia, ele enfatizou o elemento sensual, de busca de prazer, na natureza humana. A alma, para Freud, está essencialmente restrita e condicionada pela energia sexual. A palavra latina *libido* é perfeitamente adequada para esse fim, por causa da sua convicção de que a pulsão sexual está na base da vida psíquica e é a fonte primária do movimento da psique. A teoria freudiana da libido tornou-se, por um lado, um modo polido de se falar a respeito da sexualidade, dando ao sexo um nome latino e à conversação um tom médico; por outro lado, era uma forma de manter uma discussão quase-científica e abstrata sobre como a sexualidade se movimenta e motiva uma pessoa para envolver-se em diversas atividades, e termina, em alguns casos, por causar atitudes e comportamentos neuróticos.

Sustentava Freud a tese de que a sexualidade é o motivador principal da maioria, senão de todos os processos mentais e comportamentos. A libido é a corrente elétrica que faz girar, vibrar e roncar a máquina humana, mesmo que as atividades específicas a que uma pessoa se dedica, como tocar violino ou contar dinheiro, nada pareçam ter de particularmente sexual. A sexualidade é o motivador primário até mesmo dessas atividades humanas, assim como a causa primordial dos conflitos psicológicos que acabam tolhendo uma pessoa nos meandros da neurose e de graves enfermidades mentais, como a paranóia e a esquizofrenia. Em última análise, Freud quis mostrar que todas as manifestações da energia psíquica na vida individual e coletiva podem ser atribuídas, pelo menos numa parte significativa, à pulsão sexual e às suas sublimações ou repressões. Freud estava particularmente determinado a demonstrar que o conflito sexual está na base de todas as doenças neuróticas e psicóticas.

Logo no começo de suas discussões com Freud sobre teoria psicológica e prática clínica, Jung manifestou sérias reservas acerca da primazia da sexualidade e sugeriu o ponto óbvio de que poderia também haver outras pulsões ativas na vida humana além do sexo. Por exemplo, existe uma pulsão básica chamada *fome*:

> Como você notou, é possível que as minhas reservas sobre suas idéias de tão profundo alcance sejam devidas à falta de experiência. Mas não pensa que um certo número de fenômenos-limites poderiam ser mais apropriadamente considerados em termos da outra pulsão básica, a *fome*: por exemplo, comer, mamar (predominantemente a fome), beijar (predominantemente a sexualidade)? Dois complexos existentes ao mesmo tempo estão sempre fadados a unir-se psicologicamente, de modo que um deles contém invariavelmente aspectos constelados do outro.[1]

Esta nota de discordância já se manifesta na segunda carta de Jung a Freud, datada de 23 de outubro de 1906. Era evidente que Jung nutria dúvidas e reservas a respeito da insistência de Freud na centralidade do conflito sexual em psicopatologia. Nos anos que se seguiram, houve muito mais cartas e numerosas trocas de idéias publicadas sobre o assunto das pulsões e das fontes de energia psíquica, e Jung ora avançava, ora recuava, em sua adesão à doutrina freudiana. "Sob o forte impacto da personalidade de Freud", escreveria Jung muitos anos depois em sua autobiografia, "eu tinha, até onde me fora possível, posto de lado as minhas próprias opiniões e reprimido as minhas críticas. Era essa a indispensável condição prévia para colaborar com ele."[2] Por vezes, em seus primeiros escritos, Jung soa como um verdadeiro reducionista do molde freudiano. E, no entanto, sua obra também deixa claro que ele nunca se converteu num discípulo incondicional de Freud, embora possa ter contido sua discordância no interesse mais alto de atenuar diferenças e evitar potenciais pontos de atrito em seu relacionamento.

Energia psíquica   63

Resultou que o debate sobre como conceituar a energia psíquica e que nome lhe dar tornou-se muito mais do que um ponto técnico de importância secundária. Embora os iniciais pontos de vista divergentes de Jung possam ter parecido algo vagos e triviais, ou baseados numa interpretação equivocada do que Freud quis dizer, as implicações foram profundas e, com o tempo, culminaram em importantes divergências filosóficas, teóricas e clínicas. De fato, suas diferenças sobre a questão da libido acabaram por definir o ponto teórico central de divisão entre eles. Em causa estava a concepção de natureza humana e o significado de consciência humana. Nos primeiros anos, isso não podia ser previsto com a clareza que a retrospectiva permite. Jung estava aprendendo à medida que avançava — de Freud, mas também de seus pacientes e de muitas outras fontes.

Em seu magistral ensaio "A Energia Psíquica",[3] publicado em 1928, Jung expõe em detalhe sua posição amadurecida e ponderada sobre a questão da libido. Esse ensaio é a fonte primordial para o presente capítulo. Quando o escreveu, em meados da década de 1920, já estava separado de Freud e do movimento psicanalítico havia mais de dez anos. Esse ensaio tem o timbre da objetividade fria, ao passo que sua principal obra anterior sobre o assunto, *Psicologia do Inconsciente* [*Wandlungen und Symbole der Libido*] (1912-13) (traduzido para o inglês em 1916 por Beatrice Hinkle como *Psychology of the Unconscious*),* tinha sido apressadamente montada e ostenta as marcas do febril pensamento criativo que ainda não se firmara no seu lugar. Nessa obra anterior, composta quando ele ainda estava em assídua comunicação com Freud, e ainda era, na verdade, o príncipe herdeiro de Freud como presidente da Associação Psicanalítica Internacional, a teoria da libido foi inicialmente abordada como uma espécie de questão subsidiária, mas tornou-se a peça central antes do livro estar concluído. Considerarei sucintamente essa obra aqui, como antecedente histórico, antes de passar a descrever o ensaio ulterior de Jung sobre energia psíquica.

Numa carta a Freud datada de 14 de novembro de 1911, Jung escreveu:

> Na minha segunda parte [da *Psicologia do Inconsciente*] comecei a considerar a necessidade fundamental de uma discussão da teoria da libido. Aquela passagem em sua análise do caso Schreber onde se depara com o problema da libido (perda de libido = perda de realidade) é um dos pontos onde os nossos percursos mentais se

---

* Omitimos nesta tradução a indicação de títulos em inglês das obras de Jung; ou damos seus títulos alemães originais ou seus correspondentes em português, dado que todas as obras de Jung citadas neste livro se encontram já traduzidas nas "Obras Completas" publicadas pela Editora Vozes. [Nota do tradutor.]

cruzam. Em meu entender, o conceito de libido tal como foi exposto nos *Três Ensaios* precisa ser suplementado pelo fator genético para torná-lo aplicável à Dementia praecox.[4]

Jung refere-se aqui ao seu segundo capítulo na Parte II da *Psicologia do Inconsciente*, "A Concepção e a Teoria Genética da Libido". Nesse capítulo, ele examina a questão, mencionada na carta acima citada, das relações entre libido (tal como foi sexualmente definida por Freud nos *Três Ensaios Sobre a Teoria da Sexualidade* em 1905) e a *fonction du reel* (um termo usado pelo psiquiatra francês Pierre Janet para referir-se à consciência do ego). Deriva esta última da primeira? Se a consciência do ego é um derivativo de vinculações sexualmente determinadas com objetos, seguir-se-ia então que perturbações da sexualidade poderiam causar perturbações no ego e, com efeito, poderia admitir-se que as perturbações no ego teriam raízes em distúrbios sexuais. O que Freud (e o psicanalista de Berlim Karl Abraham) quiseram argumentar foi que severas perturbações no ego, na psicose e na esquizofrenia devem ser atribuídas à perda de interesse sexual no mundo dos objetos, porque a função da realidade e as vinculações a objetos foram, em primeiro lugar, criadas pelo interesse sexual. Este é, porém, um argumento circular e Jung assinala-o de forma convincente.[5] No lugar disso, ele oferece uma outra explicação para a esquizofrenia e a psicose, mas que levaria a uma revisão básica da teoria da libido.

Jung parte do que ele chama de uma posição genética, em vez de uma descritiva. Começa com uma ampla concepção da libido como energia psíquica, adotando a concepção de Schopenhauer de Vontade. "Como você sabe", escreve ele a Freud num tom um tanto escusatório, "tenho sempre que avançar do exterior para o interior e do todo para a parte."[6] Desse amplo ponto de vista, a libido sexual constitui apenas um ramo da Vontade ou força vital mais genérica. Essa corrente geral de energia psíquica tem numerosos ramos, e na história da evolução humana alguns desses ramos são mais salientes do que outros em certos pontos. Em algumas etapas do desenvolvimento humano, coletivo e individual, a libido sexual é mais saliente e fundamental; em outras, é-o menos.

Além disso, escreve Jung, pode ser argumentado que atividades que estiveram uma vez estreitamente relacionadas com a sexualidade e podiam, de fato, ser claramente vistas como derivativos do instinto sexual vieram, através da evolução da consciência e da cultura humanas, a separar-se do domínio sexual em tal medida que não têm mais qualquer relação com a sexualidade:

> Assim, descobrimos os primeiros instintos de arte em animais usados a serviço do impulso de criação, e limitados à época de procriação. O caráter sexual original dessas instituições biológicas perdeu-se em sua fixação orgânica e independência funcional. Mesmo que não existam dúvidas quanto à origem sexual da música,

Energia psíquica 65

ainda assim seria uma generalização medíocre e inestética incluirmos a música na categoria de sexualidade. Uma nomenclatura similar levar-nos-ia, portanto, a classificar a catedral de Colônia como mineralogia porque é feita de pedras.[7]

Era óbvio para Jung que nem todas as expressões de atividade psíquica têm uma original intenção sexual, ainda que possam ter tido outrora tais conexões na história primordial da raça humana. Adotando um ponto de vista evolutivo, Jung especula então sobre o modo como atividades que tinham sido sexuais em significado e intenção foram transformadas em atividades não-sexuais, como a música e a arte.

A Transformação da Energia Psíquica

Como a energia psíquica é transformada de uma expressão de simples instinto, da descarga de um poderoso impulso (isto é, comer porque se sente fome, ou copular porque se sente sexualmente excitado), para expressões e realizações culturais (por exemplo, *haute cuisine* ou composição musical)? Quando é que realizar essas atividades deixa de ser "instintivo", em qualquer acepção significativa da palavra, e passa a ser uma outra coisa, com significado e intenção muito diferentes?

Jung argumenta em *Psicologia do Inconsciente* que essa transformação da energia pode acontecer em virtude da capacidade inata da mente humana para criar analogias. Os humanos possuem a competência e a necessidade para pensar em metáforas, e isso pode ser o esteio desse processo de transformação. Assim, caçar, por exemplo, é como (*gleich wie*) procurar um parceiro sexual, de modo que essa analogia pode ser aplicada e usada a fim de gerar entusiasmo e excitação acerca da caça. Com o tempo, a atividade de caçar desenvolve os seus próprios significados e motivações culturais, e adquire uma vida própria. Não precisa mais da metáfora sexual e, assim, a sexualidade já não se lhe aplica tão concretamente. Entretanto, alguns resíduos de uma forte analogia sempre subsistem, e esses resíduos consentem a possibilidade de interpretações sexuais redutoras de atividades culturais contemporâneas.

Devido a essa tendência para criar analogias, o mundo humano da consciência e da cultura é, com o tempo, vastamente ampliado:

> É como se, por meio dessa formação fantástica da analogia, mais libido fosse ficando gradualmente dessexualizada, porquanto cada vez mais correlatos de fantasia eram postos no lugar da realização primitiva da libido sexual. Com isso uma ampliação enorme da idéia de mundo foi desenvolvida gradualmente porque novos objetos eram sempre assimilados como símbolos sexuais.[8]

O mundo arcaico de atividade e consciência humanas tornou-se assim, através dos milênios, mais sexualizado mas, ao mesmo tempo, também foi dessexualizado, ou seja, sexualizado porque mais analogias com a sexualidade estavam sendo continuamente criadas, mas dessexualizado porque essas analogias ficaram cada vez mais distantes de sua origem.

O *insight* de Jung foi que os motivos e pensamentos sexuais são gradualmente substituídos por metáforas, analogias e símbolos na vida consciente e inconsciente do ser humano. Entretanto, o motivo sexual reaparecerá claramente durante regressões na vida mental do paciente, e é nisso que se baseiam as concepções de Freud. Até este ponto do seu argumento, Jung está preenchendo detalhes e adicionando elementos de apoio à tese de que grande parte da vida mental do adulto humano moderno deriva de fontes sexuais, mesmo que isso já não tenha muita coisa a ver com a sexualidade *per se*. Tais diferenças por ele expostas em relação à ortodoxia freudiana até este ponto não teria constituído heresia. A parte mais crítica estava para vir mais adiante, no capítulo final da *Psicologia do Inconsciente* intitulado "O Sacrifício", o qual tratou da questão do incesto.

Em sua autobiografia, Jung recorda:

> Quando estava trabalhando no meu livro a respeito da libido e acercando-me do final do capítulo "O Sacrifício", soube de antemão que a sua publicação iria custar a minha amizade com Freud. Pois eu planejara registrar nele a minha própria concepção de incesto, a transformação decisiva do conceito de libido... Para mim, só nos mais raros casos o incesto significou uma complicação pessoal. Usualmente, o incesto possui um aspecto eminentemente religioso, razão pela qual o tema do incesto desempenha um papel decisivo em quase todas as cosmogonias e em numerosos mitos. Mas Freud obstinou-se na sua interpretação literal e não pôde aprender a significação espiritual do incesto como um símbolo. Eu sabia que ele jamais seria capaz de aceitar qualquer das minhas idéias sobre esse assunto.[9]

Por que era a concepção de Jung do incesto "a transformação decisiva do conceito de libido"? Era porque ele havia "desliteralizado" o desejo de incesto. Freud viu no incesto um desejo inconsciente de possuir sexualmente a mãe real, num sentido literal. Jung, por outro lado, interpretou simbolicamente o incesto como um anseio geral de permanência no paraíso da infância. Tal anseio torna-se mais pronunciado quando uma pessoa enfrenta um assustador desafio na vida, crescer, adaptar-se a um meio propício ao estresse. A vontade é de subir na cama e tapar a cabeça com os lençóis. A "mãe" desejada converte-se, na interpretação simbólica de Jung, no desejo de regressar à dependência infantil, à infância, à inconsciência e irresponsabilidade. Essa é a motivação subentendida em muita dependência de drogas e do álcool. Portanto, quando

Energia psíquica   67

fantasias de incesto aparecem no tratamento da neurose, Jung interpretá-las-ia mais como resistências à adaptação do que como o surgimento de desejos inconscientes reais ou de lembranças infantis de tais desejos. A prática do incesto literal entre alguns povos antigos, como os faraós egípcios, foi entendida por Jung como sendo religiosamente simbólica, anunciando um *status* privilegiado e indicando a união com uma fonte divina de energia. Era o casamento da Mãe-como-origem da vida, não como a realização literal de um desejo sexual. Na verdade, argumentou Jung, a sexualidade tem muito pouco a ver com incesto. O incesto é simbolicamente significante, não biologicamente desejado.

Esse gênero de interpretação simbólica de temas e imagens psicológicos irritou profundamente Freud. Contrariando suas doutrinas, Jung sustentava que a libido não consiste simplesmente no desejo sexual por objetos específicos, nem tem que ser concebida como uma espécie de pressão interna que procura descarregar-se ("catexiando" é o pretensioso termo psicanalítico) em objetos fixos de amor. Libido é "vontade". Neste ponto, Jung está reverenciando Schopenhauer. Mas, prossegue Jung, a vontade está dividida em suas partes, uma vontade de viver e uma vontade de morrer: "Na primeira metade da vida, a vontade [da libido] é de crescimento, na segunda metade alude, brandamente no início, e depois de modo audível, à vontade de morte."[10] Surpreendentemente, essa referência à libido dividida e a um desejo de morte precede de uma década, em números redondos, a teoria de Freud de uma pulsão de morte, e deve muito provavelmente sua origem à colaboração de Jung com Sabina Spielrein, que era sua aluna à época. Assinale-se que Jung eliminou esse fraseado do seu texto quando o reviu em 1952 para a sua obra intitulada *Símbolos da Transformação*.[11] Por essa altura, ele já tinha retirado Spielrein de sua teoria e não esposava mais a noção de uma pulsão de morte.

O tema do sacrifício sobre o qual Jung se alonga na *Psicologia do Inconsciente* é uma peça central em seus pensamentos sobre o crescimento da consciência e as necessidades de desenvolvimento da maturidade pela personalidade humana. Tivessem os humanos que permanecer escravos do desejo e comportamento incestuosos, simbolicamente falando, não haveria movimento psíquico fora da infância. O paraíso seria o lar. Ao mesmo tempo, a prosperidade da espécie humana estaria condenada ao fracasso porque a adaptação a ambientes inóspitos e exigentes não poderia ocorrer. O desejo incestuoso de eterna infância tinha que ser sacrificado coletivamente nos tempos primordiais, e tem que ser sacrificado individualmente por toda a pessoa moderna, a fim de promover um movimento na consciência voltado para a aquisição de uma consciência cada vez maior. E, para Jung, esse movimento para a maturidade psicológica ocorre naturalmente, através de mecanismos e dinâmicas internos. E não tem que ser induzido por ameaças exteriores. O grande sacrifício do incesto é realizado vo-

68 Jung — O Mapa da Alma

luntariamente, não (como ensinado pela teoria freudiana) por causa de ameaças de castração. A teoria de Freud de parricídio ou expiação da culpa como a base da consciência era estranha ao modo de pensar de Jung. Os humanos desenvolvem consciência, moralidade e cultura naturalmente, como parte de sua natureza. A cultura é, portanto, natural para a espécie humana.

Na *Psicologia do Inconsciente*, Jung defende a tese geral de que a transformação da libido não ocorre através de um conflito entre a pulsão sexual e a realidade externa mas, antes, através da intervenção de um mecanismo que se insere na própria natureza humana. Esse mecanismo produz o sacrifício do incesto a bem do desenvolvimento. Pode ser visto funcionando em muitas religiões, mormente no mitraísmo e no cristianismo, que Jung compara ao longo de algumas páginas.

Neste ponto de sua carreira, Jung ainda não conceituara o arquétipo como a força que estrutura a psique e a energia psíquica. Isso ocorreria mais tarde e permitir-lhe-ia então realizar muito maior especificidade ao descrever as várias transformações na base instintiva. Quando produziu a extensa revisão do texto de 1912-13 em 1952, publicado como *Símbolos da Transformação*, inseriu a teoria dos arquétipos em muitos lugares a fim de realizar precisamente esse tipo de especificação. Em 1913, porém, ele estava teoricamente limitado e só podia falar vagamente sobre a noção de que existe um movimento natural para o sacrifício da satisfação dos instintos, inato no sistema psíquico humano, sem o que a cultura e a consciência humana tal como as conhecemos seriam impossíveis. O sacrifício explica a transformação da energia de uma forma de expressão e atividade numa outra, mas continuava por esclarecer, nessa época, o que motiva os humanos a realizar tão extraordinários sacrifícios.[12] Além disso, há a questão de apurar o que é que dirige a energia ao longo de determinados percursos para ocupações e esforços específicos. Um *insight* muito esclarecedor seria a capacidade dos *símbolos* para transformar e dirigir a libido.

Ao assumir a posição que assumiu sobre o instinto e a libido, Jung sabia que os seus dias como príncipe herdeiro de Freud estavam contados. Freud não era homem para tolerar amplas diferenças de opinião entre os seus seguidores. A autoridade estava em jogo e Freud exigiria um ato de submissão intelectual. Jung recusou-se a fazê-lo e esse foi o momento psicológico determinante de sua amarga separação.[13]

E assim aconteceu, de fato, que as relações de colegas de Jung com Freud terminaram a poucos meses da publicação da Parte II da *Psicologia do Inconsciente*. A data da publicação foi setembro de 1912, quando o material apareceu no sexto volume do *Jahrbuch für psychoanalytische und psychopathologische Forschungen*, o anuário do qual Jung era o editor geral. Para Jung, todo o ponto de divergência com Freud sobre a definição e concepção de libido estava em

Energia psíquica 69

querer evitar o seu severo tipo de reducionismo, o qual considera toda e qualquer manifestação de vida consciente e atividade cultural atribuível à sexualidade, em uma ou outra de suas variedades de sabores. Para Freud, o propósito de insistir na centralidade da sexualidade era reter a acuidade e a penetração do *insight* psicanalítico sobre o modo como o ser humano civilizado evita a verdade e sofre por ter que lidar com a sexualidade de uma forma tão dissimulada e tortuosa. Além disso, Jung tinha por objetivo a criação de uma teoria geral da energia e de uma psicologia geral, ao passo que Freud estava determinado a ir cada vez mais fundo na exploração das distorções e subterfúgios da vida psicológica no tocante à sexualidade e (mais tarde) à destrutividade e à pulsão de morte.

Em 1928, quando publicou "A Energia Psíquica", Jung vinha pensando sobre esse assunto há vinte anos. Seu detalhado argumento e as referências a várias autoridades nesse ensaio ainda refletem sua discordância com Freud e a psicanálise, mas também representam o seu desejo de apresentar a mais forte defesa possível de uma visão geral da libido como energia psíquica.

A Física como um Modelo

A física, com a qual Jung não estava tecnicamente familiarizado em qualquer grande detalhe mas que predominava no ambiente à sua volta na Zurique do começo do século XX, forneceu um modelo para pensar sobre energia psíquica. Para Jung, era uma metáfora que oferecia possibilidades para a formulação de um conjunto similar de entendimentos no referente à energia psíquica. A física tinha construído uma elaborada teoria de energia, com leis de causalidade, entropia, conservação de energia, transformação, etc. Prestando atenção a essas leis da física e esquecendo fórmulas e equações matemáticas, Jung dispôs-se a conceituar a psique de um modo que lembra algo de seus trabalhos anteriores em psicologia experimental com o Experimento de Associação Verbal. Jung sublinha que, quando lidamos com energia, somos levados à quantificação.[14]

A energia é uma abstração do mundo objetivo, escreve ele. Não a podemos ver, tocar ou provar. Falar de energia é estar interessado mais na relação entre objetos do que nos próprios objetos. A gravidade, por exemplo, descreve o modo como um objeto afeta um outro mas nada nos diz, especificamente, sobre a qualidade dos objetos em questão. Do mesmo modo, argumenta Jung, uma teoria da energia psíquica, ou libido, deve explicar como objetos no mundo psíquico se afetam mutuamente.

Jung alega que a energia é finalista e tem a ver com a transferência de movimento ou ímpeto adquirido entre objetos (psíquicos) ao deslocarem-se de modo irreversível ao longo de um gradiente até atingirem um estado de equilíbrio. Isto assemelha-se à descrição de uma cadeia física de eventos: quando um objeto colide com um outro, o primeiro tem sua velocidade diminuída e a do segundo é aumentada. A lei de conservação de energia é aplicada a essa seqüência, a qual diz que a energia não pode ser criada nem destruída, de modo que a quantidade de energia que deixa o primeiro objeto deve igualar o montante de energia recebida pelo segundo. Isso pode ser medido com precisão. Assim, embora a energia seja abstrata e intangível, os seus efeitos são observáveis, como qualquer jogador de sinuca sabe. Jung aplicou esse modelo à psique, e esse ensaio é sobre medir energia psíquica e pensar sobre vida psíquica em termos de transferências e movimentos de energia.

"A empatia conduz a um ponto de vista mecanicista, e a abstração a um modo de ver energético",[15] escreve Jung, e passa a estabelecer o contraste entre uma visão mecanicista e uma energética da realidade física e psíquica. As perspectivas são incompatíveis e, no entanto, ambas são verdadeiras. "A concepção causal-mecanicista vê a seqüência dos fatos da seguinte maneira: a causa b, b causa c, e assim por diante",[16] recaindo o seu foco sobre a causação. Esta bola bate numa segunda, a qual bate numa terceira. A primeira colisão causa um efeito, o qual causa um outro efeito, e assim por diante. Os efeitos remontam assim a uma causa inicial. "Aqui, a noção é uma designação qualitativa e, por conseguinte, uma *virtus* [força] da causa ou, em outros termos, um dinamismo."[17] Aplicando essa perspectiva à vida psicológica, um complexo é visto como causado por um trauma. A força do trauma penetra no sistema psíquico, produzindo uma série de efeitos que continuam a manifestar-se por muitos anos sob a forma de sintomas. De uma perspectiva mecanicista, o trauma é visto como a origem causal do complexo. E esse entendimento leva à empatia para com o traumatizado.

"A concepção energético-finalista, pelo contrário", escreve Jung, "vê a referida série da seguinte maneira: *a-b-c* são instrumentos das transformações energéticas que fluem causalmente de *a*, o estado improvável, para o estado provável, passando entropicamente por *b-c*. Aqui abstrai-se, por inteiro, de um efeito causal, considerando-se apenas as intensidades dos efeitos. Como as intensidades são as mesmas, podemos substituir *a-b-c* por *w-x-y-z*."[18] De um ponto de vista energético-finalista, a energia é transferida de um estado menos provável para um mais provável deslocando-se ao longo de um gradiente de intensidades até terminar em equilíbrio. Aplicando esta perspectiva à vida psicológica — e aqui chega-se ao entendimento dos motivos que levaram Jung a chamar a este ponto de vista abstrato e não empático — onde quer que cheguemos na vida, psicológica ou emocionalmente falando, é onde a intensidade dos gradientes nos levou a fim de alcançar um estado de equilíbrio. O equilíbrio

Energia psíquica 71

é a meta e, nesse sentido, é a causa, uma causa final, que atrai para si uma cadeia de eventos. É uma história de "isso mesmo". A causação parece-se com destino pessoal.[19]

Seja qual for a razão — se impelida por trás ou puxada na direção de uma meta no futuro — a energia movimenta-se. De acordo com a lei física da entropia, a energia flui de níveis superiores para inferiores, de menos para mais prováveis estados de intensidade; por outro lado, de acordo com a lei de neguentropia, ela avança para estados de cada vez maior complexidade. O ponto de vista energético vê o estado final como o fato mais importante, ao passo que a perspectiva mecanicista-causal se concentra no ímpeto inicial que começou por fornecer, em primeiro lugar, energia ao sistema. Os resultados não são aleatórios ou imprevisíveis em nenhuma das duas perspectivas. E ambas são potencialmente científicas.

Cumpre assinalar que Jung não está lidando aqui com questões de intenção ou significado último. Freqüentemente acusado de ser um místico, ele era especialmente sensível aos perigos de projetar intenção ou significado em processos naturais. Não considera a perspectiva energético-finalista como teleológica, no sentido religioso de processos naturais e históricos que visam e buscam chegar a uma conclusão espiritual significativa. Ele está simplesmente falando aqui de um ponto de vista que observa a transferência de energia de estados menos prováveis para mais prováveis. Interrogações tais como: Existe um planificador por trás do plano? Deus controla e guia a energia, e a conduz para conclusões e metas predeterminadas? são metafisicamente interessantes mas Jung não desejou abordar aqui tais questões. Ele está meramente falando da transferência de energia de um nível para um outro.

Embora a sua teoria psicológica seja finalista em aspectos importantes, Jung também tentou criar uma síntese entre perspectivas causais e finais. Pensou que a discordância entre Freud e Adler podia ser atribuída à diferença entre uma psicologia causal e uma finalista. Enquanto a psicologia de Freud (extrovertida) procura causas, a psicologia finalista de Adler (introvertida) busca pontos finais. Adler partiu do princípio de que a presente situação de vida de uma pessoa, não importa qual possa ser, foi construída para ajustar e adaptar de algum modo as necessidades e preferências pessoais do indivíduo. A perspectiva energética-finalista de Adler conflitava frontalmente com a posição causal-mecanicista de Freud. Jung estava procurando um terreno intermédio, uma posição que pudesse levar em consideração ambas as perspectivas.[20]

Os modelos causais-mecanicistas e os modelos finalistas começam com uma premissa diferente a respeito dos estados energéticos originais. O modelo causal-mecanicista começa com um pressuposto de estase original. No começo, nada aconteceu ainda e nada acontecerá até que algo intervenha de fora no sistema e lhe dê um estímulo de energia. Alguém lança uma bola, ela bate numa outra, e assim é posta em movimento uma cadeia de eventos. A posição energética-finalista, por outro lado, pressupõe um estado altamente energizado no começo, e dele emergem padrões de movimento quando a energia parte em busca de estados mais prováveis até obter, finalmente, equilíbrio e estase. Os complexos — diria Jung, por exemplo — possuem um *quantum* específico de energia, e isso pode resultar em movimento se o sistema psíquico está em desequilíbrio. Os complexos são não só reativos, portanto, mas também podem, por vezes, ser criativos. Se os complexos não fossem pró-ativos e criativos mas apenas reativos, não poderiam ser considerados autônomos, em qualquer acepção forte da palavra. Sob certas condições, influenciarão a consciência do ego para que acolha uma fantasia, ou um desejo, ou um pensamento que não foi, em absoluto, provocado pelo meio ambiente. O estímulo ambiental simplesmente estimula ou libera a energia que está contida no complexo. Em termos finalistas, o complexo seria visto como procurando descarregar sua energia e retornar a um nível energético inferior. Ele faz isso introduzindo no sujeito consciente um pensamento, sentimento ou disposição, ou fantasia, e isso pode levar a pessoa a comportar-se de um certo modo. Quando a descarga de energia foi concluída, o complexo reverte a um estado mais latente no inconsciente e aguarda a acumulação de mais energia proveniente do interior do sistema intrapsíquico ou a constelação por um estímulo externo.

A Fonte de Energia

No ensaio "A Energia Psíquica", Jung não entra em detalhes sobre as fontes específicas de energia de um complexo. Declara apenas que a energia psíquica é distribuída entre os vários componentes da psique, e que está interessado em estudar como, usando o ponto de vista energético, é possível rastrear a distribuição de energia de um estado para outro. Suas interrogações são: De que modo a energia se movimenta no interior da psique? Por que é que alguns complexos são mais energizados do que outros, ou algumas vezes estão mais energizados do que em outros momentos? Como é que a energia instintiva, a qual tem sua fonte na base biológica da psique, é transformada em outras atividades?

Um complexo colhe nova energia psíquica para si de duas maneiras: (a) de novos traumas que se lhe associam e o enriquecem com novo material, e (b) do poder magnético de seu núcleo arquetípico. Esse núcleo atrai sua energia de duas fontes. É alimentado de energia, por um lado, pelo instinto ao qual está agregado. Instintos e arquétipos são as duas faces de uma única moeda na psi-

Energia psíquica   73

que, como examinarei em detalhe no próximo capítulo. Portanto, a imagem arquetípica atua como fator de atração de energia ao ficar acessível à psique a partir da base biológica (através de um processo a que Jung deu o nome de *psiquização*). Por outro lado, os arquétipos também atraem energia de outras fontes. Harmonizam-se com a cultura, para intercâmbio com outras pessoas, até com o próprio espírito, como Jung dirá em seu estudo subseqüente, "A Natureza da Psique". A psique não é, de forma alguma, um sistema fechado. Pelo contrário, está aberto para o mundo através do corpo e através do espírito.

A irrupção de um complexo na consciência indica que ele ficou temporariamente mais energizado do que o ego. Sua energia flui do complexo para o sistema do ego, e pode inundá-lo e possuí-lo. Se o ego é capaz ou não de conter esse influxo de energia é uma importante questão prática. Como pode o ego canalizar e usar o que, por vezes, parece ser uma tremenda inundação de energia turbulenta e indomável? A chave está no ego, o qual pode optar, se for suficientemente forte e determinado, por dirigir esse influxo de energia para a criação de estrutura, fronteiras ou projetos, por exemplo. Caso contrário, uma pessoa pode simplesmente ficar extenuada e disfuncional no plano emocional.

Para Jung, portanto, a psique não era concebida como um sistema energético fechado. Os sistemas fechados caminham para a entropia, e os sistemas absolutamente fechados estabilizam-se num totalmente estático estado final. Jung acreditava que o sistema psíquico só é relativamente fechado. A psique saudável é algo fechada e não manifesta uma tendência para a entropia, mas também é aberta na medida em que é alimentada e influenciada pelo mundo circundante. Os sistemas psíquicos rigorosamente fechados são patológicos. Com freqüência, esses sistemas encontram-se tão estanques, tão vedados a influências externas que não cedem à psicoterapia. A esquizofrenia paranóide, por exemplo, é um tal sistema psíquico rigorosamente fechado, e termina em total estase com idéias e atitudes rigidamente bloqueadas e um isolamento cada vez maior. Só o tratamento biológico pode influenciá-lo.

Numa personalidade saudável, a energia psíquica também obedece, em certa medida, à lei da entropia. Com o tempo, observa-se uma tendência para o conservantismo e a estase gradual. A mudança fica mais difícil à medida que se envelhece. As polaridades na psique, as quais geram energia através de sua vigorosa interação, avizinham-se de uma posição de estabilidade e acomodação. Este fato indicaria que o sistema psíquico normal é apenas relativamente aberto e algo fechado. A distribuição de energia tende a processar-se dos níveis elevados para os mais baixos, análogo ao movimento da água caindo para o mais baixo nível a que possa chegar.

Medição da Energia Psíquica

Jung pergunta-se, nesse ensaio ["A Energia Psíquica"], como tais estados de energia poderiam ser cientificamente medidos. Sugere que isso poderia ser feito mediante a determinação de *valores*. A quantidade de valor colocada numa atitude ou atividade indica o nível de intensidade de energia. Essa quantificação apresenta, porém, dificuldades. Se procedêssemos a um inventário de nossos conteúdos e preocupações conscientes — política, religião, dinheiro, sexo, carreira, relações, família — e atribuíssemos uma estimativa de valor a cada item, usando uma escala de 1 a 100, obteríamos uma noção de como a energia está distribuída entre os conteúdos da consciência. Obviamente, isso flutua de dia para dia, de ano para ano, de década para década. E como sabermos realmente em quanto uma coisa é avaliada pela psique? É fácil enganarmo-nos. Um inventário de conteúdos conscientes pode ser classificado de acordo com uma escala, mas não se pode estar certo da exatidão dessas classificações enquanto não forem testadas e comprovadas. Somente quando as escolhas são forçadas entre duas ou mais coisas atraentes uma pessoa adquire realmente a certeza de quais são os valores relativos. Um alcoólico que é forçado a escolher entre mais bebida e um esposa e família terá grande dificuldade em assumir um compromisso, mas uma tal crise porá à prova a sua promessa de nunca mais voltar a beber. Hábitos perdulários podem fornecer importantes pistas sobre os reais valores de uma pessoa, em contraste com os supostos. O fluxo de dinheiro, que simboliza energia, é um modo de mostrar onde reside a intensidade do valor. As pessoas gastam dinheiro voluntariamente para adquirir aquilo a que atribuem um elevado valor.

Esses são alguns dos métodos pelos quais podem ser medidos os valores energéticos dos conteúdos conscientes. Mas, o que dizer sobre os valores de conteúdos inconscientes? Como podem eles ser medidos? Isso não pode ser realizado somente por introspecção visto que, de ordinário, o ego não pode penetrar suficientemente longe nas profundezas do inconsciente. Os complexos farão escolhas que o ego não faria. Assim, é necessário recorrer a um método indireto de medição e, para Jung, o Experimento de Associação Verbal forneceu tal método. O nível de energia de um complexo é indicado pelo número de indicadores de complexo que lhe estão associados. Uma vez isso conhecido, pode ser feita uma estimativa do seu potencial energético. Com o tempo, também se aprende por experiência própria quais os complexos que geram as reações emocionais mais intensas. É preferível que essas áreas sensíveis não sejam expostas em público e em sociedade polida, por causa das reações previsivelmente intensas de uma pessoa. Alguns complexos coletivos, gravitando em torno de questões de sexo, religião, dinheiro ou poder, afetam quase todas as

Energia psíquica   75

pessoas, em maior ou menor grau, e podem redundar em ferozes descargas de energia, até mesmo em guerra, se provocados com bastante severidade. A intensidade e freqüência de perturbações na vida quotidiana são úteis indicadores dos níveis de energia dos complexos inconscientes. O nível energético de um conteúdo psíquico pode ser indicado por emoções e reações positivas ou negativas. De um ponto de vista energético, essa distinção em sentimento não faz diferença nenhuma.

A Unidade de Corpo e Mente

A energia psíquica — Jung repete neste ensaio o que disse uns quinze anos antes em *Psicologia do Inconsciente* — é uma subcategoria da energia vital. Algumas pessoas possuem-na, simplesmente, em grande quantidade, enquanto outras têm menos. Dizia-se que Lyndon Johnson, por exemplo, parecia ter mais glândulas do que qualquer outra pessoa à sua volta. Podia dominar qualquer um de forma irresistível com sua pura energia. Como senador, escrevia 250 cartas por dia aos seus eleitores, sem deixar de cumprir suas obrigações regulares como líder da maioria. Algumas pessoas têm uma quantidade tremenda de energia bruta, ao passo que outras mal conseguem levantar-se da cama para a mesa do café da manhã. Num certo sentido, o lado físico da vida afeta fortemente o psicológico, e sentir-se fisicamente saudável contribui para o reservatório de energia psíquica de uma pessoa. Mas a relação entre psique e corpo é complexa e, com freqüência, paradoxal. Nietzsche, por exemplo, estava extremamente enfermo e sofrendo de dores implacáveis enquanto escrevia sua obra-prima poética, *Assim Falou Zaratustra*. Heinrich Heine passou os últimos dez anos de sua vida numa cama, vítima da paralisia que lhe causava profundo sofrimento físico e, no entanto, compôs centenas de canções e poemas, bem como outras obras literárias do mais elevado calibre, durante esse período. A imensa quantidade de energia psíquica necessária para esses esforços de gênio não pode ser explicada pelo uso da simples noção de que um corpo saudável produz a energia psíquica posta à disposição do trabalho. Algo mais está ocorrendo além de uma simples transferência de calorias do soma para a alma e a mente.

Por causa de enigmas como esses, alguns pensadores consideraram o físico e o psicológico como dois sistemas paralelos relativamente independentes. Isso tem a virtude de preservar a integridade de cada sistema e de negar a redução de energia psíquica a energia física. Mas Jung não estava satisfeito com esse modelo, muito embora se opusesse fortemente ao reducionismo biológico. Afirmou existirem dois sistemas, mas que sua interação era tão intricada e complexa, e em sua maior parte enterrada tão profundamente no inconsciente, que é difícil definir onde começa um e termina o outro. Em certos aspectos eles são independentes mas em outros estão profundamente interligados e parecem depender um do outro. A questão mente/corpo apresenta-se muitas vezes nos escritos de Jung e voltarei a abordá-la em capítulos subseqüentes. No ensaio "A Energia Psíquica" ele meramente alude ao problema.

Uma vez que a unidade psicossomática é um sistema apenas relativamente e não absolutamente fechado, nem a entropia nem a conservação de energia funcionam nela com precisão. Falando em termos práticos existe, entretanto, uma forte correlação. Se o interesse de uma pessoa em determinada coisa diminui ou dissipa-se, a mesma quantidade de energia aparece freqüentemente em algum outro lugar. Os dois objetos de interesse talvez não estivessem relacionados de nenhuma forma evidente; mas o montante total de energia no sistema permanece constante. Por outro lado, uma considerável quantidade de energia, por vezes, desaparece completamente. Uma pessoa torna-se letárgica ou deprimida. Nesse caso, diz Jung , a energia entrou em regressão. Foi escoada da consciência e retornou ao inconsciente.

Energia, Movimento e Direção

Regressão e *progressão* da libido são termos importantes na teoria de Jung. Referem-se às direções do movimento de energia. Em progressão, a libido é utilizada para adaptação à vida e ao mundo. A pessoa usa-a para funcionar no mundo e pode consumi-la livremente em atividades escolhidas. Essa pessoa está tendo a experiência de um fluxo positivo de energia psíquica. Mas suponha-se que essa mesma pessoa fracassa num importante exame, ou é preterida num remanejamento de cargos diretivos da empresa onde trabalha, ou perde um cônjuge ou filho muito amado. A progressão da libido pode ser sustada, a vida perde seu ímpeto avante e o fluxo de energia inverte sua direção. Entra em regressão e desaparece no inconsciente, onde ativa complexos. Isso pode levar à fragmentação de polaridades que antes eram compactas; converteram-se agora em opostos em guerra. A consciência do ego pode ter agora um conjunto de princípios e valores, enquanto que o inconsciente assume uma posição contrária. A pessoa é dilacerada pelo conflito interior e fica paralisada. Durante a progressão, as polaridades dentro de si mesmo equilibram-se mutuamente e geram energia que promove o avanço. A pessoa pode ser ambivalente, mas de um modo que se adapta à realidade. Na regressão, por outro lado, o fluxo de energia reingressa no sistema psíquico e fica inacessível para adaptação. Quando as polaridades se fragmentam, desenvolve-se uma espécie severa de ambiva-

Energia psíquica 77

lência que paralisa a vida. Segue-se um impasse, sim e não cancelam-se mutuamente, e a pessoa não pode mover-se.

Jung assinalou que, quando a energia não é consumida num processo de adaptação ao mundo nem está se movimentando de forma progressiva, ela ativa os complexos e eleva o potencial energético destes no mesmo grau em que o ego perde energia ao seu dispor. Isto é a lei da conservação de energia quando aplicada à psique. A energia não desaparece do sistema; antes, ela desaparece da consciência. E isso resulta, tipicamente, em estados de depressão, conflito interior, ambivalência incapacitadora, incerteza, dúvida, questionamento e perda de motivação.

Enquanto a progressão promove a adaptação ao mundo, a regressão leva, paradoxalmente, a novas possibilidades para o desenvolvimento. A regressão ativa o mundo interior. Quando o mundo interior foi ativado, uma pessoa é forçada a lidar com ele e, mais tarde, a fazer uma nova adaptação que leva em conta os resultados previamente obtidos. Esse movimento no sentido da adaptação interior leva, finalmente, a uma nova adaptação exterior quando a libido inicia, uma vez mais, o caminho da progressão. Mas agora a pessoa está mais madura, precisamente por causa do confronto com o inconsciente — os complexos, história pessoal, fraquezas, defeitos e todas as outras irritantes e dolorosas questões que vêm à tona durante a regressão. (Examinarei o conceito de Jung de individuação em maior detalhe no capítulo 8.)

Cumpre assinalar que Jung estabelece uma clara distinção entre progressão e regressão da libido, por um lado, e as atitudes de extroversão e introversão, por outro. É fácil para o principiante confundi-las. Os introvertidos progridem à sua própria maneira, adaptando-se ao mundo de um modo introvertido, ao passo que os extrovertidos progridem de uma forma extrovertida. O mesmo vale também para a regressão. Por exemplo, uma pessoa do tipo pensamento extrovertido, que usou habitualmente o pensamento para lidar com o mundo e manipular pessoas, defronta-se com uma situação na vida onde essa função não opera com muita eficiência e as experiências fracassam. Os problemas de relacionamento não podem, via de regra, ser resolvidos pelo pensamento extrovertido. Neste caso, faz-se necessária uma abordagem totalmente diferente. Quando a função superior dessa pessoa se torna inútil, um sentimento de frustração e derrota instala-se no seu lugar, uma vez que, de súbito, outras funções são exigidas e estas não estão facilmente acessíveis. Assim, a libido regride e tipicamente ativa a função inferior, neste caso, a função sentimento introvertido. Como sublinhou Jung, a função inferior é inconsciente e traz consigo o lodo das sombrias profundezas quando aflora na consciência. Uma função sentimento integrado é uma ferramenta do ego e é uma função refinada, discriminativa e racional que orienta a pessoa pelo estabelecimento de valores. Entretanto, uma

Jung — O Mapa da Alma

função sentimento inferior, não-diferenciada, surgindo de roldão desde o inconsciente, fornece apenas uma pequena parcela de orientação sobre valores mas, em contrapartida, grita em brilhantes letras vermelhas: "Esta é a coisa mais importante em toda a minha vida! Não posso viver sem isso!" É sumamente emocional. A falta de competência adaptativa da função inferior é por demais evidente, mas o ego é desafiado a usar desse modo as emoções e pensamentos que acodem à consciência e, ao proceder assim, inicia a tarefa de adaptação à face oculta da personalidade — o inconsciente.

Por contraste, as pessoas que adquirem larga experiência na primeira metade da vida, em virtude de seu talento para relacionar-se bem com outras pessoas, atingem um ponto em que isso já não lhes dá mais satisfação. A função sentimento extrovertido altamente desenvolvida não alimenta mais a alma. Outros potenciais exigem ser concretizados. Talvez projetos envolvendo o pensamento intuitivo introvertido (estudar filosofia ou teologia) estejam acenando e pareçam mais atraentes do que outro almoço com amigos ou a reunião com a família, uma vez mais, durante um feriado. A duração plena da vida humana tem muitos períodos de significativa transformação.

Transformações e Símbolos

De que modo ocorrem tais transformações era uma preocupação profunda e permanente de Jung. No ensaio "A Energia Psíquica", ele fornece uma exposição teórica formal de transformação. Na seção sobre "Canalização da libido",[21] ele considera alguns *gradientes* naturais da energia. Um gradiente é um caminho ao longo do qual a energia flui. No estado de natureza — isto é, no estado paradisíaco do modo como o imaginamos — nenhum trabalho como tal é requerido ou realizado. À semelhança do cachorrinho de estimação que vive num lar confortável, dorme bastante, pedincha sobras da mesa dos donos e (se não foi castrado) entrega-se periodicamente a frenéticas atividades sexuais, também o ser humano que vivesse puramente no estado de natureza teria sua existência dominada tão-somente pelo instinto e o desejo físicos. Mas os humanos criaram cultura e especializaram-se no trabalho, e isso pressupõe desviar a energia dos gradientes naturais e canalizá-la para outros caminhos aparentemente artificiais. Como acontece isso?

Jung não concebe a natureza e a cultura como diametralmente opostas uma à outra. Pelo contrário, considera que ambas pertencem à natureza humana de um modo fundamental. As invenções humanas da cultura e da especialização no trabalho produzem-se mediante a criação pela mente de análogos para as metas e atividades instintivas. Tais análogos funcionam como símbolos.[22] Idéias e imagens — conteúdos mentais — canalizam a libido em novas

Energia psíquica

direções, desviando-a de seus gradientes e objetos naturais. Por exemplo, surge na criança pequena uma idéia que é tão atraente quanto a imagem do seio nutrício. Essa idéia, concretizada em atividades lúdicas, atrai para si mais energia do que o próprio seio e permite à criança retardar a satisfação da necessidade premente de mamar e, por fim, o desmame espontâneo. Na vida adulta, o análogo ou símbolo que substitui o seio pode ser uma refeição de *gourmet*. O pensamento de desfrutar de *haute cuisine* oferece ao adulto o mesmo tipo de calmante que a imagem do seio farto à criança pequena. Uma idéia ou um objeto cultural capta assim a energia que, de outro modo, permaneceria fixada no seio da mãe. Seio e restaurante são símbolos para algo que, nesse momento do desenvolvimento psicológico, não pode expressar-se de melhor maneira.

Um *símbolo* atrai para si uma grande soma de energia e dá forma aos processos pelos quais a energia psíquica é canalizada e consumida. As religiões têm tradicionalmente atraído grandes somas de energia humana e apóiam-se, para o seu poder, quase exclusivamente em símbolos. Através do seu uso de símbolos, elas também se tornam política e economicamente poderosas, mas esses poderes são secundários em relação ao simbólico que lhes fornece uma base sólida. Retire-se o poder simbólico e todo o edifício desmorona. Quando vivos e vibrantes, idéias e rituais religiosos têm um tremendo poder para atrair a energia humana para certas atividades e preocupações. Por que o símbolo tem um gradiente mais elevado do que o objeto natural? Como pode uma idéia tornar-se mais interessante e convincente para os seres humanos do que objetos instintivamente atrativos, como seios ou pênis?

Jung sabia muito bem que isso não acontece em conseqüência de uma decisão tomada pelo ego. Quando "Bill W." (William G. Wilson), co-fundador dos Alcoólicos Anônimos, escreveu a Jung em 1961 e o informou sobre o ocorrido com Roland H. (um paciente a quem Jung tinha tratado por alcoolismo no começo da década de 1930), Jung respondeu admitindo que o terapeuta é essencialmente impotente ao tentar vencer a dependência do paciente de uma substância.[23] A mensagem de Jung dizia — na minha paráfrase de sua carta — *Você precisa de um símbolo, de um análogo que atraia a energia que foi para a bebida. Tem que encontrar um equivalente que seja mais interessante do que beber todas as noites, que atraia o seu interesse mais do que uma garrafa de vodca.* Um símbolo poderoso é requerido para provocar uma importante transformação num alcoólico, e Jung falou da necessidade de uma experiência de conversão. Os símbolos emergem da base arquetípica da personalidade, o inconsciente coletivo. Não são inventados artificialmente pelo ego mas, pelo contrário, surgem de modo espontâneo do inconsciente, sobretudo em tempos de grande necessidade.

Os símbolos são os grandes organizadores da libido. O uso por Jung do termo símbolo é muito preciso. Um símbolo não é um signo. Os signos podem ser lidos e interpretados sem perda de seu significado. Um signo de parar significa "Pare!" Mas um símbolo é, no entender de Jung, o melhor enunciado ou expressão possível para algo que é ou essencialmente incognoscível ou ainda não cognoscível, dado o presente estado de consciência. As interpretações de símbolos são tentativas para traduzir o significado do símbolo para um vocabulário e um conjunto de termos mais compreensíveis, mas o símbolo permanece como a melhor expressão presente do significado que ele comunica. Os símbolos franqueiam-nos o caminho de acesso ao mistério. Também combinam elementos de espírito e instintividade, de imagem e pulsão. Por essa razão, as descrições de estados espirituais exaltados e de experiências místicas referem-se freqüentemente a satisfações físicas e instintivas, como alimentação e sexualidade. Os místicos falam sobre o êxtase da união com Deus como uma experiência orgásmica, e é muito provável que o seja. A experiência do símbolo une corpo e alma num poderoso e convincente sentimento de integralidade. Para Jung, o símbolo reveste-se de tanta importância por causa de sua capacidade para transformar a energia natural em formas culturais e espirituais. Nesse ensaio, ele não discute em que momento ou oportunidade ocorreram tais emergências simbólicas na psique. Isso foi examinado em outro importante escrito integrado ao mesmo volume VIII de *Obras Completas*, sob o título de "Sincronicidade: Um Princípio de Conexões Acausais".[24]

A diferença entre transformação e sublimação importa numa distinção básica entre as teorias de Jung e Freud. Para Freud, os seres humanos civilizados são capazes de sublimar desejos libidinais, mas a sublimação produz apenas substitutos para os verdadeiros objetos de tal desejo. A libido ligar-se-á aos substitutos, mas estes continuarão sendo considerados qualitativamente secundários. Na realidade, o que a libido deseja é retornar ao começo da infância, às fixações na mãe e no pai, à plena realização da fantasia edípica. Portanto, a análise de Freud também era redutiva. Jung concordou em que a libido deseja originalmente o corpo da mãe porque o nutrimento é essencial à sobrevivência do bebê. Mais tarde, a libido é direcionada para canais sexuais e flui ao longo desses gradientes: a procriação é necessária à sobrevivência da espécie. Mas quando a libido encontra um análogo espiritual, uma idéia ou imagem, encaminhar-se-á para aí porque esse é o seu objetivo, não porque seja um substituto para a realização sexual. Para Jung, isso é uma transformação da libido, e a cultura nasce de tais transformações. A cultura é uma realização de desejo, não a sua obstrução. Jung está convencido de que a natureza do ser humano conduz à formação de cultura, à criação de símbolos, ao controle de energia de modo que o seu fluxo possa ser dirigido para esses conteúdos espirituais e mentais.

4

As fronteiras da psique
(Instintos, Arquétipos e o Inconsciente Coletivo)

Antes dos tempos modernos, cada cartógrafo dava aos seus mapas um cunho que os distinguia das obras dos outros. Era possível identificar um mapa por certas características únicas que denunciavam a mão do seu criador. Era uma obra de arte, tanto quanto uma obra de ciência. Até este ponto, o mapa junguiano da alma não parece ser tão diferente assim de outras descrições psicológicas profundas. Com este capítulo, entretanto, começamos a estudar suas características verdadeiramente únicas. Foi a exploração e descrição por Jung do que ele chamou o *inconsciente coletivo* que deu à sua obra o seu estilo mais distinto.

Para reatar onde ficamos no capítulo precedente sobre energia psíquica, direi simplesmente que, para Jung, o arquétipo é uma fonte primária de energia e padronização psíquica. Constitui a fonte essencial de símbolos psíquicos, os quais atraem energia, estruturam-na e levam, em última instância, à criação de civilização e cultura. Pelas várias alusões feitas ao longo dos capítulos anteriores, deve ter ficado evidente que a teoria dos arquétipos é de uma importância crítica para a concepção global da psique proposta por Jung. De fato, ela é o seu fundamento.

Entretanto, um exame da teoria junguiana dos arquétipos também significa que devemos aceitar igualmente a sua teoria dos instintos. Na opinião de Jung, arquétipo e instinto estão profundamente relacionados. Para ele, mente e corpo estão inter-relacionados a tal ponto que são quase inseparáveis. Se isso for ignorado, a discussão de imagens arquetípicas escorrega facilmente para uma psicologia abertamente espiritualizada e desprovida de alicerces. Para discutir o arquétipo desde um ponto de vista psicológico em lugar de filosófico ou metafísico, temos que fundamentá-lo na vida, tal como é vivida no corpo humano, onde também se entretece com a história pessoal e o desenvolvimento psicológico. A teoria dos arquétipos é o que torna platônico o mapa junguiano da alma; entretanto, a diferença entre Jung e Platão é que Jung estudou as Idéias como fatores psicológicos e não como formas eternas ou abstrações.

Conforme eu disse no início deste livro, Jung estava determinado a explorar a psique até as suas mais recônditas fronteiras. Se ele não era um pensador sistemático, certamente era um ambicioso, e sua ambição impelia-o a avançar para além dos limites do conhecimento científico do seu tempo. A ciência está ainda recuperando o atraso em relação a muitas das intuições de Jung. Penetrando sempre mais longe no escuro e desconhecido terreno da mente, ele realizou algumas das suas mais originais contribuições para a psicologia e a psicanálise com a teoria do inconsciente coletivo e seu conteúdo. Pergunta-se, por vezes, se o que Jung descreveu como fatos psíquicos são descobertas ou invenções. Mas esse é o destino do cartógrafo quando os continentes que ele desenha são novinhos em folha e ainda estão totalmente desconhecidos e inexplorados. O antigo cartógrafo era forçado a desenhar apoiado na intuição e a arriscar conjecturas. Também consultava os mapas de outros e estudava até textos antigos. Esses recursos podem ser úteis, ou podem ser um fator de desorientação. Jung estava mais do que adequadamente cônscio das armadilhas desse empreendimento e foi tão cauteloso na formulação de suas especulações quanto ousado em permitir-se pô-las em primeiro lugar.[1]

Para este capítulo, referir-me-ei principalmente ao resumo final que Jung apresentou de sua teoria no estudo clássico "Considerações teóricas sobre a natureza do psíquico" [constante do volume VIII das *Obras Completas*]. Esse ensaio não descreve o domínio do inconsciente coletivo da mesma forma exuberante, recheada de imagens imponentes, a que Jung foi tão aficionado em outras obras, sobretudo as do período mais recente em que usou imagens e textos de alquimia. Trata-se de uma austera e abstrata explicação teórica, de leitura um tanto difícil e árida para o gosto dos que acodem a Jung em busca de inspiração visionária. Mas essa obra fornece os princípios fundamentais nos quais assentam essas outras formulações, e sem entender essa teoria básica o resto pode parecer-se muito com uma coleção de animais num zoológico bem abastecido: uma grande porção de exotismo mas pouca racionalidade.[2] Os críticos que leram Jung desse modo francamente não entenderam a natureza do

As fronteiras da psique 83

seu projeto. A justificação para as suas coleções de fatos abstrusos e exóticos é fornecida em muitos lugares mas com especial clareza neste ensaio teórico.

Esse ensaio foi escrito em 1945-46 e revisto em 1954. Considero-o indiscutivelmente a mais completa e sintética obra teórica de Jung. O seu pleno entendimento requer, na realidade, um amplo conhecimento de todos os escritos prévios de Jung. Apresenta pouco que seja novidade em seu pensamento mas, por outro lado, junta muitos fios que foram ficando disseminados em numerosos ensaios das três décadas anteriores. É conveniente, pois, uma breve recapitulação do pensamento que culminou nesse ensaio clássico; ela fornecerá o contexto para o entendimento de sua importância.

Desde muito cedo, a ambição de Jung era participar na criação de uma psicologia geral que mapeasse a psique desde as suas mais elevadas às mais inferiores dimensões, dos domínios mais próximos aos mais longínquos, enfim, um verdadeiro mapa da alma. Essa ambição teve sua origem nos primeiros anos de sua carreira. Numa carta escrita em 1913 aos editores Smith Ely Jelliffe e William Alanson White da recém-fundada *Psychoanalytical Review* e publicada no primeiro número dessa revista, Jung oferece um esboço de sua ousada visão para essa nova psicologia. Aplaude os editores por seu plano para "unir em sua revista as contribuições de especialistas competentes em vários campos".[3] Os campos que ele cita como sendo importantes e úteis para a psicologia são, surpreendentemente, filologia, história, arqueologia, mitologia, estudos de folclore, etnologia, filosofia, teologia, pedagogia e biologia! Se todos colaborassem com seus conhecimentos especializados nessas áreas para o estudo da psique humana, escreve Jung, haverá uma probabilidade de se alcançar "a meta distante de uma psicologia genética, a qual desanuviará os nossos olhos para a psicologia médica, à semelhança do que a anatomia comparada já fez a respeito da estrutura e função do corpo humano".[4] Jung também fala em sua carta de uma "anatomia comparada da mente",[5] a qual seria realizada mediante a criação de um *pool* de especialistas oriundos de muitos campos de pesquisa e de estudo. Sua meta era obter uma ampla visão geral da psique e apreendê-la como um todo, a partir do qual pudessem ser observadas as várias partes em sua interação dinâmica.

À medida que Jung ia penetrando cada vez mais profundamente nas fontes do material inconsciente — primordialmente sonhos e fantasias — apresentadas por seus pacientes e descobertas em seu próprio trabalho introspectivo, ele foi levado a teorizar a respeito de algumas estruturas gerais da mente humana, estruturas que pertencem a todos os seres humanos, não só a ele ou ao paciente que tem diante dele. À camada mais profunda da psique humana deu o nome de "inconsciente coletivo" e concebeu o seu conteúdo como uma combinação de padrões e forças universalmente predominantes, chamadas "arquétipos" e

84 — Jung — O Mapa da Alma

"instintos". Em sua concepção, nada existe de individual ou único nos seres humanos nesse nível. Todos temos os mesmos arquétipos e instintos. Quanto à individualidade, tem que ser procurada em outras áreas da personalidade. A verdadeira individualidade, argumentou em *Tipos Psicológicos* e em *Estudos Sobre Psicologia Analítica*, é o produto de uma luta pessoal pelo desenvolvimento e aquisição da consciência a que deu o nome de processo de individuação (ver o capítulo 8). A individuação é a flor do envolvimento consciente de uma pessoa com o paradoxo da psique durante um extenso período de tempo. Instintos e arquétipos, por outro lado, são dons que a natureza concede a cada um de nós. São dados por igual a todos e a cada um, ricos ou pobres, pretos ou brancos, antigos ou modernos. Esse tema de universalidade é uma característica básica do entendimento de Jung da psique humana. Deu-lhe uma expressão sucinta, já em idade avançada, na revisão de um ensaio intitulado "A importância do Pai no destino do indivíduo" [incluído no volume IV das *Obras Completas*, cap. 14, pp. 291-310]:

> O homem "possui" muitas coisas que ele não adquiriu, mas herdou dos antepassados. Não nasceu *tabula rasa*, apenas nasceu inconsciente. Traz consigo sistemas organizados e que estão prontos a funcionar numa forma especificamente humana; e isto se deve a milhões de anos de desenvolvimento humano. Da mesma forma como os instintos dos pássaros de migração e construção do ninho nunca foram aprendidos ou adquiridos individualmente, também o homem traz do berço o plano básico de sua natureza, não apenas de sua natureza individual, mas de sua natureza coletiva. Esses sistemas herdados correspondem às situações humanas que existiram desde os primórdios: juventude e velhice, nascimento e morte, filhos e filhas, pais e mães, uniões, etc. Apenas a consciência individual experimenta essas coisas pela primeira vez, mas não o sistema corporal e o inconsciente. Para estes só interessa o funcionamento habitual dos instintos que já foram pré-formados de longa data.[6]

Arquétipos (Universais Psíquicos)

A noção de Jung de arquétipos pode ter sua origem localizada nas obras que escreveu no período entre 1909 e 1912, quando, embora colaborasse ainda com Freud, estava investigando mitologia e escrevendo *Psicologia do Inconsciente*. Nessa obra, estudou as fantasias da Srta. Frank Miller, que tinham sido divulgadas publicamente num livro de autoria do seu amigo e colega de Genebra, Gustav Flournoy. Jung quis explorar a significação dessas fantasias desde o seu recém-desenvolvido ponto de vista, o qual estivera incubando desde os seus primeiros estudos psiquiátricos a respeito de sua mediúnica prima, Helene

As fronteiras da psique

85

Preiswerk. O seu envolvimento com os materiais fornecidos pelas fantasias de Frank Miller foi a ocasião para Jung começar a distanciar-se explicitamente da teoria da libido enunciada por Freud e a averiguar os padrões gerais no que viria mais tarde a chamar o inconsciente coletivo.

De acordo com a sua autobiografia, Jung adquiriu a sua primeira impressão das camadas impessoais do inconsciente através de um sonho que teve durante a viagem aos Estados Unidos com Freud em 1909. Sonhou com uma casa (chamou-lhe "minha casa" no contexto do sonho) que tinha numerosos níveis. No sonho, ele explora os andares da casa: começa pelo andar nobre (a idade atual), desce ao subsolo (o passado histórico recente) e continua descendo através de muitos porões (o passado histórico antigo, como o grego e o romano, e finalmente o passado pré-histórico e paleolítico). Esse sonho respondeu a uma pergunta que ele vinha fazendo durante a viagem: "Em que premissas se fundava a psicologia freudiana? A que categoria de pensamento humano ela pertence?"[7] A imagem onírica, escreve ele, "tornou-se para mim uma imagem-guia" para como conceber a estrutura psíquica. "Foi a minha primeira suspeita da existência de um *a priori* coletivo subjacente na psique pessoal".[8]

Quando examinou pela primeira vez a obra de Flournoy, Jung conhecia muito pouco a respeito da Srta. Miller ou de sua vida pessoal. Talvez isso fosse uma vantagem para a teoria, ponderou, porquanto agora o seu pensamento não podia ser contaminado por associações e projeções pessoais. Não distraído pelas árvores, podia olhar para a floresta. Estaria livre para especular sobre padrões psicológicos mais gerais. E especular foi o que ele fez, com notável entusiasmo e desenvoltura. Ao examinar as fantasias da Srta. Miller, Jung imaginou a realidade dela a partir dos poucos fatos incluídos no relato: uma jovem solteira viajando sozinha pela Europa, atraída para um marinheiro italiano mas incapaz de agir de acordo com o seu interesse erótico, represando a libido sexual não usada e caindo numa profunda regressão. Usando o que sabia na época sobre dinâmica psicológica — aprendido em grande parte de Freud e colegas psicanalistas —, também se aventurou a ampliar alguns desses entendimentos a ponto de sugerir que a libido, a própria sexualidade, tem uma natureza dual. Por um lado, procura realizar-se no envolvimento e no prazer sexuais; por outro, inibe tal envolvimento e busca até o oposto, a morte. Arriscou-se a propor um desejo de morte igual ao desejo de vida, tornando-se o segundo mais predominante na segunda metade da vida, quando a pessoa se prepara para morrer. Inata na psique humana era uma tendência para sacrificar a satisfação imediata de pulsões sexuais e empenhar-se na realização de tendências e desejos não-sexuais que não podiam ser satisfeitos por qualquer quantidade de atividade sexual.

Foi esse o insólito rumo que o pensamento de Jung tomou ao refletir sobre a situação psicológica dessa jovem. Por um lado, ela estava obviamente procurando uma saída erótica na vida e era incapaz de encontrá-la. Daí as suas regressões e tentativas de sublimação: visões, escrever poesia, devaneios, o que, tudo somado, pressentiu Jung, era uma prova evidente de pré-morbidez e poderia acabar por levá-la a contrair uma doença mental. Por outro lado, talvez as inibições sexuais da Srta. Miller refletissem um conflito mais profundo em sua psique, um conflito que se poderia ver como geralmente humano e, na verdade, arquetípico. Havia a questão muito mais ampla de todo o curso da evolução e desenvolvimento humanos, e Jung estava expondo a teoria de que a libido sexual, no transcurso de milhões de anos de evolução humana, tinha sido canalizada para caminhos de cultura através de metáforas e semelhanças, primeiro, e depois de transformações mais profundas. Estas não podiam, de forma nenhuma, ser adequadamente definidas como sexuais. Ele estava chegando a uma teoria inteiramente nova de cultura enquanto descrevia as flutuações de libido da Srta. Miller. Não admira que muitos leitores tenham achado esse livro confuso.

Ao explorar a evolução humana, traçando muitos paralelos entre o que estava acontecendo, numa espécie de processo mórbido, com a Srta. Miller, e o que tinha ocorrido ao longo de centenas de milhares de anos no passado, Jung descreveu em linhas gerais a constelação do mito do herói e atribuiu ao herói o papel de criador da consciência. O herói é um padrão humano básico — igualmente característico tanto de mulheres quanto de homens — que exige o sacrifício da "mãe", significando uma atitude infantil passiva, e que assume as responsabilidades da vida e enfrenta a realidade de um modo adulto. O arquétipo do herói exige o abandono desse pensamento fantasioso infantil e insiste em que se aceite a realidade de um modo ativo. Se os humanos não tivessem sido competentes para aceitar esse desafio, teriam sido condenados ao fracasso e extinção há muitas centenas de milhares de anos. Porém, para enfrentar sistematicamente a realidade é exigido um tremendo sacrifício do desejo e sôfrego anelo pelos confortos da infância. Era esse o dilema da Srta. Miller: defrontava-se com a tarefa de crescer e satisfazer seus papéis adultos na vida e esquivava-se a enfrentar o desafio. Não estava deixando para trás o pensamento de fantasia e perdia-se num mórbido mundo irreal que era relativamente estranho à sua realidade. Estava à mercê de uma regressão maciça para a "mãe" e a questão era esta: Ficaria ela aí retida, qual Teseu no Hades, e nunca mais voltaria? Jung não tinha uma certeza absoluta mas sua conjectura era de que ela poderia cair na psicose.

Enquanto trabalhava com essas fantasias de Frank Miller, Jung reuniu uma série de mitos, contos de fadas e motivos religiosos afins, oriundos de remotas paragens do mundo, para interpretar as imagens dessa paciente. Ficou impressionado com os surpreendentes paralelos, e seu espírito procurou encontrar uma explicação de por que essa mulher tinha espontaneamente produzido imagens e temas semelhantes aos da mitologia egípcia, de tribos aborígines da Austrália e de povos nativos das Américas. Por que paralelos tão flagrantes ocorrem à mente humana sem grande esforço aparente? O que significa isso? Jung ligou esses fatos ao seu sonho da descida aos porões do edifício, e assim começou a perceber que estava descobrindo provas favoráveis à existência de uma camada coletiva do inconsciente. Isso significaria a existência de material no inconsciente que não foi aí colocado por repressão da consciência. Estava aí desde o começo.

Essa mesma busca de universais psíquicos, cumpre assinalar, também intrigou Freud, mas de um modo diferente. Freud procurava um desejo inconsciente singular — um complexo central — que explicasse todos os conflitos psíquicos, e pensou tê-lo encontrado na história da horda primitiva. Enquanto Jung estava escrevendo *Psicologia do Inconsciente*, Freud preparava a publicação de *Totem e Tabu*. Com material clínico numa das mãos e *O Ramo de Ouro*, de Frazer, na outra, Freud estava desenvolvendo um projeto semelhante ao de Jung; fora dada a largada para a corrida sobre quem faria primeiro a Grande Descoberta. Quer seja preferida a versão de Freud ou a de Jung, o denominador comum é que a mente humana possui estruturas universais, tal como o corpo humano, e elas podem ser descobertas através de um método interpretativo e comparativo.

Num certo sentido, portanto, Freud, como Jung, produziu uma teoria dos arquétipos. A sua noção de resíduos arcaicos reconheceu implicitamente a existência de padrões antigos. Embora a atitude de Freud em relação a esse material fosse muito diferente das discussões de Jung sobre mitologia e sua relação com a psique, os dois homens estavam, não obstante, seguindo linhas semelhantes de pensamento e chegando a uma conclusão similar.

O Inconsciente

Os paralelos que Jung descobriu entre imagens e mitos de indivíduos e grupos em períodos e locais históricos sem qualquer relação entre si levaram-no a intensificar sua busca de uma explicação. Existe um ponto comum de origem para imagens psicóticas, imagens oníricas e produções de fantasias pessoais, por um lado, e imagens e pensamentos míticos e religiosos coletivos, por outro? Jung estava explorando características comuns no pensamento e na imaginação humanos. Para levar essa pesquisa adiante, tinha que induzir os seus pacientes a revelarem suas fantasias e pensamentos inconscientes.

Em seu ensaio "Considerações teóricas sobre a natureza do psíquico", Jung conta como estimulou a atividade da fantasia em seus pacientes: "Observei muitos pacientes cujos sonhos indicavam rico material produzido pela fantasia. Esses pacientes também me davam a impressão de estarem literalmente cheios de fantasias, mas incapazes de dizer em que consistia a pressão interior. Por isso, eu aproveitava uma imagem onírica ou uma associação do paciente para lhe propor como tarefa elaborar ou desenvolver o seu tema, dando rédea solta à sua fantasia."[9] A técnica de Freud de livre associação tinha sido semelhante, mas Jung deixou a imaginação trabalhar com mais liberdade. Ele encorajou os seus pacientes a desenvolverem em maior detalhe o material da fantasia: "De conformidade com o gosto ou os dotes pessoais, cada um poderia fazê-lo de forma teatral, dialética, visual, acústica, ou em forma de dança, pintura, desenho ou modelagem. O resultado desta técnica era toda uma série de produções artísticas complicadas cuja multiplicidade me deixou confuso durante anos, até que eu estivesse em condições de reconhecer que esse método era a manifestação espontânea de um processo em si desconhecido, sustentado unicamente pela habilidade técnica do paciente, e ao qual, mais tarde, dei o nome de 'processo de individuação'."[10] Esse processo de imaginar conteúdos inconscientes proporciona-lhes uma forma consciente.

> A multidão caótica de imagens com que deparamos no início reduziu-se, no decorrer do trabalho, a determinados temas e elementos formais que se repetiam de forma idêntica ou análoga nos mais variados indivíduos. Menciono, como a característica mais saliente, a multiplicidade caótica e a ordem, a dualidade, a oposição entre luz e trevas, entre o supremo e o ínfimo, entre a direita e a esquerda, a união dos opostos em um terceiro, a quaternidade (o quadrado, a cruz), a rotação (círculo, esfera) e, finalmente, o processo de centralização e o arranjo radial, em geral dentro de um sistema quaternário.(...) O processo de centralização constitui, segundo me diz a experiência, o ponto mais alto e jamais ultrapassado de todo o desenvolvimento, e se caracteriza como tal pelo fato de coincidir com o maior efeito terapêutico possível.[11]

Jung passa em seguida a falar sobre "princípios formadores [que] são inconscientes".[12] Somada às suas observações a respeito do material de fantasia produzido por psicóticos, a experiência de Jung com pacientes neuróticos encorajou-o a pensar que existe, dentro do inconsciente, importantes elementos formadores. Uma vez que a consciência do ego não determina esse processo, a origem das formas que surgem deve estar em algum outro lugar. Algumas formas poderiam ser determinadas por complexos, mas outras são mais primordiais e impessoais, e não podem ser explicadas pela experiência de vida individual.

Jung apresentou esse trabalho na Conferência Eranos de 1946, em Ascona, Suíça, onde muitos de seus principais ensaios foram apresentados, e a que ele compareceu desde a inauguração desse evento em 1933 até 1960, o ano anterior à sua morte. As pessoas aí se reuniam anualmente de todas as partes do mundo. Os interesses dos conferencistas gravitavam em torno, principalmente, da psicologia e da religião, em especial as religiões orientais. Olga Froebe-Kapetyn, a fundadora do empreendimento e cujo sério interesse pelo pensamento oriental e todas as espécies de ocultismo vinha de longa data, tinha tomado a iniciativa de reunir especialistas de prestígio para que vários tópicos fossem debatidos. Uma assistência de tal gabarito parecia ter estimulado verdadeiramente Jung a mobilizar seus melhores esforços. Essas pessoas eram membros de uma comunidade de cientistas e *scholars* de classe mundial, e exigiam a apresentação de estudos de qualidade extremamente elevada.

"Considerações teóricas sobre a natureza do psíquico" é uma epítome madura da teoria psicológica de Jung. As seções históricas do ensaio ocupam-se do inconsciente na filosofia e na psicologia acadêmica. Jung estabelece aí os fundamentos para as suas próprias definições do inconsciente, para o seu entendimento das relações deste último com o consciente e para a dinâmica intrapsíquica. A noção de um inconsciente é fundamental para todas as psicologias de profundidade. Ela separa as psicologias de profundidade dos outros modelos psicológicos. Como prova da existência do inconsciente, Jung cita a dissociabilidade da psique. Em certos estados alterados da consciência, por exemplo, vamos encontrar um si-mesmo ou sujeito subliminar, uma figura interna que não é o ego mas revela intencionalidade e vontade. O ego pode entabular um diálogo com essa outra subpersonalidade. Um tal fenômeno "Jekyll e Hyde" indica a presença de dois centros distintos de consciência dentro de uma personalidade. Isso também existe, escreve Jung, nas chamadas personalidades normais, mesmo que as pessoas não se apercebam desse fato.

Mas desde que se postule uma psique inconsciente, como definirmos os seus limites? Poderão eles ser, de fato, definidos, ou serão tão indefinidos a ponto de os considerarmos mais ou menos ilimitados? Como cientista e pensador, Jung queria algumas definições claras e nesse ensaio propôs muitas delas. Uma das mais importantes refere-se a um conceito teórico chamado o aspecto *psicóide* da psique, o qual forma um limiar:

> O número de freqüências sonoras perceptíveis ao ouvido humano varia de 20 a 20.000 por segundo, e o comprimento de ondas luminosas visíveis vai de 7.700 a 3.900 angströms. Através dessa analogia, podemos imaginar facilmente que existe um limiar inferior e um limiar superior para os processos psíquicos e que, por conseguinte, a consciência, que é o sistema perceptivo por excelência, pode ser comparada à escala de percepção sensorial do som e da luz, tendo, como estes, um limite superior e um inferior. Acho que se poderia ampliar essa comparação à psique em geral, o que seria exeqüível se nas duas extremidades da escala psíquica existissem processos *psicóides*.[13]

A concepção junguiana de psique postula que esta se movimenta ao longo de uma escala cujos limites exteriores desaparecem gradualmente numa área psicóide (ou seja, relacionada com a psique). Jung reconhece que foi buscar o adjetivo "psicóide" de Bleuler, que definiu *das Psychoide* como "a soma de todas as funções mnemônicas do corpo e do sistema nervoso central, orientadas para um fim e destinadas à conservação da vida, com exceção daquelas funções corticais que estamos sempre acostumados a considerar como psíquicas".[14] Assim, Bleuler propôs uma distinção entre (a) as funções psíquicas, as quais incluem, nos termos de Jung, a consciência do ego e o inconsciente (pessoal e coletivo), e (b) as outras funções do corpo e do sistema nervoso central destinadas à conservação da vida, algumas das quais parecem ser quase-psíquicas. O próprio corpo é capaz de recordar e de aprender. Por exemplo, uma vez que aprenda a andar de bicicleta, a pessoa não precisa recordar conscientemente essa habilidade. O corpo retém a lembrança de como fazer isso. O corpo também está orientado para um determinado propósito, que é a preservação da vida, e luta pela sobrevivência à sua própria maneira, fora do âmbito da psique. Jung trabalha basicamente dentro desse conjunto de definições a respeito do psíquico, do quase-psíquico e do não-psíquico.

Jung usa o termo psicóide de Bleuler num certo número de seus escritos, mas com algumas reservas. Critica Bleuler por vincular indevidamente psicóide a órgãos específicos do corpo e por encorajar uma espécie de panpsiquismo que descobriria psique em todo o ser vivente. Para Jung, psicóide é um termo que descreve processos que são quase-psíquicos mas não o são propriamente. O termo é usado para distinguir funções psíquicas das funções vitalistas. Os processos psicóides situam-se entre a energia vital somática e os puros processos corporais, por um lado, e os verdadeiros processos psíquicos, por outro.

Instintos

Neste ponto de sua argumentação, Jung aborda o tema do instinto humano. O instinto tem suas raízes no físico e ingressa na psique sob a forma de pulsão, pensamento, memória, fantasia e emoção. Sem dúvida, toda a questão do instinto é um problema no que se refere aos humanos. Porque os humanos possuem capacidade e competência para escolher, refletir e agir ou não agir de acordo com as chamadas pulsões instintivas, o que os outros animais não fazem, é discutível em que medida os instintos desempenham um papel no comportamento humano. Jung reconheceu que, para os humanos, o aspecto instintivo do comportamento é muito menos determinativo do que para as outras espécies animais. Não obstante, as pessoas são, em certo grau, influenciadas por necessidades e processos de natureza fisiológica, distintas das psíquicas.

As fronteiras da psique 91

Usando o termo de Janet, Jung chama a isso a *partie inférieure* da existência humana. Essa parte é controlada por hormônios e mostra um caráter compulsivo que levou Rivers e outros a adotarem a designação de "pulsões".[15] Na medida em que os hormônios ditam o que fazemos ou sentimos, estamos sujeitos a pulsões e ao instinto. A *partie inférieure*, ou seja, o nível somático da psique, é fortemente influenciado por processos corporais.

Tendo reconhecido esse substrato somático, Jung declara então:

> De conformidade com estas reflexões, o psíquico apresenta-se como uma emancipação da função em relação à sua forma instintiva e, portanto, ao seu caráter compulsório que, como única determinante da função, pode transformá-la num mecanismo frio. A condição ou qualidade psíquica começa quando a função se desliga do seu determinismo exterior e interior, e se torna capaz de aplicação mais ampla e mais livre (...)[16]

Quando a informação passa do soma para a psique, ela atravessa a região psicóide e, como resultado, há um considerável abrandamento do determinismo biológico, o qual dá então lugar a uma "aplicação mais ampla e mais livre... onde começa a mostrar-se acessível à vontade motivada a partir de outras fontes".[17] O aparecimento da vontade é decisivo para o estabelecimento de uma função como psíquica. Fome e sexualidade, por exemplo, são pulsões de base somática que envolvem a descarga de hormônios. Ambas são instintos. A pessoa deve comer e o corpo necessita de descarga sexual. Mas a vontade entra em cena, uma vez que escolhas podem ser feitas sobre o que comer ou como satisfazer os imperativos sexuais. A vontade pode intervir até um certo ponto, mesmo que ela não seja capaz de controlar de forma absoluta o comportamento final da pessoa em todos os aspectos.

Se existe um limite para a psique na ponta somática do espectro (a *partie inférieure*), também há um limite na *partie supérieure* da consciência: "Com a crescente liberdade em relação ao meramente instintivo, a *partie supérieure* [consciência] atinge por fim um nível em que a energia intrínseca à função não está mais orientada pelo instinto, no sentido original, mas alcançou uma forma dita *espiritual*."[18] O instinto perde o controle da psique até um certo ponto, mas outros fatores intervêm para a controlar e orientar. Jung chama "espirituais" a esses fatores, mas a tradução do alemão *geistlich* apresenta aqui um problema. Um outro adjetivo que poderia ser igualmente usado é "mental". Esses fatores controladores são mentais — pertencem à mente, na acepção do grego *nous* — e não estão mais vinculados a uma base orgânica. Podem atuar como instintos, no sentido de convocar a vontade para a ação, e podem até causar a secreção de hormônios pelo corpo. Jung quer reunir o sistema de soma, psique e espírito num único todo, embora preservando as distinções analíticas entre os vários aspectos.

92   Jung — O Mapa da Alma

O ego é motivado em parte por instintos, em parte por formas e imagens mentais. E o ego tem certa liberdade de escolha entre as várias opções. Desfruta de uma certa quantidade de "libido disponível",[19] mesmo que suas motivações estejam baseadas em instinto ou governadas pelo espírito. Jung, sempre o biólogo e psicólogo médico, recusou distanciar-se muito de pulsões e instintos. Até a vontade, a própria essência do que define a psique, é motivada por pulsões biológicas: "A motivação da vontade deve ser considerada, em primeiro lugar, como essencialmente biológica."[20] Entretanto, os instintos perdem sua potência na ponta mental do espectro psíquico: "no... limite superior da psique, onde a função se desliga, por assim dizer, de seu objetivo original, os instintos perdem sua influência como motivadores da vontade. Com a alteração de sua forma, a função é posta a serviço de outras determinantes ou motivações que aparentemente não têm mais nada a ver com os instintos."[21]

> O que estou pretendendo deixar claro é o notável fato de que a vontade não pode transgredir os limites da esfera psíquica: ela não pode coagir o instinto nem tem poder sobre o espírito, pois por espírito entendemos muito mais do que apenas o intelecto. O espírito e o instinto são, por natureza, autônomos e ambos limitam em igual medida o campo de aplicação da vontade.[22]

A fronteira psicóide define a área cinzenta entre os potencialmente cognoscíveis e os totalmente incognoscíveis — os potencialmente controláveis e os totalmente incontroláveis — aspectos do funcionamento humano. Não se trata de uma fronteira nítida mas, antes, de uma área de transformação. Os limiares psicóides mostram um efeito a que Jung dá o nome de "psiquização": a informação não-psíquica torna-se *psiquizada*, passando do incognoscível para o desconhecido (a psique inconsciente) e daí avançando para o conhecido (consciência do ego). O dispositivo psíquico humano, em suma, mostra capacidade para psiquizar material proveniente dos pólos somático e espiritual da realidade não-psíquica.

Se observarmos a vida psíquica concreta e clinicamente, nunca é o caso de os dados relativos a uma pulsão de base instintiva serem totalmente livres de formas e imagens mentalmente baseadas. Isto é porque o instinto "contém em si mesmo um modelo de sua situação. Ele realiza sempre uma imagem dotada de qualidades fixas".[23] Os instintos funcionam muito precisamente porque são guiados por imagens e formados segundo modelos ou padrões, os quais constituem também o significado do instinto. Neste ponto do seu ensaio, Jung liga os arquétipos, os padrões mentais básicos, aos instintos. Os instintos são guiados e orientados por imagens arquetípicas. Por outro lado, porém, os arquétipos podem comportar-se como instintos:

As fronteiras da psique

Na medida em que os arquétipos intervêm no processo de formação dos conteúdos conscientes, regulando-os, modificando-os e motivando-os, eles atuam como instintos. Nada mais natural, portanto, do que supor que esses fatores se acham em relação com os instintos, e indagar se as imagens da situação típica que representam aparentemente esses princípios formadores coletivos não são, no fundo, idênticos às formas instintivas, ou seja, aos padrões de comportamento.[24]

Tão intimamente ligados se encontram os padrões arquetípicos e as pulsões instintivas que se pode tentar reduzir uns a outros, reivindicando a prioridade para uns ou outros. Essa era a opção freudiana mas Jung rejeitou-a como reducionismo biológico. Freud sustentava que os arquétipos (embora não usasse este termo) nada mais são do que representações imaginais dos dois instintos básicos, Eros e Tanato. Esta opção postularia os arquétipos como imagens do instinto e como derivativos deles. Jung reconhece que esse argumento é formidável: "Devo confessar que até o presente momento ainda não encontrei um argumento que refutasse eficazmente essa possibilidade."[25] Uma vez que Jung não podia provar de forma inequívoca que arquétipos e instintos não são idênticos, o reducionismo biológico permanecia como uma possibilidade. Entretanto, ela também sabia que

> os arquétipos, quando aparecem, têm um caráter distintamente numinoso, o qual só pode ser descrito como "espiritual", se acharem que "mágico" é uma palavra forte demais. Conseqüentemente, este fenômeno é de suma importância para a psicologia da religião. O seu efeito, porém, não é claro. Pode ser curativo ou destrutivo, mas jamais indiferente, pressupondo-se, naturalmente, um certo grau de clareza. Esse aspecto merece o epíteto de "espiritual" por excelência. Isto é, acontece não raras vezes que o arquétipo aparece sob a forma de espírito nos sonhos ou produtos de fantasia, ou comporta-se inclusive como um fantasma. Há uma certa aura mística em torno de sua numinosidade, e esta exerce um efeito correspondente sobre as emoções. Ele mobiliza concepções filosóficas e religiosas justamente em pessoas que se consideram muito acima de semelhantes acessos de fraqueza. Ele nos impele com freqüência para o seu objetivo, com tão inaudita paixão e tão implacável lógica que o sujeito submete-se ao seu sortilégio, não quer e, em última instância, já não deseja livrar-se dele, justamente porque tal experiência traz consigo uma profundidade e plenitude de sentido que era impensável antes.[26]

As imagens arquetípicas e as idéias delas derivadas têm um extraordinário poder para influenciar a consciência de um modo tão eficiente quanto os instintos identificáveis. Isso levou Jung a persuadir-se de que os arquétipos não estão limitados aos instintos, de que o espírito não é redutível ao corpo nem a mente ao cérebro.

Quando o ego depara com uma imagem arquetípica, pode ser por ela possuído, sobrepujado, e render-se-lhe mesmo querendo resistir-lhe, pois a experiência é percebida como algo sumamente fecundo e significativo. A identificação com imagens e energias arquetípicas constitui a definição de Jung de inflação e até, em última instância, psicose. Um líder carismático, por exemplo, convence as pessoas com palavras poderosas e estimula idéias que as induzam à ação; e, de súbito, essas idéias convertem-se na coisa mais importante na vida para os hipnotizados seguidores e os verdadeiros crentes. A própria vida pode ser sacrificada por imagens tais como a bandeira ou a cruz, e por idéias como nacionalismo, patriotismo e lealdade para com a religião ou país de cada um. As cruzadas e um sem-número de outros empreendimentos irracionais ou inviáveis foram levados a cabo porque os participantes acreditaram, "Isto faz a minha vida ter sentido! Esta é a coisa mais importante que fiz até hoje!" Imagens e idéias motivam poderosamente o ego e geram valores e significações. Com grande freqüência, as cognições derrotam e dominam os instintos.

Em contraste com o impacto dos instintos sobre a psique — quando uma pessoa sente ser impelida por uma necessidade física — a influência dos arquétipos leva ao arrebatamento com idéias e visões grandiosas. Ambos afetam dinamicamente o ego de um modo semelhante, na medida em que, de uma forma ou de outra, ele é dominado, possuído e levado a agir.

"Malgrado ou talvez por causa de sua afinidade com o instinto, o arquétipo representa o elemento autêntico do espírito, mas de um espírito que não se deve identificar com o intelecto humano, e sim com o seu *spiritus rector*."[27] A distinção entre espírito e intelecto é facilmente confundida, de modo que Jung esforçou-se por esclarecer que não está falando da função intelectual mas, antes, do *spiritus rector*, o espírito que rege e orienta o ego e suas várias funções. Dominada por um arquétipo, a função intelectual pode ser usada para racionalizar a idéia arquetípica e encaminhá-la para a realização. É possível até vir a ser um teólogo! Quando dominados por idéias arquetípicas, os teólogos produzirão elaboradas justificações para ajudar a integrar num contexto cultural suas visões e idéias de base arquetípica. Mas não é a função intelectual que os empolga e motiva seus esforços; é, pelo contrário, o elemento de visão, arquetipicamente radicado em *nous*, que dirige a função intelectual. Jung diz sem rodeios que "o conteúdo essencial de todas as mitologias, de todas as religiões e de todos os *ismos* é arquetípico".[28]

As Relações Entre Arquétipos e Instintos

Embora seja verdade que os instintos e os arquétipos se pressupõem mutuamente "como fatores correspondentes",[29] Jung não pretende, em absoluto, di-

As fronteiras da psique

zer que os arquétipos podem ser reduzidos a instintos ou os instintos a arquétipos. Estão intimamente relacionados como correspondências e "subsistem lado a lado como as idéias que o homem tem a respeito dos opostos subjacentes a toda a energia psíquica".[30] A psique existe no espaço entre o puro corpo e a mente transcendente, entre matéria e espírito, e "os processos psíquicos parecem ser equilíbrios energéticos entre o espírito e o instinto".[31] A psique é um fenômeno situado entre os dois, e os seus processos "como uma escala ao longo da qual a consciência 'desliza' à semelhança de um cursor. Umas vezes, a consciência acha-se na proximidade dos processos instintivos e cai sob a sua influência; outras vezes, desliza para a outra extremidade da escala, onde o espírito predomina e até mesmo assimila os processos instintivos que mais se lhe opõem".[32] Há uma espécie de eterno vaivém entre a *partie inférieure* e a *partie supérieure*, entre o pólo instintivo e o pólo espiritual, arquetípico, da psique. A consciência, "tomada de pânico, luta contra a ameaça de ser tragada pelo primitivismo e pela inconsciência da esfera dos puros instintos",[33] por um lado, mas também resiste, por outro, à possessão completa por forças espirituais (isto é, a psicose). Quando coordenado, porém, o arquétipo fornece forma e significado ao instinto, e o instinto fornece energia física em bruto às imagens arquetípicas para ajudá-las a realizar "a meta espiritual para a qual tende a natureza inteira do homem; é o mar em direção ao qual todos os rios percorrem seus acidentados caminhos; é o prêmio que o herói conquista em sua luta com o dragão".[34]

Jung mapeia a psique como um espectro, com o arquétipo na extremidade ultravioleta e o instinto na extremidade infravermelha. "Como o arquétipo é um princípio formador da força instintiva, o seu azul está contaminado com vermelho; parece ser violeta ou poderíamos ainda interpretar o símile como uma espécie de apocatástase do instinto produzida a um nível de freqüência superior, da mesma forma como seria possível derivar o instinto de um arquétipo latente (isto é, transcendente) que se manifesta numa freqüência de onda mais longa."[35] Na experiência prática e concreta, instintos e arquétipos encontram-se sempre misturados e nunca em forma pura. As extremidades arquetípicas e instintivas do espectro psíquico encontram-se no inconsciente, onde se chocam e lutam entre si, entremisturam-se e conjugam-se para formar unidades de energia e motivação que logo se manifestarão na consciência como necessidades imperativas, desejos prementes, idéias e imagens. O que vivenciamos na psique foi primeiro psiquizado e depois empacotado no inconsciente. Imagine-se uma linha que percorre a psique e liga o instinto e o espírito em cada ponta. Essa linha está atada ao arquétipo numa ponta e ao instinto na outra. Ela transmite informação e dados através da área psicóide para o inconsciente coletivo e depois para o pessoal. Daí, esses conteúdos percorrem seu caminho até a consciência. As percepções instintivas e as representações arquetípicas são os dados da experiência psíquica real, não os instintos e arquétipos em si mesmos. Nenhum dos extremos do espectro pode ser vivenciado como experiência direta, porquanto nem um nem outro são psíquicos. Nas extremidades, a psique dissipa-se em matéria e espírito. E o que é vivenciado como imagens arquetípicas são "estruturas muito variadas que nos remetem para uma forma básica essencialmente 'irrepresentável'".[36] Todos os padrões de informação arquetípica provêm de uma fonte única, uma entidade além da capacidade humana de apreensão, para a qual Jung reserva o termo alemão *Selbst*.* Esta forma básica "é caracterizada por certos elementos formais e determinados significados fundamentais, os quais, entretanto, só podem ser apreendidos de maneira aproximativa".[37] É o termo Deus de Jung. (O si-mesmo será examinado em detalhe no capítulo 7.) As imagens arquetípicas que ligam o si-mesmo e a consciência do ego formam um domínio central, a que Jung chama *anima* e *animus,* o domínio da alma (tratado no capítulo 6). Na opinião de Jung, as religiões politeístas promanam do domínio de anima e animus e representam-no, ao passo que as religiões monoteístas baseiam-se e apontam para o arquétipo do si-mesmo.

No mapa de Jung, a psique é uma região que está localizada no espaço entre a pura matéria e o puro espírito, entre o corpo humano e a mente transcendente, entre instinto e arquétipo. Descreve-a como o domínio que se estende entre as duas extremidades de um espectro que tem aberturas em ambas as pontas para permitir a entrada de informação na psique. Nas extremidades da psique estão as áreas psicóides que produzem efeitos quase-psíquicos como os sintomas psicossomáticos e os acontecimentos parapsicológicos. Quando a informação atravessa a área psicóide, ela é psiquizada e transformada em psique. Na psique, matéria e espírito reúnem-se. Primeiro, esses pacotes de informação passam pelo inconsciente coletivo, onde são contaminados, em certa medida, por outros conteúdos que já estão no inconsciente; e, finalmente, penetram na consciência sob a forma de intuições, visões, sonhos, percepções de impulsos instintivos, imagens, emoções e idéias. O ego deve lidar com o conteúdo inconsciente emergente formulando juízos sobre o seu valor e, por vezes, tomando decisões sobre se deve ou não agir de acordo com eles. O peso da escolha recai sobre a consciência do ego para tratar eticamente com essas invasões do espaço interior.

---

* Na literatura psicológica é mais usado o seu equivalente inglês *self*, muitas vezes até mesmo em traduções no nosso idioma. Jung considerou o *Selbst*, ou o si-mesmo, o arquétipo central, o arquétipo da ordem e da totalidade do Homem (*Der Archetypus der Ordnung, die Ganzheit des Menschen*). (Nota do tradutor.)

5

O revelado e o oculto nas relações com outros

(Persona e Sombra)

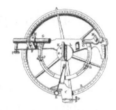

Foi uma das primeiras observações de Jung — mais tarde desenvolvida em proposições teóricas — que a psique consiste em muitas partes e centros de consciência. Nesse universo interior, não existe simplesmente um planeta mas todo um sistema solar e mais do que isso. Referimo-nos às pessoas como detentoras de *uma* personalidade mas, de fato, esta é composta por um agregado de subpersonalidades.

Jung procedeu à detalhada elaboração destas últimas. Há o complexo do ego; depois, temos a multidão de complexos pessoais secundários, dos quais o complexo de mãe e o complexo de pai são os mais importantes e os mais poderosos; e, por fim, encontramos as numerosas imagens e constelações arquetípicas. Num certo sentido, somos feitos de muitas atitudes e orientações potencialmente divergentes, e estas podem facilmente cair em oposição recíproca e criar conflitos que culminam em estilos neuróticos de personalidade. Neste capítulo, descreverei um par dessas subpersonalidades divergentes, a *sombra* e a *persona*. São estruturas complementares e existem em toda a psique humana. Ambas foram denominadas de acordo com objetos concretos na experiência sensorial. A sombra é a imagem de nós próprios que desliza em nossa esteira quando caminhamos em direção à luz. A persona, o seu oposto, é o nome inspirado pelo termo romano para designar a máscara de um ator. É o rosto que usamos para o encontro com o mundo social que nos cerca.

No começo da vida, a personalidade é uma simples unidade indiferenciada. Amorfa e mais potencial do que real, ela constitui um todo. Iniciado o processo de desenvolvimento, essa totalidade diferencia-se e separa-se em várias partes. Nasce a consciência do ego e, ao crescer, deixa para trás boa parte da totalidade de si mesmo no que é agora o "inconsciente". O inconsciente, por sua vez, é estruturado como grupos materiais em torno de imagos, internalizações e experiências traumáticas para formar as subpersonalidades, os complexos. Os complexos (como expus no capítulo 2) são autônomos e revelam uma consciência própria. Também aglutinam uma certa quantidade de energia psíquica e possuem vontade própria.

A Sombra do Ego

Um dos fatores psíquicos inconscientes que o ego não pode controlar é a sombra. De fato, o ego, usualmente, não possui sequer consciência de que projeta uma sombra. Jung emprega o termo sombra para denotar uma realidade psicológica que é relativamente fácil de captar num nível imagístico, mas mais difícil de compreender nos níveis prático e teórico. Ele quer sublinhar a flagrante inconsciência que a maioria das pessoas exibe. Em vez de aludir à sombra como uma coisa, é preferível, porém, pensar nas qualidades ou traços psicológicos que estão "na sombra" (isto é, escondidos, encobertos, atrás de nós, no escuro) ou são "indistintos". Quaisquer partes da personalidade que normalmente pertenceriam ao ego se estivessem integradas mas foram suprimidas por causa de dissonância cognitiva ou emocional, caem na sombra. O conteúdo específico da sombra pode mudar, dependendo das atitudes e do grau de defensividade do ego. De um modo geral, a sombra possui uma qualidade imoral ou, pelo menos, pouco recomendável, contendo características da natureza de uma pessoa que são contrárias aos costumes e convenções morais da sociedade. A sombra é o lado inconsciente das operações intencionais, voluntárias e defensivas do ego. É, por assim dizer, a face posterior do ego.

Todo ego tem uma sombra. Isso é inevitável. Ao adaptar-se e enfrentar-se com o mundo, o ego, de um modo inteiramente involuntário, emprega a sombra para executar operações desagradáveis que ele não poderia realizar sem cair num conflito moral. Sem o conhecimento do ego, essas atividades protetoras e autônomas são levadas a efeito no escuro. A sombra funciona de uma forma semelhante ao sistema secreto de espionagem de uma nação — sem o conhecimento explícito do chefe do Estado, a quem é assim permitido negar toda a culpabilidade. Embora a introspecção possa, em certa medida, trazer essas atividades sombrias do ego para a consciência, as próprias defesas do ego contra o conhecimento consciente da sombra são usualmente tão eficazes que pouca coisa consegue infiltrar-se nelas e transpô-las. Pedir a amigos íntimos ou a um cônjuge com muitos anos de estreita convivência que revelem suas percepções sinceras é, usualmente, um método mais útil do que a introspecção para obter informação sobre as atividades da sombra do ego.

Se a trajetória das vontades, preferências e intenções do ego for seguida com suficiente profundidade chega-se às regiões da escuridão e da frialdade onde se torna evidente que o ego tem capacidade, em sua sombra, para ser extremamente egoísta, obstinado, insensível e dominador. Aí, uma pessoa é puramente egoísta e decidida a satisfazer a todo o custo os desejos pessoais de poder e de prazer. Esse núcleo de trevas no âmago do ego é a própria definição de maldade humana[1] tal como é representada no mito e na ficção. A figura de Iago, no *Otelo* de Shakespeare, é um exemplo clássico. Na sombra residem todos os conhecidos pecados cardeais. Jung identificou a noção freudiana do *id* com a sombra.

Se traços de sombra se tornam, em certa medida, conscientes e integrados, uma pessoa é muito diferente do indivíduo comum. A maioria das pessoas não sabe que é tão egocêntrica e egoísta quanto na realidade é, e quer aparentar ser altruísta e ter o total domínio de seus apetites e prazeres. A tendência das pessoas é, antes, para esconder tais traços dos outros e de si mesmas por trás de uma fachada que as mostre atenciosas, ponderadas, empáticas, refletidas e benévolas. As exceções a essa norma social são aquelas que formaram uma "identidade negativa" — as "ovelhas negras" que se orgulham de sua ganância, cobiça e agressividade, e se vangloriam e exibem em público esses traços, ao passo que em seu lado oculto, na sombra, são sensíveis e sentimentais. Outras exceções são aqueles que nada têm a perder, os verdadeiros criminosos e sociopatas. Alguns indivíduos notórios, como Hitler ou Stálin, por exemplo, adquirem tanto poder que podem permitir-se favorecer e satisfazer suas paixões perversas no mais alto grau imaginável. A maioria das pessoas, entretanto, vêem-se como decentes e conduzem-se de acordo com as regras da decência e da correção em seus círculos sociais, e só revelam elementos sombrios por acidente, em sonhos ou quando impelidas a extremos. Para elas, o lado sombrio do ego ainda funciona, mas através do inconsciente, manipulando o meio ambiente e a psique para que certas intenções e necessidades sejam satisfeitas de um modo socialmente aceitável. O que o ego quer na sombra, entretanto, não é necessariamente mau em si e de si e, com freqüência, a sombra, uma vez enfrentada, não é tão perversa quanto se imaginou.

. A sombra não é diretamente experimentada pelo ego. Sendo inconsciente, é projetada em outros. Quando uma pessoa se sente tremendamente irritada por outra que manifesta ser realmente egoísta, por exemplo, essa reação é usualmente um sinal de que está sendo projetado um elemento inconsciente da sombra. Naturalmente, a outra pessoa tem que apresentar um "gancho" para a projeção da sombra e, assim, existe sempre uma mistura entre percepção e projeção em tais reações emocionais fortes. A pessoa psicologicamente ingênua ou defensivamente resistente concentrar-se-á na percepção, argumentando a partir dela e ignorando a parte projetiva. Essa estratégia defensiva, é claro, exclui a possibilidade de usar a experiência para adquirir o conhecimento consciente de características da sombra e lograr uma integração dessas. Em vez disso, o ego defensivo insiste em adotar uma postura farisaica de satisfação consigo mesmo, colocando-se no papel de vítima inocente ou simples observador. A outra pessoa é o monstro cruel, enquanto que o ego se sente como um inocente cordeiro. É de tal dinâmica que são feitos os bodes expiatórios.

A Formação da Sombra

O conteúdo e as qualidades específicas que contribuem para a formação dessa estrutura interna, a sombra, são selecionados pelo processo de desenvolvimento do ego. O que a consciência do ego rejeita torna-se sombra; o que ela positivamente aceita, aquilo com que se identifica e absorve em si, torna-se parte integrante de si mesma e da persona. A sombra é caracterizada pelos traços e qualidades que são incompatíveis com o ego consciente e a persona. A sombra e a persona são "pessoas" estranhas ao ego que habitam a psique junto com a personalidade consciente que nós próprios sabemos ser. Há a "pessoa pública" e oficial a que Jung chamou a *persona*, a qual está mais ou menos identificada com a consciência do ego e forma a identidade psicossocial do indivíduo. E, no entanto, é também, tal como a sombra, alheia ao ego, embora o ego se sinta mais à vontade com a persona pelo fato de ela ser compatível com normas e costumes sociais. A personalidade da sombra não está visível e só aparece em ocasiões especiais. O mundo ignora, em maior ou menor grau, a existência dessa pessoa. A persona está em muito mais evidência. Ela desempenha um papel oficial, cotidiano, de adaptação ao mundo social. Sombra e persona são como dois irmãos (para um homem) ou duas irmãs (para uma mulher); uma está à vista do público, a outra está escondida e é solitária. São um estudo em contrastes. Se uma é loura, a outra é morena; se uma é racional, a outra é emocional. Narciso e Goldemundo, Dr. Jekyll e Mr. Hide, Caim e Abel, Eva e Lilith, Afrodite e Hera — estas figuras formam tais pares. Uma complementa, ou, mais freqüentemente, opõe-se à outra. Persona e sombra são usualmente o oposto mais ou menos exato uma da outra e, no entanto, são tão chegadas quanto o podem ser dois gêmeos.

O revelado e o oculto nas relações com outros

101

A persona é a pessoa que passamos a ser em resultado dos processos de aculturação, educação e adaptação aos nossos meios físico e social. Como já mencionei, Jung foi buscar esse termo no teatro romano, onde *persona* se referia à máscara do ator. Ao colocar uma máscara, o ator assumia um papel específico e uma identidade dentro do enredo dramático, e sua voz era projetada através da "boca" recortada no rosto da máscara. No plano psicológico, a persona é um complexo funcional cuja tarefa consiste tanto em esconder quanto em revelar os pensamentos e sentimentos conscientes de um indivíduo aos outros. Como complexo, a persona possui considerável autonomia e não está sob o total domínio do ego. Uma vez no desempenho de um papel, o ator declama suas falas, com ou sem vontade e, muitas vezes, sem grande percepção do que está dizendo. "Como está você?", alguém pergunta numa chuvosa e desagradável manhã; e, num piscar de olhos, sem um momento de hesitação, o interpelado responde: "Ótimo, e você?" A persona faz com que a interação social casual transcorra mais fácil, mais solta, e atenua os pontos mais ásperos que poderiam, em outras circunstâncias, causar constrangimento ou dificuldades sociais.

A sombra, um complexo funcional complementar, é uma espécie de contra-pessoa. A sombra pode ser pensada como uma subpersonalidade que quer o que a persona não permitirá. Mefistófeles, no *Fausto* de Goethe, é um exemplo clássico de uma figura sombra. Fausto é um intelectual entediado que já viu tudo o que havia para ver, leu todos os livros importantes e aprendeu tudo o que queria saber, e agora sente-se esgotado, sem nada que o motive e sem vontade de viver. Está deprimido e pensa em suicídio quando um cachorrinho se atravessa de súbito em seu caminho e transforma-se em Mefistófeles. Mefistófeles induz Fausto a deixar seu gabinete de estudo e a sair com ele pelo mundo, a fim de adquirir experiência sobre o seu outro lado, a sua sensualidade. Apresenta Fausto às suas funções inferiores, sensação e sentimento, e aos frêmitos e excitação da sua até então nula vida sexual. Esse é um lado da vida que sua persona como professor e intelectual não permitia. Sob a orientação de Mefistófeles, Fausto passa por um processo a que Jung deu o nome de enantiodromia, a conversão radical da personalidade ao tipo de caráter seu oposto. Ele adota a sombra e, com efeito, durante algum tempo, passa a estar identificado com suas energias e qualidades.

Para um ego que esteve identificado com a persona e seus supostos valores e qualidades, a sombra tresanda a podridão e a malignidade. Mefistófeles consubstancia o mal — a destrutividade pura, intencional, obstinada. Mas o encontro com a sombra também tem um efeito transformativo sobre Fausto. Ele encontra nova energia, o seu tédio dissipa-se e lança-se em aventuras que, no fim, lhe proporcionam uma experiência mais completa de vida. A integração da sombra constitui um problema psicológico e moral extremamente espinhoso. Se uma pessoa rechaça completamente a sombra, a vida é correta mas terrivelmente incompleta. Ao abrir-se para a experiência da sombra, entretanto, uma pessoa fica manchada de imoralidade mas alcança um maior grau de totalidade. Isso é, na verdade, um dilema diabólico. É o dilema de Fausto e o problema essencial da existência humana. No caso de Fausto, sua alma é salva no final, mas só pela graça de Deus.

A Persona

Em seus escritos oficiais, Jung não entra em muitos detalhes acerca da sombra, mas faz uma interessante e detalhada descrição da persona. Através dela podemos aduzir também algumas informações sobre a sombra e sua constelação dentro de uma personalidade. Ocupar-me-ei agora um pouco mais de perto do que Jung escreveu sobre a persona, sua posição na psique e sua formação.

Ele define esse termo na importante obra *Tipos Psicológicos*, publicada em 1921. O volume conclui com um extenso capítulo intitulado "Definições", no qual Jung tenta ser o mais claro possível acerca da terminologia que adaptou da psicanálise e tomou da psicologia em geral, assim como dos termos que criou para a sua própria psicologia analítica. No que diz respeito à psicologia e psicanálise, o termo *persona* é propriedade intelectual especial do próprio Jung. A seção 48, uma das mais extensas nesse capítulo, é dedicada ao termo *alma*, e é aí que persona é discutida. Jung expõe suas reflexões sobre duas estruturas complementares, persona e anima. Tratarei desta última no próximo capítulo.

Hoje, o termo persona está aceito no vocabulário da psicologia e da cultura contemporânea. É usado com freqüência na linguagem popular, nos jornais e na teoria literária. Significa a pessoa-tal-como-apresentada, não a pessoa-como-real. A persona é um construto psicológico e social adotado para um fim específico. Jung escolheu-o para a sua teoria psicológica porque se relaciona com o desempenho de papéis na sociedade. Ele estava interessado em apurar como as pessoas chegam a desempenhar determinados papéis, a adotar atitudes coletivas convencionais e a representar estereótipos sociais e culturais, em vez de assumirem e viverem sua própria unicidade. Isso constitui, por certo, um traço humano bem conhecido. É uma espécie de imitação. Jung deu-lhe um nome e inseriu-o em sua teoria da psique.

Jung começa a sua definição de persona assinalando que muitos estudos psiquiátricos e psicológicos demonstraram que a personalidade humana não é simples, mas complexa; que pode ser mostrado que ela, sob certas condições, se divide e fragmenta, e que existem muitas subpersonalidades dentro da psique humana normal. Entretanto, "fica desde logo evidente que tal pluralidade de personalidades nunca pode aparecer num indivíduo normal".[2] Por outras palavras, embora não sejamos, em absoluto, "personalidades múltiplas" numa acepção clínica, todos manifestamos "traços de divisão de caráter".[3] O indivíduo normal é simplesmente uma versão menos exagerada do que se verifica em patologia: "Basta, por exemplo, observar com atenção um indivíduo em circunstâncias distintas para se perceber a mudança que sofre ao passar de um ambiente para outro e como, em cada caso, se evidencia um caráter de perfil bem marcado, nitidamente distinto do anterior. A expressão proverbial 'anjo na rua, carrasco em casa' é uma formulação do fenômeno de desdobramento da personalidade, inspirada na experiência cotidiana."[4] Em público, tal indivíduo é todo sorrisos, tapinhas nas costas, cordial, extrovertido, de fácil convívio, despreocupado, brincalhão; em casa, pelo contrário, é azedo e rezingão, não fala com os filhos, mal-humorado, esconde seu ar soturno atrás das folhas do jornal e pode ser agressivo, verbalmente ou de alguma outra forma. O caráter é alterado para ajustar-se a situações ou circunstâncias específicas. A história de Jekyll e Hyde representa uma forma extrema disso. Um outro romance com o mesmo tema é *O Retrato de Dorian Gray*, onde o protagonista guarda no sótão de sua casa um retrato dele próprio. À medida que ele envelhece, o retrato também envelhece, revelando a sua verdadeira natureza e caráter; entretanto, ele continua aparecendo em público sem rugas — jovem, requintado e divertido.

Jung passa em seguida a discutir o tema fascinante da sensibilidade humana aos ambientes sociais. As pessoas são usualmente sensíveis às expectativas de outras pessoas. Jung sublinha que determinados ambientes, como famílias, escolas e locais de trabalho, requerem que as pessoas assumam atitudes específicas. Por "atitude" Jung entende "uma orientação *a priori* para uma coisa determinada, não importa se ela está representada ou não na consciência".[5] Uma atitude pode ser latente e inconsciente, mas está atuando constantemente a fim de orientar uma pessoa para uma situação ou um ambiente. Além disso, uma atitude é "uma combinação de fatores ou conteúdos psíquicos que... determinarão a ação nesta ou naquela direção definida".[6] Portanto, uma atitude é uma característica do caráter. Quanto mais tempo uma atitude persiste e quanto mais freqüentemente ela for chamada a satisfazer as exigências do meio, mais habitual ela se torna. Como isso seria expresso pelo behaviorismo, quanto maior for a freqüência com que um comportamento ou atitude é reforçado pelo meio ambiente, mais forte e mais inexpugnável se torna. As pessoas podem ser treinadas para desenvolver atitudes específicas em relação a certos meios e, assim, a responder de formas determinadas, reagindo a sinais ou pistas como foram ensinadas a fazer. Uma vez que uma atitude tenha sido plenamente desenvolvida, tudo o que é requerido para ativar o comportamento é o sinal ou gatilho apropriado. Jung observou isso em 1920, mais ou menos na época em que o behaviorismo estava começando a ganhar terreno nos Estados Unidos, liderado por John Broadus Watson, cuja primeira obra importante foi publicada em 1913.

Em contraste com as pessoas que vivem e trabalham em áreas rurais ou naturais, as quais constituem meios ambientes relativamente unificados, muitos habitantes urbanos educados movimentam-se em dois ambientes totalmente distintos: o círculo doméstico e o mundo público. Isso era mais verdadeiro para os homens do que para as mulheres na Europa do tempo de Jung. Os homens do tempo e da cultura de Jung trabalhavam num ambiente e viviam domesticamente num outro, e tinham de responder a dois meios nitidamente diferentes, cada um dos quais fornecia um diferente conjunto de sinais. "Esses dois ambientes totalmente diferentes exigiam duas atitudes totalmente distintas, as quais, dependendo do grau de identificação do ego com a atitude do momento, produziam uma duplicação de caráter."[7]

Um amigo meu tem um cargo administrativo de nível médio numa repartição governamental e, assim, cumpre-lhe dar o tom para os funcionários do grupo sob suas ordens no tocante aos valores e padrões de comportamento no setor público. A repartição é um ambiente e ele descobre através de outras fontes quais são os valores corretos e, depois, informa aos seus subordinados que, por exemplo, devem ser sensíveis em questões tais como não-discriminação, sexismo e ação afirmativa. O meu amigo contou-me que desempenha bem e com facilidade esse papel no local de trabalho, mas quando vê televisão na intimidade do seu próprio lar tem reações muito diferentes. Aí, ele é ultraconservador. No trabalho é um homem moderno, liberal e esclarecido. O seu ego, entretanto, não está fortemente identificado com a atitude desse meio. Ele tem uma persona funcional: uma que ele põe e tira facilmente, sem se identificar com ela. O meu amigo tem muito claro em seu próprio espírito que não se identifica, em absoluto, com essa persona do seu local de trabalho.

Freqüentemente, porém, o ego identifica-se com a persona. O termo psicológico *identificação* assinala a capacidade do ego para absorver e unir-se a objetos externos, atitudes e pessoas. Isso é um processo mais ou menos inconsciente. A pessoa imita involuntariamente outra. Talvez ela própria nem se dê conta disso, mas outras pessoas vêem a imitação. Em princípio, pode-se dizer que o ego está inteiramente separado da persona mas, na vida real, não é esse o caso, visto que, com grande freqüência, o ego tende a identificar-se com os papéis que desempenha na vida. "O caráter é, via de regra, moldado por exigências emocionais e uma aquiescência cômoda em nome do conforto e da conveniência; daí acontecer com freqüência que homens que na vida pública são extremamente enérgicos, fogosos, duros no trato, obstinados e implacáveis, mostram-se tolerantes, moderados, complacentes, até fracos, quando no lar e no seio da família. Qual é o verdadeiro caráter, a personalidade real? É freqüentemente impossível responder a essa pergunta."[8]

De qualquer modo, o ego sempre contém mais do que a identificação com a persona. Pode-se dizer que, no máximo, a persona formará um invólucro compacto envolvendo o lado do ego que se defronta com o mundo social. Mas, usualmente, as pessoas ainda reconhecerão uma diferença entre o papel e a verdadeira identidade íntima. O núcleo do ego é arquetípico, assim como individual e pessoal. Ainda é pequeno ponto de reflexão, o centro do "eu". O lado arquetípico do núcleo do ego é puro "eu sou", uma manifestação do si-mesmo. É simplesmente "egoidade" (ver o capítulo 1).

No lado pessoal, entretanto, o ego é permeável à influência de forças externas. Tal influência penetra no ego e afasta essa pura "egoidade" quando o ego se identifica com o novo conteúdo. Isto é a "aprendizagem" do ego. Aprendemos os nossos nomes. Depois disso, passamos a ser os nossos nomes, identificamo-nos com os sons deles. Quando o ego é identificado com a persona, sente-se idêntico a ela. Eu *sou* então o meu nome; *sou* o filho de meu pai e de minha mãe; o irmão de minha irmã. Uma vez feita essa identificação, deixo de ser simplesmente "eu sou o que sou" mas, em vez disso, sou Murray Stein, nascido em tal e tal data, com esta história pessoal particular. Este é quem eu sou agora. Identifico-me com memórias, com a construção da minha história, com algumas de minhas qualidades. Assim, a pura "egoidade" — a peça arquetípica — pode ficar obscurecida e esconder-se ou desaparecer totalmente da consciência. Então, somos verdadeiramente dependentes da persona para a nossa inteira identidade e senso de realidade, para não mencionar o sentimento de valor pessoal e de afinidade com o grupo a que se pertence.

É claro, isso também pode flutuar. Por vezes, a pessoa pode encontrar-se no estado puro "eu sou", não se identificando com coisa alguma em particular; outras vezes, está firmemente identificada com algum conteúdo ou qualidade e investiu substancialmente numa imagem de persona. T. S. Eliot disse, falando sobre gatos, que eles têm três nomes: um que todo o mundo conhece, um que só alguns conhecem, e um que só o gato conhece! O primeiro e o segundo referem-se à persona, o terceiro refere-se ao núcleo arquetípico do ego.

As Duas Fontes da Persona

Jung encontrou duas fontes da persona: "De acordo com as condições e os requisitos sociais, o caráter social é orientado, por uma parte, pelas expectativas e demandas da sociedade, e, por outra, pelos objetivos e aspirações do indivíduo."[9] A primeira, as expectativas e demandas do meio, inclui requisitos tais como ser um certo tipo de pessoa, comportar-se apropriadamente de acordo com os costumes sociais do grupo e, com muita freqüência, acreditar em certas proposições sobre a natureza da realidade (como, por exemplo, aceitar ensinamentos religiosos). A segunda fonte inclui as ambições sociais do indivíduo.

Para que a sociedade esteja apta a influenciar as atitudes e o comportamento de uma pessoa, esta deve querer pertencer à sociedade. O ego deve estar motivado para aceitar as características e os papéis da persona que a sociedade requer e oferece pois, caso contrário, serão pura e simplesmente evitados. Não haverá identificação de nenhuma espécie. Um acordo deve ser estabelecido entre o indivíduo e a sociedade para que a formação da persona se firme e consolide. Se assim não for, o indivíduo viverá uma vida isolada às margens da cultura, para sempre uma espécie de adolescente inquieto e ansioso num mundo adulto. Isso é muito diferente do rebelde heróico que traça o seu próprio caminho e ignora as normas sociais. Esse é uma outra espécie de pessoa, a qual é oferecida por todas as sociedades e grupos. Existem muitos papéis a desempenhar.

De um modo geral, quanto mais prestigioso é o papel, mais forte é a tendência para identificar-se com ele. As pessoas não se identificam usualmente com papéis desempenhados por pessoas de uma classe inferior, como garis ou porteiros, ou mesmo com papéis de classe média, como gerentes ou superintendentes. Se porventura o fazem, é na grande maioria das vezes de um modo jocoso. Esses empregos têm seu próprio valor e dignidade, mas não sugerem papéis para exibir orgulhosamente em sociedade, e a tentação para identificar-se fortemente com eles é mínima. A identificação com um papel é motivada, de um modo geral, pela ambição e aspiração social. Por exemplo, uma pessoa que é eleita para o Senado dos Estados Unidos adquire um papel com elevado valor coletivo e enorme prestígio. Com ele vem fama, honrarias e grande visibilidade social, e o indivíduo que é senador tende a fundir-se com o seu papel, até o ponto de desejar ser tratado por amigos íntimos com manifesto respeito. Foi noticiado que após a eleição de John F. Kennedy como presidente dos Estados Unidos, até os membros mais íntimos de sua família o tratavam como Sr. Presidente.

No filme autobiográfico de Ingmar Bergman, *Fanny e Alexander*, um rapazinho foi mandado a ir viver na casa de um bispo horrível e desaforado que é não só um homem emocionalmente distante e frio mas, além disso, está também profundamente identificado com uma persona religiosa. Numa cena do filme, mostra-se o bispo dormindo. No sonho, ele se esforça por rasgar uma máscara que não consegue desprender, até que, por fim, arranca a máscara mas junto com ela vem também o próprio rosto. O ego do bispo está profundamente

O revelado e o oculto nas relações com outros

fundido com a persona do bispo porque esse papel garantiu suas aspirações pessoais na vida. Um bispo é, sem dúvida, uma pessoa de alta posição na sociedade. A médicos, militares e figuras da realeza são concedidas personas que atraem forte identificação. E no entanto, em seu pesadelo, o bispo tenta remover a máscara de seu rosto. Por quê?

A relação entre ego e persona não é simples, por causa dos objetivos contraditórios desses dois complexos funcionais. O ego movimenta-se, de um modo fundamental, no sentido da separação e da individuação, no sentido da consolidação de uma posição, primeiro que tudo, fora do inconsciente e, depois, também algo fora do meio familiar. Há no ego um forte movimento para a autonomia, para uma "egoidade" que possa funcionar independentemente. Ao mesmo tempo, uma outra parte do ego, que é aquela onde a persona ganha raízes, movimenta-se na direção oposta, no sentido do relacionamento e adaptação ao mundo dos objetos. Essas são duas tendências contrárias dentro do ego — uma necessidade de separação e independência por um lado, e uma necessidade de relacionamento e de participação, por outro. O desejo radical do ego de separação/individuação está freqüentemente radicado na sombra, por ser tão ameaçador para a vida do grupo e o bem-estar do indivíduo. Do ponto de vista objetivo, todos precisamos de outras pessoas para sobreviver física e psicologicamente. O movimento do ego no sentido da relação e da adaptação ao meio atual, buscando assegurar a sobrevivência, oferece à persona a oportunidade de adquirir influência e predomínio. E isso passa então a ser a auto-apresentação de uma pessoa ao mundo.

O Desenvolvimento da Persona

Este conflito no ego entre individuação/separação e conformidade social gera muita ansiedade básica do ego. Como pode alguém ser livre, único e individual, tendo que ser também, ao mesmo tempo, aceito e querido pelos outros, acomodando-se aos desejos e necessidades deles? Existe claramente uma fonte de conflito fundamental entre o ego e o desenvolvimento da personalidade. No início da idade adulta, a pessoa espera que tenha ocorrido suficiente desenvolvimento no ego e na persona para que as necessidades duais do ego de independência e relacionamento sejam satisfeitas, ao mesmo tempo que a persona procedeu a uma adaptação suficiente para permitir ao ego viver no mundo real. Gênios famosos, como Beethoven, Wagner e Picasso, parecem ter sido exceções a essa regra, na medida em que seus dotes lhes permitiram ser eles próprios como indivíduos num grau extraordinário. Seus excessos foram-lhes perdoados por causa do que eles ofereceram ao mundo em compensação.

O ego não escolhe deliberadamente identificar-se com uma determinada persona. As pessoas encontram-se em ambientes onde têm de sobreviver e a maioria esforça-se ao máximo por seguir adiante. A ordem de nascimento é um fator importante, assim como o sexo. Uma menina ou um rapazinho de pouca idade observam o que as outras crianças estão fazendo e imitam-nas. As meninas ensaiam as atitudes e gestos de suas mães enquanto provam as roupas delas. Por vezes, os rapazinhos também provam vestidos das mães e seus pais ficam preocupados com isso. As roupas representam a persona. O mais freqüente é os rapazinhos imitarem o pai ou o irmão mais velho, usando bonés ou chapéus quando eles os usam, e caminhando com ares emproados se virem que é assim que os outros estão fazendo. O sexo é certamente um dos modos como somos separados e distinguidos desde cedo, e essas características são absorvidas pela persona. Um jovem dá-se conta de que é tratado de uma certa maneira se o seu comportamento for o certo e responder de uma forma apropriada ao seu sexo. Isso pode ocorrer muito naturalmente ou não numa criança. Por vezes, a persona ajusta-se, outras vezes não. Forma-se finalmente uma atitude que é, pelo menos, adequada, senão incentivadora, em termos de atrativos relacionados com o sexo.(As questões mais profundas relacionadas com o sexo e a identificação sexual serão tratadas no próximo capítulo.)

O desenvolvimento da persona tem duas armadilhas potenciais. Uma é a superidentificação com a persona. O indivíduo preocupa-se excessivamente em agradar e adaptar-se ao mundo social e passa a acreditar que essa imagem construída é tudo o que conta para a formação da personalidade. O outro problema reside em não prestar atenção suficiente ao mundo dos objetos externos e em ficar envolvido, de um modo exageradamente exclusivo, com o mundo interior (uma condição que Jung descreverá como possessão de anima ou animus). Uma tal pessoa submete-se a impulsos, anseios, desejos e fantasias, e está tão dominada por esse mundo e identifica-se a tal ponto com ele que pouca atenção é prestada a outras pessoas. Por conseguinte, semelhante pessoa tende a ser indelicada, cega e sem qualquer afinidade com outras; e só renuncia a essas características quando forçada a fazê-lo pelos mais duros e cruéis golpes do destino.

O desenvolvimento da persona é tipicamente um importante problema na adolescência e início da idade adulta, quando há, por um lado, tanta atividade no mundo interior, tantos impulsos, fantasias, sonhos, desejos, ideologias e idealismos, e, por outro, tanta pressão dos seus iguais no sentido da conformidade. A afinidade com o mundo social mais vasto pode parecer muito primitiva e coletiva, desequilibrada por uma espécie de mentalidade de horda, uma identificação com o grupo de iguais e seus valores coletivos. Tal identificação com o grupo de iguais ajuda o adolescente a emancipar-se dos pais, um passo necessá-

O revelado e o oculto nas relações com outros

109

rio para se alcançar a maturidade. Ao mesmo tempo, o adolescente mostra-se cegamente desatento, quase inconsciente, em relação ao mundo objetivo e vive numa fantasia de invencibilidade. Os adultos tendem a aplicar termos como inflação e ufanismo para descrever essa combinação de hipertrofia do mundo interior e inadaptação à realidade exterior. Por outro lado, alguns adolescentes prestam atenção exagerada aos valores e expectativas dos adultos. Vestindo camisas sociais, engravatados, carteira de executivo na mão e, aos quinze anos, falando sobre o que farão quando se tornarem advogados de uma grande *corporation*, eles estão de tal forma adaptados às expectativas da família e da cultura que não sobra muita margem para o desenvolvimento da identidade pessoal. Eles estão no caminho para tornarem-se meros estereótipos de formas culturais, vítimas de prematura adaptação da persona.

Tanto os introvertidos quanto os extrovertidos desenvolvem uma persona, pois ambos os tipos de atitude devem relacionar-se com o mundo de objetos. Para os extrovertidos, entretanto, o desenvolvimento da persona é um processo mais simples do que para os introvertidos. A libido extrovertida vai para o objeto e fica aí, e os extrovertidos registram e relacionam-se com os objetos sem muito espalhafato ou complicação. Para os introvertidos, a atenção e a energia psíquica vão até os objetos mas depois retornam ao sujeito, e isso cria uma relação mais complicada com os objetos. Um objeto é não só algo fora da psique mas, para o introvertido, está também profundamente dentro da psique. O apego é mais difícil. Para os extrovertidos fica muito mais fácil, portanto, encontrar uma persona apropriada. Estão mais à vontade com o mundo dos objetos, porque ele não os ameaça tão intimamente. A persona do introvertido é mais ambígua, desconfiada ou vacilante, e varia de um contexto para outro.

Para todos, porém, a persona deve relacionar-se com objetos e proteger o sujeito. Essa é a sua função dual. Embora os introvertidos possam ser muito abertos e expansivos com meia dúzia de pessoas, num grupo numeroso eles retraem-se e desaparecem, e a persona sente-se inadequada, sobretudo com estranhos e em situações em que o introvertido não ocupa um papel definido. Os *cocktail parties* são uma tortura, mas representar um papel num palco pode ser pura alegria e prazer. Muitos atores e atrizes famosos são profundamente introvertidos. Na vida privada podem ser tímidos, mas dêem-lhes um papel público em que se sintam protegidos e seguros, e podem facilmente passar por ser os mais extrovertidos tipos imagináveis.

A persona, quando usada criativamente dentro do contexto de um forte desenvolvimento psicológico, funciona tanto para expressar quanto para esconder aspectos da personalidade. Uma persona adequada possui amplitude suficiente não só para expressar os aspectos socialmente apropriados da personalidade mas também para ser autêntica e plausível. O indivíduo pode, sem muito dano, identificar-se com uma persona na medida em que ela é uma verdadeira expressão da personalidade. É claro, isso pode mudar com a idade, e novas personas surgem quando os indivíduos ingressam em novas fases da vida. Os extrovertidos sociais podem tornar-se mais introvertidos, por exemplo, quando entram na casa dos 50 ou dos 60. Só mais tarde na vida a pessoa também se apercebe de que existe uma diferença entre sentir que a persona é verdadeira, sincera e autêntica, por um lado, e identificar-se plena e inconscientemente com ela, por outro.

Essencialmente, a persona, que é a pele psíquica entre o ego e o mundo, é não só um produto de interação com objetos, mas inclui também as projeções do indivíduo nesses objetos. Adaptamo-nos ao que percebemos que as outras pessoas são e ao que querem. Isso pode ser consideravelmente diferente de como as outras nos vêem ou se vêem a si mesmas. Inseridas no tecido da persona estão projeções que se originam nos complexos, por exemplo, nos complexos parentais; retornando ao sujeito através do processo introjetivo, tais projeções penetram na persona. É por isso que os primeiros tempos da infância exercem um tão profundo efeito em personas adultas. Mesmo depois que os pais ficaram há muito para trás, eles continuam a afetar a persona porque estão projetados no mundo a partir dos complexos parentais e são continuamente adaptados à persona do indivíduo. Somos bons meninos e boas meninas muito depois de termos necessidade de o ser. Levar a persona de um contexto para outro apresenta problemas porque, num contínuo esforço de adaptação, o contexto original é projetado em novas situações muito diferentes. Foi essa a observação de Freud a respeito da "transferência". O antigo contexto infantil é transferido para o novo contexto da relação médico-paciente. Até se aperceber de como o novo ambiente é diferente, a pessoa persevera em antigos comportamentos habituais, reagindo ao novo ambiente como se este ainda fosse o antigo e familiar.

As Transformações da Persona

O núcleo arquetípico do ego não muda com o tempo, mas a persona pode ser e é modificada muitas vezes no transcorrer da vida, dependendo da percepção do ego das mudanças ocorridas no ambiente e de sua capacidade para interagir com este último. Uma importante mudança ocorre na passagem da adolescência para a idade adulta; uma outra no decorrer da transição da fase inicial da idade adulta para a meia-idade; e ainda uma outra na transição para a velhice. O ego competente enfrenta cada um desses desafios de adaptação com alterações apropriadas no conceito de si mesmo e na apresentação que faz de si mesmo através da persona. As pessoas pensam diferente sobre si mesmas, vestem-

O revelado e o oculto nas relações com outros

111

se diferentemente, cortam o cabelo de maneira diferente, compram diferentes espécies de carros e de casas, dependendo de sua idade, estado civil, classe econômica e social, e preferências do seu grupo de iguais. Tudo isso é refletido em mudanças na persona.

Os vários papéis que uma pessoa assume ao longo da vida têm, é claro, uma base coletiva e, em certa medida, arquetípica. A persona tem, como todo e qualquer complexo funcional, um núcleo arquetípico. Existem papéis típicos, previsíveis, a ser preenchidos em todos os grupos humanos. Por exemplo, há a criança mais velha que é o Pequeno Adulto e o Garoto Travesso que ainda comete brincadeiras pesadas e trotes de mau gosto quando já passou da meia-idade e está entrando na velhice, e a atraente Mulher Fatal que flerta e seduz ao longo da vida desde os primeiros anos de sua infância. As famílias atribuem papéis de modos típicos a seus filhos e a seus membros adultos. A ordem de nascimento dos filhos desempenha freqüentemente um importante papel nas personas que eles adotarão. O primogênito é um adulto responsável em minia-tura, o filho do meio é um mediador, e o caçula é o bebê criativo. O papel de ovelha negra é encontrado em toda a parte e em todas as épocas, assim como o bode expiatório. Tais papéis são atribuídos às pessoas por uma dinâmica in-consciente no seio de famílias e grupos, e quando elas os aceitam na infância é freqüente conservarem consigo para o resto da vida alguma versão do papel que lhes coube.

O que é que causa as personas aderirem com tamanha tenacidade às pes-soas? Em parte é a identificação e a pura familiaridade. Uma persona torna-se identificada com uma personalidade. Oferece à pessoa uma identidade psicossocial. Mas a vergonha também é um motivador fundamental. A persona protege-nos da vergonha e a evitação da vergonha é provavelmente o motivo mais forte para desenvolver e conservar uma persona. Os escritos de Ruth Benedict sobre culturas da vergonha e da culpa demonstraram que as nações ocidentais são caracteristicamente culturas da culpa, e os países orientais são, em contraste, culturas da vergonha. As culturas da vergonha conferem maior ênfase à persona do que as culturas da culpa, no sentido de que se uma pessoa perde sua reputação ou prestígio só lhe resta morrer. A perda de prestígio é a crise final. A situação é muito diferente em culturas da culpa, onde a culpa pode ser mitigada ou reparada: a pessoa culpada pode pagar o preço e ser recu-perada para a comunidade.

A culpa envolve uma ação distinta, ao passo que a vergonha anula todo o sentimento de valor próprio. A vergonha é um tipo de emoção mais primitiva e potencialmente mais destrutiva. Somos propensos a sentir-nos culpados ou pro-fundamente envergonhados a respeito das coisas que fazemos e estão em discordância com a persona adotada. Isso é a realização da sombra na personalidade. A sombra induz à vergonha, a uma sensação de indignidade, a um sentimento de impureza, de estar manchado e ser indesejável. Ser bem ensinado é um motivo de orgulho; sujar-se é vergonhoso. A natureza foi conquistada pelo ego ensinado a ser asseado, a cultivar hábitos de higiene. Tais experiências de vergonha incluem qualquer coisa que não se ajuste à forma como fomos ensinados: a ser uma boa pessoa, o tipo correto de pessoa; a ajustar-nos, a ser aceitos. Numa cultura puritana como a nossa, determinadas espécies de fantasias e condutas sexuais que não são apropriadas à persona de uma "boa pessoa" redundam facilmente em sentimentos de vergonha. Uma outra característica da sombra é a agressão. Sentir-se agressivo, detestável ou invejoso são emoções vergonhosas.

Essas reações humanas normais tendem a ficar ocultas; elas fazem sentirmonos constrangidos, embaraçados, da mesma forma que nos sentimos envergonhados por certos defeitos físicos ou falhas de caráter que vemos em nós próprios. A persona é o rosto que envergamos para o nosso encontro com outros rostos, para sermos como eles e para que eles gostem de nós. Não queremos ser demasiado diferentes, pois os nossos pontos de diferença, onde a persona termina e a sombra começa, fazem-nos sentir vergonha.

Integrando Persona e Sombra

Sombra e persona são um par clássico de opostos, figurando na psique como polaridades do ego. Uma vez que a tarefa global do desenvolvimento psicológico ("individuação", tratada no capítulo 8) é a integração, e a totalidade é o valor supremo, precisamos perguntar aqui, de um modo preliminar, pelo menos: O que significa integrar persona e sombra? No contexto do tópico deste capítulo, a integração depende da aceitação pela pessoa de si mesmo, da plena aceitação daquelas áreas ou partes de nós mesmos que não pertencem à imagem da persona, a qual é usualmente a imagem de um ideal ou, pelo menos, de uma norma cultural. Os aspectos pessoais de que nos envergonhamos são sentidos, com freqüência, como radicalmente malignos. Embora algumas coisas sejam, na verdade, ruins e destrutivas, freqüentemente o material da sombra não é maligno. É sentido como tal somente por causa da vergonha que lhe está associada, em virtude de sua não-conformidade com a persona.

Como descrever quando alguém logrou obter um certo grau de integração entre persona e sombra? Jung cita uma carta de uma antiga paciente, escrita algum tempo depois de ele a ter visto para análise:

A partir do mal, muita coisa boa me aconteceu. Conservando-me tranqüila, não reprimindo nada, permanecendo atenta e aceitando a realidade — tomando as coisas como elas são e não como eu queria que fossem — ao fazer tudo isso ganhei um conhecimento incomum, e poderes incomuns também, como jamais imaginara que me pudesse acontecer. Eu sempre pensara que, quando aceitamos coisas, elas nos sobrepujam e dominam de um modo ou de outro. Acontece que isso não é absolutamente verdade e que só aceitando-as é que podemos assumir uma atitude em relação a elas. Assim, pretendo agora fazer o jogo da vida, ser receptiva para tudo o que me vier, bom e mau, sol e sombra alternando-se para sempre e deste modo aceitar também a minha própria natureza com seus lados positivos e negativos. Assim, tudo adquire mais vida para mim. Que tola eu era! Como tentei forçar tudo a acontecer de acordo com o modo que eu achava que devia ser![10]

Essa mulher deu um passo atrás em relação tanto à persona quanto à divisão de persona e sombra em opostos, e ela está agora simplesmente observando desde uma perspectiva mais ampla, refletindo sobre o que observa e aceitando a sua psique tal como se lhe apresenta; depois seleciona, classifica e vê do que se trata, fazendo algumas escolhas. Ela já não está mais sob o domínio de um ou outro extremo do espectro.

Jung sustenta que os opostos estão unidos na psique através da intervenção de uma "terceira coisa". Um conflito entre opostos — persona e sombra, por exemplo — pode ser considerado como uma crise de individuação, uma oportunidade para crescer através da integração. Entrando em conflito estão valores coletivos do lado da persona, e aspectos de sombra do ego que pertencem à constituição instintiva inata do indivíduo (o *id* de Freud) e também alguns que são derivativos dos arquétipos e de complexos inconscientes. Como o conteúdo da sombra não é aceitável para a persona, o conflito pode ser encarniçado. Jung sustentou que se os dois pólos são mantidos em tensão, uma solução surgirá se o ego puder livrar-se de ambos e criar um vazio interior no qual o inconsciente possa oferecer uma solução criativa na forma de um novo símbolo. Esse símbolo apresentará uma opção de movimento para diante que incluirá algo de ambos — não simplesmente um meio-termo mas um amálgama que requer uma nova atitude por parte do ego e uma nova espécie de relação com o mundo. Esse processo pode ser observado quando as pessoas se desenvolvem em terapia e através da experiência de vida — quando superam seus antigos conflitos, assumem novas personas e integram partes anteriormente inaceitáveis de si mesmas.

As pessoas mudam com a terapia e no decorrer do seu desenvolvimento vital. A persona, como um instrumento de adaptação, tem grande potencial para mudança. Pode tornar-se cada vez mais flexível, dado que o ego está disposto a modificar antigos padrões. Histórias como *Dr. Jekyll e Mr. Hyde* descrevem uma divisão completa entre persona e sombra. Nessas histórias não há integração, apenas flutuação — um vaivém entre os opostos. Papéis e impulsos da sombra são realizados em atos, sem a aparência de uma função transcendente para efetuar uma integração desses opostos. Não se pode deixar de pensar a respeito de pessoas na vida real que são incapazes de integrar tais opostos. Em alguns casos, o lado sombrio pode ser tão extremo e estar tão carregado de energia que se torna impossível a sua integração com uma persona socialmente aceitável de qualquer espécie. Hoje, a única solução para esse problema é a medicina psicotrópica, a qual pode colocar um rigoroso amortecedor no inconsciente e inibir as fontes de energia da sombra. Em outros casos, o ego é instável e fraco demais para moderar a impulsividade o bastante para levar em conta a constelação da função transcendente.

6

O caminho para o interior profundo

(Anima e Animus)

Em sua autobiografia, Jung conta uma história a respeito da descoberta da anima.[1] Escreve ele que durante seus anos de intenso trabalho interior após romper com Freud em 1913, houve um período em que se questionou sobre a natureza e o valor do que estava fazendo. Isto é ciência?, perguntou-se. Ou é arte? Ele estava registrando seus sonhos, interpretando-os, algumas vezes pintando-os, na tentativa de entender o significado de suas fantasias espontâneas. Num dado momento, ouviu uma "voz" feminina dizer, "*Das ist Kunst*" [Isto é arte]. Surpreso, encetou um diálogo com ela e reconheceu que a voz se parecia com a de uma paciente sua. Ela era, pois, uma espécie de figura internalizada mas que também exprimia alguns dos pensamentos inconscientes e valores do próprio Jung. Em seu ego e persona, Jung identificava-se como cientista, não como artista. Mas essa voz expressou um outro ponto de vista. Embora retendo sua posição de ego consciente, ele começou um diálogo com essa figura e um estudo dela. Havia nela mais do que simplesmente a imagem internalizada de sua paciente. Gradualmente, através do diálogo, ela adquiriu forma e assumiu uma personalidade mais completa. "Eu sentia por ela um misto de temor e admiração. Era como a sensação de uma presença invisível na sala",[2] relata ele.

Para Jung, isso foi uma importante experiência interior da *anima*, e tornou-se um ponto de referência-chave para a manifestação da anima na memória coletiva da psicologia analítica. Depois de Jung, muitas outras pessoas que se dedicaram a explorar a imaginação ativa descobriram figuras interiores semelhantes. Convencionalmente, para os homens anima é uma figura feminina; para as mulheres, a figura interior equivalente — chamada *animus* — é masculina. Anima e animus são personalidades subjetivas que representam um nível do inconsciente mais profundo do que a sombra. Para melhor ou para pior, elas revelam as características da alma e conduzem para os domínios do inconsciente coletivo.

Ao longo deste capítulo, referir-me-ei a essa estrutura interna como anima/animus. Ela é, tal como a sombra, uma personalidade dentro da psique que não combina a representação de si mesmo e a identidade de si mesmo refletida pela persona. É diferente, porém, da sombra, na medida em que não pertence do mesmo modo ao ego: é mais "outro" do que a sombra é. Se a distinção entre persona e sombra é "bom *versus* mau" — mais e menos, aspectos positivo e negativo do ego — a distinção entre ego e anima/animus é marcada pelas polaridades masculino-feminino. Não é a diferença entre Caim e Abel mas entre Salomão e a Rainha de Sabá.

Definindo Anima e Animus

De todos os aspectos da teoria de Jung, o tópico deste capítulo tornou-se, de muitas formas, o mais controvertido, porque suscita profundas questões de sexo e sugere diferenças essenciais na psicologia de homens e mulheres. Embora este assunto possa ter parecido calmo e resolvido ao tempo de Jung, ele provoca hoje mais agitação do que em ninho de marimbondo. A alguns contemporâneos parece que Jung foi um homem adiante do seu tempo, que previu e, com efeito, advogou um tipo de protofeminismo. Para outros, ele apresenta-se como um porta-voz de pontos de vista tradicionais estereotipados sobre as diferenças entre homens e mulheres. De fato, penso que ele foi um pouco de ambas as coisas.

Em suas obras mais recentes, Jung referiu-se a anima e animus como figuras arquetípicas da psique. Assim, elas situam-se essencialmente para além da influência das forças que moldam e dão forma à consciência dos indivíduos, como família, sociedade, cultura e tradição. Os arquétipos não são derivados da cultura; pelo contrário, as formas culturais (na teoria de Jung) é que derivam de arquétipos. Portanto, essa definição de anima/animus como arquétipo coloca a sua essência mais profunda totalmente fora da psique, no domínio das formas e

O caminho para o interior profundo 117

poderes espirituais impessoais. Anima e animus são formas vitais básicas e so-mam-se a outras influências de grande impacto sobre indivíduos e sociedades humanas. O arquétipo é, como vimos no capítulo 4, uma *Ding an sich* (Kant: "uma coisa em si mesma") e, portanto, situa-se além do alcance da percepção humana. Só podemos percebê-lo indiretamente, observando as suas manifes-tações.

Anima/animus é, *stricto sensu*, uma hipótese científica sobre "algo" que existe mas não pode ser observado diretamente, como uma estrela desconhecida cuja posição e dimensões só são conhecidas a partir de medições da atração gravitacional em sua vizinhança. E, no entanto, uma vez que as manifestações de anima e animus, tal como Jung as observou e descreveu, se assemelham freqüentemente, de fato, a bem conhecidas imagens culturais consubstanciadas por homens e mulheres tradicionais, foi levantada a questão: era Jung uma vítima das limitações de sua visão cultural, as quais passaram inadvertidamen-te a ser consideradas o expoente de estereótipos culturais? Por outras palavras: são os "arquétipos", de fato, construções sociais? *Ou*, estava Jung investigando estruturas mais profundas que talvez estejam implantadas nesses padrões cul-turais mas os transcendem e são, de fato, formas universais de traços psicológi-cos e comportamentos humanos? Não responderei a estas perguntas em termos definitivos no presente capítulo, mas espero expor desde já os argumentos para mostrar que a questão é mais complicada e o pensamento de Jung mais comple-xo do que muitos de seus críticos admitiram. Tentarei apenas, por agora, apre-sentar o seu pensamento com a maior clareza possível.

Penetrarei cuidadosamente nesse território, procurando captar, passo a passo, os significados atribuídos por Jung a esses termos de evasiva definição. Se os lugares no mapa da psique que examinamos até este ponto parecem relativa-mente claros e bem definidos, o território de anima e animus parece, por vezes, uma selva profunda e indevassável. Talvez isso deva ser assim mesmo, pois estamos penetrando aí nas camadas mais profundas do inconsciente, o incons-ciente coletivo, o território das imagens arquetípicas, onde as fronteiras são imprecisas.

Antes de abordar a questão do sexo em relação a esses termos, devo subli-nhar que pode ser feita uma descrição de anima e animus sem incluir nela qualquer menção de sexo. Este pode ser visto como uma característica secun-dária de anima/animus, tal como a essência de um objeto não é determinada por sua cor azul ou rosa. Porque é possível falar dessa característica da psique como estrutura abstrata, usarei ao longo de todo este capítulo a notação "ani-ma/us" para indicar uma estrutura psíquica que é comum a homens e mulheres. As desinências diferenciadas de -*a* e -*us* serão usadas quando desejo referir-me a características específicas de um ou outro sexo em relação a esse objeto interior. Abstratamente, anima/us é uma estrutura psíquica que (a) é complementar da persona e (b) vincula o ego à camada mais profunda da psique, ou seja, à imagem e experiência do si-mesmo.

Como discutido no capítulo prévio, a persona é a atitude habitual que um ego adota para o encontro com o mundo. É uma personalidade pública e facilita a adaptação às exigências da realidade física e (primordialmente) social. É um "complexo funcional", para usar o termo de Jung em sua definição de 1921 de *persona* em *Tipos Psicológicos*. Funciona como a pele sobre o corpo, fornecendo uma barreira protetora entre o ego e o exterior. Anima/us é, de igual modo, um complexo funcional, mas cujo interesse se concentra na adaptação ao mundo interior. "A função natural do animus (assim como a da anima) é manter-se em seu lugar entre a consciência individual e o inconsciente coletivo; exatamente como a persona é uma espécie de estrato entre a consciência do ego e os objetos do mundo exterior. O animus e a anima devem funcionar como uma ponte, ou uma porta, levando às imagens do inconsciente coletivo, da mesma forma que a persona deve ser uma espécie de ponte para o mundo."[3] Por outras palavras, anima/us permite que o ego penetre e tenha a experiência das profundidades da psique.

Em 1921, agora liberto de sua dependência de Freud e pronto para lançar suas próprias concepções sobre psicologia profunda, Jung publicou *Tipos Psicológicos*, onde sumariou o que era, até essa data, a sua nova teoria. Foram criados e usados nesse volume muitos termos novos para definir suas noções revisionistas sobre a natureza e estrutura da psique. Tanto assim que ele sentiu (como já assinalei no capítulo 5) a necessidade de incluir um capítulo inteiro de definições na conclusão desse trabalho. São definições detalhadas e podem ser lidas como uma espécie de compêndio inicial de psicologia analítica. Fornece aí extensa cobertura aos conceitos de anima e animus nos verbetes sobre "alma" e "imagem da alma". Essas definições, se bem que um tanto mecânicas e simplistas, ajudam a fornecer fronteiras e a dar forma aos seus termos, pelo menos do modo que Jung estava a usá-los nessa época.

Ao abordar a definição de anima/us, contrasta-a com a persona: "O complexo funcional da *persona* refere-se exclusivamente às relações com os objetos",[4] ao passo que anima/us refere-se à relação do ego com o sujeito. "Entendo por 'sujeito', convém dizer desde já, todos aquèles estímulos, sentimentos, pensamentos e sensações que não é possível demonstrar que promanam da continuidade da vivência consciente do objeto, mas que, pelo contrário, surgem como perturbação e obstáculo, ainda que a propósito, por vezes, do íntimo mais obscuro, da profundeza da consciência, de suas camadas mais remotas, e que constituem, no seu conjunto, a percepção da vida do inconsciente."[5] Portanto, o "sujeito" é, aqui, primordialmente, o mundo do inconsciente, não o ego. Este é o lado subjetivo da psique, seu fundamento, seu espaço interior. Contém "objetos interiores", por assim dizer, a que Jung chama por vezes "imagos" ou simplesmente "imagens" ou "conteúdos". Como o termo "sujeito", pelo menos nesse contexto específico, refere-se ao inconsciente, segue-se, muito logicamente, que "assim como existe uma relação com o objeto exterior, uma disposição externa [isto é, a persona], também existe uma relação com o objeto interior, uma disposição íntima".[6]

Jung admite ser compreensível "que essa disposição íntima, devido ao seu caráter francamente extremado de intimidade, de acesso difícil, não seja tão conhecida quanto a disposição externa, a qual é simplesmente visível a todo o mundo".[7] Pode-se observar com bastante facilidade o tratamento que uma pessoa dispensa a outras, mas requer mais sutileza ver como as pessoas se tratam a si mesmas. Qual é a atitude delas em relação ao mundo interior? É acolhedora e calorosa (como a persona pode ser) ou é hostil e hipercrítica? Muitas pessoas generosas são seus piores inimigos íntimos — seus mais implacáveis juízes e mais severos críticos —, mas isso é escondido por trás de uma persona cativante e acolhedora. Ou uma pessoa pode ser extremamente severa ao julgar os outros, enquanto trata sua própria vida interior com sentimental condescendência. É preciso conhecer muito bem as pessoas antes de se poder dizer como é que elas realmente se tratam em seu foro íntimo. Tomam-se a sério? Tratam-se como crianças? Os modos como percebem o interior mais profundo de si mesmas caracterizam sua atitude de anima ou animus.

Jung diz ainda mais, nessa passagem: "Existem pessoas a quem seus processos interiores não causam a menor inquietação, passando-os por alto, se assim posso me exprimir. Mas há quem a eles se encontra completamente sujeito... uma vaga e desagradável sensação sugere a tais pessoas a idéia de uma traiçoeira doença ou um sonho deposita nelas um pressentimento sombrio... Umas atribuem-lhes um valor fisiológico, enquanto outras as consideram um resultado do comportamento do próximo ou preferem dar-lhe o caráter de uma revelação religiosa."[8] E Jung conclui: "A disposição íntima corresponde, pois, a um complexo funcional tão definido quanto a disposição externa. Assim como se nota a falta de uma disposição íntima típica nos casos em que os processos psíquicos interiores são negligenciados, também uma disposição típica externa faz falta nos que constantemente ignoram o objeto exterior, a realidade dos fatos."[9]

As citações acima resumem a definição estrutural de Jung de anima/us, tal como a apresentou em 1921 em *Tipos Psicológicos*. Anima/us é uma disposição (ou atitude) que governa as nossas relações com o mundo interior do inconsciente — imaginação, impressões subjetivas, idéias, humores e emoções. Até aqui, isso não nos disse absolutamente nada acerca do conteúdo dessa estrutura nem acerca do gênero. A usual definição sintética diz que a anima é o feminino interno para um homem e o animus o masculino interno para uma mulher. Mas também se pode falar simplesmente delas como estruturas funcionais que servem um propósito específico na relação com o ego. Como estrutura psíquica, anima/us é o instrumento pelo qual homens e mulheres penetram nas partes mais profundas de suas naturezas psicológicas e se adaptam a elas. Assim como a persona está voltada para o mundo social e colabora com as necessárias adaptações externas, também a anima/us está voltada para o mundo interior da psique e ajuda uma pessoa a adaptar-se às exigências e necessidades dos pensamentos intuitivos, sentimentos, imagens e emoções com que o ego se defronta.

Por exemplo, de um homem que está freqüentemente mal-humorado dizse que tem um "problema de anima". "Ele hoje está na anima", poder-se-ia dizer de um amigo. A sua anima, em vez de ajudá-lo a administrar emoções, libera um humor que se infiltra como um gás na consciência do ego e carrega com ele, em suspensão, por assim dizer, uma enxurrada de afetos crus e indiferenciados. É sabido que isso interfere com o funcionamento do ego, para dizer o mínimo. O ego desse homem passa a estar identificado com a personalidade da anima, a qual é, via de regra, hipersensível e impregnada de emocionalidade. A sua anima não é altamente desenvolvida e, em vez de ajudálo a enfrentar um humor opressivo, afunda-o cada vez mais nele. Um homem propenso a freqüentes e intensas variações de humor tem uma relação excessivamente íntima com essa parte — usualmente inferior — de sua personalidade. É claro, se ele é um poeta da estatura de Rilke, que tinha um problema de anima de primeira ordem, poderá usar criativamente essa relação. Mas pode ser que seja apenas invulgarmente emocional e reaja de forma exagerada a leves e passageiros danos e contrariedades, sendo, portanto, psicologicamente disfuncional. Seus relacionamentos são tipicamente repletos de conflitos, porque ele tem reações emocionais poderosas demais para que consiga dominálas. A anima derrota-o em vez de o ajudar.

Da mesma forma, uma mulher com um "problema de animus" também é sobrepujada pelo seu inconsciente. A situação típica é aquela em que pensamentos e opiniões com elevada carga emocional a controlam em vez de serem controlados por ela. Isto não é muito diferente do caso do homem possuído pela anima, só que o acento tende a ser mais intelectual no lado da mulher. Essas idéias e opiniões autônomas acabam perturbando a adaptação dela ao mundo, porque são transmitidas com a energia emocional de um indivíduo arrogante e prepotente. Com freqüência, seu relacionamento sofre irreparáveis danos, porque as pessoas que convivem com ela têm que construir escudos que as protejam sempre que entram em contato com ela. Mantêm-se em atitude defensiva e desconfortável na presença da mulher com problema de animus.

O caminho para o interior profundo

Por mais que ela possa querer ser receptiva e íntima, não consegue sê-lo porque o seu ego está sujeito a essas invasões de energias demolidoras que a transformam em tudo, menos na pessoa amável e gentil que gostaria de ser. Em vez disso, é propensa a permanentes atritos e dominada por impulsos inconscientes de poder e controle. É a isso que Jung chamou a possessão pelo animus. O animus é uma poderosa personalidade que não é congruente com o ego ou a persona desejada. É "outra".

Os homens sob o domínio da anima tendem a refugiar-se em sentimentos de mágoa e resignação; as mulheres sob o domínio do animus tendem a atacar. Esta é uma distinção convencional entre os sexos e, é claro, está sujeita a revisão à luz de recentes desenvolvimentos culturais. Em ambos os casos, entretanto, seja qual for o conteúdo da "possessão", o mundo interior do inconsciente não é suficientemente reprimido, e a penúria emocional e irracional perturba e distorce relações normais com as outras pessoas e com a vida em geral. A possessão anima/us escancara os portões do inconsciente e deixa entrar nele praticamente tudo o que tenha suficiente energia para transpor o limiar. Humores e caprichos penetram e a pessoa é levada por eles de roldão. O controle de impulsos é mínimo. Não existe o menor domínio sobre pensamento ou afeto. Isto é também um problema do ego, obviamente — sintomático de um ego subdesenvolvido que é incapaz de reter e conservar os conteúdos que normalmente fluem para a consciência mas precisam ser objeto de reflexão e digestão prévias, antes de se transformarem em ação verbal ou física. Mas há também o problema de um desenvolvimento demasiado escasso na estrutura de anima/us. Essa falta de desenvolvimento é como um músculo atrofiado. É flácido e inadequado demais para executar o seu trabalho, quando requerido. Os homens, tipicamente, buscarão então uma mulher que os ajude a dominar suas emoções, e as mulheres, tipicamente, encontrarão um homem que possa receber seus inspirados pensamentos e fazer algo com eles. Assim, outras pessoas participam no jogo das relações ego-anima/us.

A título de exemplo, descreverei um desenvolvimento psicológico *ideal* (por mais teórico e improvável que isso possa ser). As partes consciente e inconsciente do sistema psíquico trabalham juntas numa interação equilibrada e harmoniosa, e isso ocorre em parte entre a anima/us e a persona. Nesta situação, o ego não é inundado por material vindo de fora ou de dentro mas, pelo contrário, seu desempenho é facilitado e protegido por essas estruturas. E a energia vital — libido — flui num movimento progressivo para adaptação às tarefas e exigências da vida. Este é o quadro de uma personalidade saudável em perfeito funcionamento, com acesso a recursos internos e competente em sua adaptação externa. A atitude em relação ao mundo exterior é equilibrada e complementada por uma atitude em relação ao mundo interior. Ambas as atitudes estão articuladas entre si e nenhuma das duas está inadequadamente mais desenvolvida do que a outra. A pessoa é capaz de adaptar-se às exigências da vida e de administrar relações estáveis com os mundos social e natural circundantes. Existe internamente um acesso constante e bem administrado a um manancial de energia e inspiração criativa. As adaptações externas e internas são adequadas às solicitações da vida.

Por que é que a vida não se parece mais com este quadro? Na realidade, muitas pessoas experimentam algo como isso de tempos em tempos em suas vidas. São os bons períodos de trabalho e amor. Mas, com freqüência, são interlúdios relativamente fugazes num quadro que está muito mais marcado por conflitos. Uma importante razão para isso é que nos desenvolvemos de forma irregular e desigual. E pouquíssima atenção é prestada em nossa cultura contemporânea ao verdadeiro desenvolvimento interior — ao que Jung chamou a "cultura individual", em contraste com a cultura coletiva (baseada na persona). Na esfera interior, a maioria das pessoas é extremamente primitiva. Só quando a persona é despida e a anima/us abre os portões para acesso às camadas mais profundas do inconsciente — quando, na meia-idade, por exemplo, o ego é sacudido pelo conflito entre persona e anima/us — é que a necessidade de desenvolvimento interior torna-se uma questão aguda e seriamente considerada. Embora isso possa parecer-se a um surto de neurose, pode muito bem ser o apelo para individuação adicional e o desafio para que se empreenda uma jornada mais profunda pelo interior, na estrada que leva ao desenvolvimento individual.

Sexo e Anima e Animus

Passando agora a tratar dos pontos de vista sobre anima e animus que envolvem diretamente o sexo, vale lembrar, em primeiro lugar, que esses termos são tomados do latim. Como a maioria dos europeus cultos do seu tempo, Jung era fluente nas línguas clássicas, e considerou muito natural e conveniente usar essas fontes para denominar figuras e estruturas psíquicas. *Anima* significa "alma" em latim, e *animus* significa "espírito". (Em alemão, seus correspondentes são *Seele* e *Geist*.) De um ponto de vista, não há realmente muita diferença no significado entre esses dois termos latinos. Se pensarmos na *alma (anima)* como algo que abandona o corpo na morte, como os gregos e romanos supunham, é equivalente a dizer-se que o *espírito (animus)* partiu. O espírito é muitas vezes descrito como um sopro ou ar, e captar o derradeiro sopro de vida quando ela abandona o corpo de uma pessoa é captar-lhe a alma. Assim, os termos espírito e alma são quase permutáveis. Além disso, ambas as palavras se referem ao

O caminho para o interior profundo

mundo interior das pessoas, ao anímico e ao espiritual. As perguntas a formular a respeito dos nossos próprios anima e animus são: Que espécie de alma eu tenho? Que espécie de espírito?

É claro, Jung não está aludindo ao significado religioso de alma quando usa o termo anima. Não se refere a uma parte imortal do ser humano, como os autores religiosos tradicionais usam o termo. Ele está encampando o termo para a psicologia e propôs-se usá-lo para significar com ele o lado interno escondido da personalidade de um homem. Da mesma forma, Jung não se refere com o termo animus a algo metafísico e transcendente — o Espírito Santo, por exemplo — mas, antes, ao lado interno oculto da personalidade de uma mulher.

As desinências dos dois vocábulos conotam uma diferença de gênero. A desinência de anim-a é feminina e a desinência de anim-us é masculina. (*Seele* e *Geist* são também feminino e masculino na língua alemã.) Assim, ao atribuir esses termos, um aos homens e o outro às mulheres, Jung estava estabelecendo a sua teoria para mostrar diferenças fundamentais (isto é, arquetípicas) entre os sexos. Embora ele afirmasse com freqüência que todos os seres humanos compartilham dos mesmos arquétipos, neste caso ele está dizendo que os homens têm um e as mulheres outro. Se Jung não quisesse estabelecer essa distinção, poderia facilmente ter usado o mesmo termo para ambos os gêneros. Ou inventado um termo neutro, como "anime". Não o fez, porém, e isso é significativo. Como e por que os homens são diferentes das mulheres nesse essencial modo interior?

Jung argumenta que ambos os sexos têm componentes e qualidades masculinos e femininos. Em algumas passagens, ele liga isso ao fato de cada sexo ter material genético masculino e feminino. Suas diferenças empíricas são apenas uma questão de grau. Nessa ênfase, Jung talvez tenha sido um protofeminista. Ele parece evitar a divisão da raça humana em dois grupos de sexos claramente diferentes, com muito pouco em comum. Em sua teoria, homens e mulheres são ao mesmo tempo masculinos e femininos. Essas qualidades, porém, são distribuídas de modo diferente. E essa diferença é arquetípica, não social ou cultural. Por outras palavras, não é uma diferença que possa ser apagada por mudanças na política social. A esse respeito, ele diverge frontalmente de, pelo menos, aquelas feministas contemporâneas que se obstinam em insistir na existência de poucas ou nenhumas diferenças psicológicas essenciais entre homens e mulheres. Jung diz que os homens são masculinos no exterior e femininos no interior, e que as mulheres são o inverso. As mulheres são dadas a relacionar-se, são receptivas e impressionáveis em seu ego e persona, e são firmes e contundentes no outro lado de sua personalidade; os homens são duros e agressivos no exterior, brandos e comunicativos no íntimo. Deixem-se de lado as personas de adultos masculinos e femininos, e a percepção de sexo será invertida. As mulheres serão mais duras e mais dominantes do que os homens, e os homens serão mais criativos e propensos ao convívio do que as mulheres.

Do ponto de vista estatístico, pelo menos, senão para cada indivíduo, a definição de Jung parece ser a regra. Se as políticas são guiadas por percepções ao nível da persona, que é o limite até onde as pessoas se revelarão nas pesquisas de opinião, as campanhas de candidatos perspicazes a cargos públicos serão orientadas no sentido de que para ganhar os votos das mulheres, eles devem mostrar compaixão, sentimento e um desejo de unidade e tolerância; se estão atrás do voto masculino, devem demonstrar lógica, competitividade, firmeza e bom-senso moral.[10] Por outro lado, segundo Jung, os mundos interiores de homens e mulheres — suas personalidades ocultas, seus outros si-mesmos inconscientes — seriam o oposto exato disso. Por outras palavras, os seres humanos são mais complexos do que a aparência pública e as pesquisas de oposição nos querem fazer crer. Quando as mulheres mergulham no seu interior, ao voltarem à tona (e revelarem-se aos que estão intimamente envolvidos com elas) vêm munidas de abundante lógica, competitividade, firmeza e discernimento moral. Do mesmo modo, os homens mostram-se compassivos, sentimentais e desejosos de unidade e tolerância. Em parte, é essa complexidade dos seres humanos que Jung está tentando ajeitar com a sua teoria de anima e animus.

Em sua definição de 1921 de anima e animus, Jung oferece algumas generalizações baseadas em sua própria observação e experiência. Elas permitem entrever o que ele viria a focalizar e enfatizar em muitos de seus escritos subseqüentes. "No que diz respeito ao caráter da alma, é minha opinião, comprovada pela experiência, que rege o princípio básico e geral de que, no seu todo, a alma comporta-se *complementarmente* em relação ao caráter externo (persona). A experiência nos ensina que a alma costuma possuir todas as qualidades humanas que faltam na disposição consciente."[11] Neste ponto, ele ainda não tinha posto em seu devido lugar a noção de sombra. Essa distinção entre sombra e anima/us será definida mais tarde, e a sombra absorverá boa parte dos conteúdos que são complementares da persona mas excluídos da identidade consciente por serem incompatíveis com a imagem da persona. Nessa passagem, Jung está pensando mais sobre o tipo de *contrapersona* que a sombra descreverá mais tarde do que sobre atitudes complementares em relação a objetos externos e internos. "(...) a alma costuma possuir todas as qualidades humanas que faltam na disposição consciente. O tirano torturado por pesadelos, pressentimentos sombrios e terrores secretos é uma figura típica. (...) Sua alma contém todas aquelas qualidades humanas falíveis (...) que faltam completamente em sua disposição externa, em sua persona. Se a persona for intelectual, a alma será certamente sentimental."[12] Embora essas características fossem mais tarde atribuídas à sombra, foi esta mesma linha de pensamento que levou à discussão

O *caminho para o interior profundo*   125

da questão do sexo: "O caráter complementar da alma evidencia-se também no caráter sexual, como se comprovou inúmeras vezes de maneira indiscutível. Uma mulher muito feminina terá uma alma masculina e um homem muito viril uma alma feminina."[13] Aqui, só porque a estrutura de anima/animus é vista como complementar da persona é que as características do sexo vieram a ser incluídas em sua imagem. Se a persona de um homem contém aquelas qualidades e características comumente associadas à masculinidade numa dada cultura, então as características da personalidade que não se coadunam com essa imagem serão suprimidas e reunidas na estrutura inconsciente complementar, a anima. Portanto, a anima contém as características que são tipicamente identificadas como femininas nessa cultura. Assim, um homem muito masculino na persona terá que ser igualmente feminino na anima.

Mas o que dizer a respeito de mulheres que não são muito femininas e de homens que não são muito masculinos em suas personas? Uma mulher não-muito-feminina possuirá um animus não-masculino, e um homem não-muito-masculino terá uma anima não-feminina? Jung seria obrigado a adotar essa linha de pensamento, dadas as suas premissas. Alguns indivíduos podem não estar internamente muito polarizados entre características masculinas e femininas. O estilo mais andrógino de décadas recentes afastou-se claramente da clássica polarização sexual entre homens *machos* e mulheres passivas. As mulheres vestem-se e comportam-se de maneiras mais masculinas do que faziam em gerações passadas, e muitos homens são analogamente mais femininos em suas personas do que eram seus antepassados. De que modo isso afeta as características da anima e do animus? Assim como as imagens coletivas predominantes para o vestuário e o comportamento masculino e feminino corretos mudam, também as imagens internas de anima e animus se alteram de acordo. Em conformidade com a regra, tudo o que é deixado de fora da adaptação consciente da cultura reinante da pessoa individual é relegado para o inconsciente e reunir-se-á em torno da estrutura a que Jung deu o nome de anima/us. Para um homem extremamente efeminado, a atitude interior (anima) será masculina em qualidade porque isso é o que foi deixado de fora da adaptação da persona.

O que realmente significam, pois, essas qualidades do sexo quando se pretende definir a natureza e a qualidade da atitude interior, a anima e o animus? O sexo masculino tem sido quase universalmente definido por adjetivos tais como ativo, rijo, vigoroso, penetrante, lógico, peremptório, dominante; o sexo feminino tem sido amplamente definido como receptivo, suave, doce, generoso, nutriente, emotivo, empático. Quer alojadas num corpo masculino ou feminino, essas categorias de atributos parecem manter-se estáveis. O debate gira em torno de saber se essas categorias devem ser associadas ao sexo. Algumas mulheres são mais masculinas do que femininas em suas personas, alguns homens são mais femininos do que masculinos, mas isso não muda os seus sexos como fêmeas e machos biológicos. Os termos chineses Yin e Yang foram propostos como termos neutros mais adequados para esses grupos de atributos, e poderiam ser usados em vez dos termos masculino e feminino. De um modo ou de outro, estamos falando das mesmas qualidades. Partindo dessa base, Jung diria que a atitude interior mostra as qualidades que são deixadas fora da persona: se uma pessoa é Yang na persona, ele ou ela será Yin na estrutura de anima/us. Mas a atitude interior, porque está no inconsciente, está menos sob o controle do ego e é menos refinada e diferenciada do que a persona. Assim, é um Yang inferior que se manifesta numa persona individual dominada por Yin, e um Yin inferior que se apresenta em momentos de desatenção de uma consciência dominada por Yang.

Assim, uma mulher muito feminina tem uma alma masculina mas não muito refinada. Em seu relacionamento com o mundo, ela conserva uma distinta e acentuada atitude feminina, que reconhecemos e descrevemos como impressionável, calorosa, estimulante e envolvente. Dentro dessa pessoa existe uma atitude interior muito diferente: dura, crítica, agressiva, prepotente. A face interior dessa mulher de aparência muito feminina revela uma personalidade feita de aço. Do mesmo modo, o homem de aparência muito masculina, que é inflexível, obstinado, insensível e agressivo, contém uma personalidade interior que é sentimental, suscetível, fácil de ser magoada, vulnerável. O homem *macho* ama sua mãe, ama sua filha, ama o seu cavalo, mas abstém-se de admiti-lo (até para si mesmo) e em público evitará manifestar tais sentimentos embora em particular possa render-se e derramar até algumas lágrimas em sua cerveja: "Este contraste origina-se no fato de que o homem, por exemplo, não é integralmente viril nem o é em todas as coisas, porquanto revela também, normalmente, certos traços femininos. Por isso, estes aparecem na alma. Isto nos explica por que, justamente, homens muito viris evidenciam características fraquezas. São determináveis, influenciáveis pelos estímulos do inconsciente, comportam-se de maneira feminina. Pelo contrário, as mulheres mais femininas são aquelas que, precisamente, em certas coisas íntimas revelam uma inflexibilidade, uma teimosia e uma obstinação tão intensas como as que só é possível observar na disposição externa de um homem. São traços de natureza viril que, excluídos da disposição feminina externa, converteram-se em qualidades da alma."[14] É óbvio que Jung não está falando aqui do masculino e feminino internos em suas formas supremas e mais desenvolvidas mas, antes, como caricaturas, versões inferiores de masculinidade e feminilidade que se baseiam nas partes não desenvolvidas da personalidade do indivíduo.

O Desenvolvimento de Anima/Animus

É precisamente as já citadas falta de desenvolvimento e inferioridade que conferem, entretanto, à anima e ao animus esse potencial para um maior desenvolvimento na psique. Porque a persona está baseada em valores e características de natureza coletiva — seja o que for que porventura esteja "na moda" no que se refere ao comportamento e atitudes masculinos e femininos num dado momento na cultura —, o potencial para vir a ser único como indivíduo não reside na persona mas em outro ponto da psique. Na medida em que a consciência do ego de uma pessoa é identificada com a pessoa e está de pleno acordo com ela, não há lugar para qualidades de personalidade e expressão de individualidade que divirjam das imagens coletivas. O impulso para ser um indivíduo é suprimido (ou totalmente reprimido) no interesse da adaptação, a fim de "ajustar-se". Quais possam ser essas qualidades individuais num caso particular não pode ser determinado examinando a persona. Elas podem estar de algum modo na apresentação da persona ou estar quase completamente excluídas. "Isto constitui uma regra fundamental que pude comprovar repetidas vezes. Entretanto, no que diz respeito às qualidades individuais, nada se pode deduzir [da persona] nesse sentido. Apenas podemos estar certos de que quando alguém está identificado com sua persona, as suas qualidades individuais estarão associadas à alma."[15]

Este é o homem no terno de flanela cinza, que pega o trem para o trabalho todas as manhãs no mesmo horário e está tão intimamente identificado com o seu papel coletivo que não tem personalidade fora desse quadro de referência. Sua singularidade inerente revelar-se-á na anima: ele será (talvez secretamente) atraído por mulheres extremamente contrárias aos padrões convencionais, porque elas representam para ele uma projeção de sua própria anima, retratam a alma dele, captam-lhe o espírito de aventura e ousadia. Precisamente a mesma regra vale para mulheres: quando são coletivas e convencionais em suas apresentações da persona, albergam um secreto amante interno (freqüentemente inconsciente para elas) que é tudo menos o retrato de seu companheiro convencional. Quando ele aparece, magnetiza-as e leva-as a abandonar tudo para segui-lo. Esta regra fundamental da psique pode ser observada em ação na vida cotidiana e tem sido retratada em inúmeros romances, óperas e filmes. O desfecho de um encontro real com alguém que é o portador da projeção da anima ou do animus "dá freqüentemente origem, em sonhos, ao símbolo de gravidez psíquica, um símbolo que se apóia na imagem primordial do nascimento do herói. A criança que há de nascer representa a individualidade que, conscientemente, ainda não existe".[16] A real intenção psíquica do *affaire* entre o homem convencional e a sua nada convencional mulher-anima é produzir uma criança

128   *Jung — O Mapa da Alma*

simbólica, a qual representa a união dos opostos em sua personalidade e é, por conseguinte, um símbolo do si-mesmo.

É esse encontro do ego com a anima ou o animus que, pensou Jung, tem um potencial tão rico para o desenvolvimento psicológico. O encontro com anima/us representa uma conexão para o inconsciente ainda mais profunda do que a da sombra. No caso da sombra, trata-se de uma reunião com as peças desdenhadas e rejeitadas da psique total, com as qualidades inferiores e indesejadas. No encontro com anima/us, temos um contato com níveis da psique que têm potencial para conduzir às regiões mais profundas e mais altas (de qualquer modo, as mais remotas) que o ego pode alcançar.

Entretanto, para explorar essa intuição, Jung teve que mudar de curso e começar a redefinir a natureza de anima/us. A sombra não leva o indivíduo, usualmente, muito além das partes da psique rejeitadas da persona, a menos que pretenda levá-lo a um encontro com o mal absoluto. A estrutura anima/us, por outro lado, tem potencial para servir como ponte para o si-mesmo, uma região muito mais distante. Anima/us não pode ser simplesmente o inverso da persona, uma espécie de reflexo negativo das atitudes coletivas da época. Deve estar mais profundamente ancorada no inconsciente coletivo e nas estruturas do arquétipo e da imagem arquetípica. Suas raízes devem estender-se muito mais longe e mais fundo que as da sombra. Em 1921, Jung estava justamente prestes a seguir essas pistas e a penetrar no interior do inconsciente coletivo. Ele dá uma indicação sobre o que estava para acontecer: "Assim como a persona, como expressão de adaptação ao meio, é fortemente influenciada pelas condições do próprio meio, também a alma, via de regra, é conformada pelo inconsciente e suas qualidades."[17] Aqui, o conceito de anima (alma) sofre uma pequena mas altamente significativa alteração. Em vez de ser simplesmente o complemento da persona e, por conseguinte, criticamente moldado e colorido pelo que está na persona, a anima é agora vista como modelada pelo inconsciente e *suas* qualidades. Mais tarde, quando Jung passa a conceber o animus e a anima como imagens arquetípicas que recebem sua forma do pólo espiritual do espectro psíquico (ver o capítulo 4), ele concluirá que anima/us é moldado mais pelo arquétipo do que pelo consenso coletivo do tempo. Anima e animus tornar-se-ão formas permanentes da psique, poderes que modelam a psique tanto quanto são por esta moldados, forças dinâmicas que podem quebrar as formas de cultura e impor suas próprias agendas a um ego surpreendido e, às vezes, relutante.

"Cada homem sempre carregou dentro de si a imagem da mulher; não é a imagem desta ou daquela mulher, mas uma imagem feminina definitiva",[18] escreveu Jung em 1925 num ensaio sobre o casamento [intitulado "O casamento como relacionamento psíquico", no volume XVII, O Desenvolvimento da Personalidade, das *Obras Completas*]. Esta passou a ser a definição mais ou menos

O *caminho para o interior profundo* 129

clássica da anima em psicologia analítica. Jung está assinalando aí a natureza arquetípica de anima/us e deixa de lado o modo em que essa atitude interior é complementar para a persona. Afirma em seguida que isso é "um fator hereditário de origem primordial" e oferece uma imagem da mulher *tal como ela se apresenta ao homem* e não como é em si mesma. Da mesma forma, o animus é a imagem interna de uma mulher da personalidade masculina. As imagens, pensamentos e suposições gerados por essas estruturas internas servem de esteio a todas as confusões e perplexidades geradas em torno de homens e mulheres. Interpretam-se mal reciprocamente porque, com freqüência, referem-se a *imagens* do outro sexo em vez de a pessoas de carne e osso. É evidente como essas estruturas podem distorcer a realidade e causar percepções errôneas entre indivíduos que, por outro lado, mostram ser razoavelmente racionais e bem-intencionados. As imagens masculinas e femininas alojadas no inconsciente de cada sexo, respectivamente, são primordiais e mantêm-se mais ou menos inalteradas por circunstâncias históricas ou culturais. Estão muito próximas de imagens permanentemente estáveis que repetem seus retratos em psiques humanas individuais de geração para geração. O que confundiu Sócrates e Platão acerca das mulheres foi o mesmo que a imagem da anima que cria armadilhas para os homens de hoje. E as expectativas e anseios que encheram o coração de Maria Madalena continuam a infiltrar-se na consciência das mulheres modernas, a despeito das vastas distâncias culturais e sociais que as separam. A anima/us é a grande criadora de ilusão que fornece estímulo aos exaustos e dilacera o coração dos ingênuos.

"O fator determinante das projeções é a anima, isto é, o inconsciente representado pela anima",[19] escreve Jung desde o vantajoso ponto de observação da velhice em 1950 no *Aion*, onde ele tenta oferecer, uma vez mais, uma definição desse esquivo fator interno. Jung sempre sustentara que as projeções são criadas pelo inconsciente e não pelo ego. Não somos responsáveis por nossas projeções, somente por não nos tornarmos conscientes delas, desdizendo-as ou analisando-as. Elas ocorrem espontaneamente e criam uma visão do mundo e da realidade que se baseia mais em imagens e estruturas inconscientes do que em percepções comprovadas da realidade. Jung localiza agora a origem de todas as projeções na anima/us, destacando assim a natureza dinâmica e ativa desse fator psíquico.

Estamos, é claro, projetando constantemente, e as nossas concepções de vida, de outras pessoas e do modo como o mundo está construído são formadas, de um modo sumamente importante, por conteúdos inconscientes projetados no meio circundante e adotados como verdades absolutas. A anima/us, diz Jung nessa passagem, é como Maya, a deusa hindu que cria mundos ilusórios, e o ego acaba por habitar num mundo que está baseado, de maneira preponderante, em projeções. Jung não aprendera isso primariamente através do estudo de religiões orientais, mas graças à sua própria esperança em primeira mão como psiquiatra e analista. É surpreendente como as concepções de algumas pessoas são realmente distorcidas. E é igualmente notável que todos nós acreditemos de forma absoluta em nossas próprias concepções, mesmo quando encontramos nelas sérios defeitos. É raro questionarmos um conjunto de pressupostos básicos.

Elevando a Consciência com Anima/Animus

A imagem de anima/us, baseada nas estruturas arquetípicas subjacentes na psique, adquire uma forma e contornos particulares ao ser filtrada através do sistema psíquico e percebida pela consciência do ego. Se a imagem da sombra instila medo e apreensão, a imagem de anima/us suscita usualmente excitação e estimula o desejo de união. Gera atração. Onde existe anima/us, queremos avançar, queremos participar, queremos ir juntos, se não formos tímidos ou recearmos demais a aventura. A carga carismática que eletriza um público quando um grande orador exerce o seu poder de fascínio mobiliza a anima/us e constela a sua presença. O público quer acreditar no que ouve e os indivíduos seguirão as trombetas que os conclamam à ação. É criada uma impressão de realidade e uma convicção resulta do forte comando emocional exercido pela anima/animus. Por conseguinte, a anima/animus é transformadora.

Entretanto, para fins de desenvolvimento psicológico e aumento de consciência, a ação essencial do ego consiste em engajar a anima/us num processo dialético e não em obedecer imediatamente ao apelo à ação. A esse processo de diálogo e confronto deu Jung o nome de *Auseinandersetzung*. Esta palavra alemã significa literalmente "reduzir alguma coisa a pedaços" e refere-se ao processo que ocorre quando duas pessoas, num esforço de esclarecimento [*Erklärung*] mútuo, se empenham num veemente diálogo ou negociação em que nem uma nem outra se furtam ao conflito. Colocadas frente a frente e fazendo valer seus respectivos pontos de vista física ou verbalmente, as diferenças entre elas, que eram no começo grosseiras e mal articuladas, tornam-se mais diferenciadas. São traçadas linhas divisórias, distinções são feitas, a clareza é, enfim, obtida. O que começou como um confronto altamente emocional converte-se num relacionamento consciente entre duas personalidades muito diferentes. Talvez um acordo seja alcançado, um contrato redigido e assinado.

O caminho para o interior profundo 131

O mesmo ocorre no confronto entre ego e anima/us. É esse o trabalho de elevar o nível de consciência, de tomar conhecimento de projeções, de desafiar as nossas mais românticas e cuidadosamente guardadas ilusões. Ter um *Auseinandersetzung* com a anima/us é desmembrar o mundo ilusório da fantasia inconsciente. É também permitir-se experimentar plenamente as alturas e profundidades de seu próprio universo mental, os pressupostos inconscientes que nos fazem brotar água na boca quando já estamos superalimentados, que nos mantêm desejosos embora devêssemos estar desde há muito saciados, que nos impelem a repetir vezes sem fim os padrões emocionalmente ingurgitados na férrea cadeia de seqüências de estímulo-resposta. Masmorras e dragões, mitos e contos de fadas, excesso romântico e recriminações sarcásticas, tudo isso faz parte do mundo urdido em nossos interiores psíquicos pela anima/us. No máximo, podemos simular tê-lo abandonado, embora apegando-nos com tenacidade cada vez maior às nossas preciosas auto-sugestões e ilusões. "O que podemos descobrir inicialmente a partir deles [dos arquétipos de anima e animus] é tão pouco claro, que dificilmente alcança os limites da visibilidade. Só quando lançamos um jato de luz nas profundezas obscuras e exploramos psicologicamente os estranhos caminhos submersos do destino humano é que podemos perceber, pouco a pouco, como é grande a influência desses dois complementos em nossa vida consciente."[20] Talvez isto seja uma resposta a Freud, que sustentava que o caráter era destino. Na visão de Jung, a anima/us é destino. Somos guiados para os nossos destinos pelas imagens de poderes arquetípicos situados muito além de nossa vontade consciente ou conhecimentos.

No texto de *Aion*, que se pode licitamente considerar o texto principal sobre anima/us nos escritos de Jung, este reconhece também a centralidade do relacionamento no processo de vir a ser consciente do território oculto no interior de nossas psiques. Escreve Jung: "Gostaria de ressaltar que a integração da sombra, isto é, a tomada de consciência do inconsciente pessoal, constitui a primeira etapa do processo analítico, etapa sem a qual é impossível qualquer conhecimento da anima e do animus. Só se pode conhecer a realidade da sombra, em face de um outro, e a do animus e anima mediante a relação com o sexo oposto, porquanto só nessa relação a projeção se torna eficaz."[21] Conforme eu disse antes, talvez se faça necessário rever este ponto à luz de desenvolvimentos contemporâneos no tocante à identidade dos sexos, quando imagens de anima/us são, por vezes, apresentadas por membros do mesmo sexo. Não obstante, o ponto é que nessas relações emocionais é que se tornam possíveis tais desenvolvimentos da consciência. Tornar-se consciente não é um projeto executado em isolamento, embora requeira uma boa dose de introspecção para propiciar o seu pleno florescimento. Mas a experiência deve preceder o *insight*. A sombra é conhecida em projeção sobre alguém que capta essas qualidades do inconsciente pessoal. Do mesmo modo, a anima/us é captada em projeção por uma pessoa que possui em importante medida os seus traços e características, uma pessoa que pode suscitar a resposta do inconsciente desde esse setor. Quando isso acontece, continua Jung, a constelação psíquica é tal que três figuras tornam-se pertinentes: "Esse conhecimento dá origem, no homem, a uma tríade, um terço da qual é transcendente, ou seja: o sujeito masculino, o sujeito feminino seu oposto e a anima transcendente. Na mulher, a situação é inversa."[22] Isto pressupõe um considerável grau de consciência porque, de um modo geral, o portador da projeção e a projeção fundem-se, anima/us e outros sujeitos tornam-se um. Neste ponto, Jung pressupõe, entretanto, um certo grau de separação, de tal modo que existe (1) um ego consciente a par de sua subjetividade pessoal, (2) uma outra pessoa, o parceiro ou parceira com seu ego consciente e subjetividade pessoal, e (3) a imagem arquetípica de anima/us. Esta tríade é completada, escreve Jung, por uma quarta figura, o Velho Sábio no caso masculino e a Mãe Ctônica na fêmea. A anima/us e as figuras de sabedoria são transcendentes, no sentido de que pertencem essencialmente ao inconsciente e têm sua origem no domínio do espírito, ao passo que o ego e o parceiro são as pessoas conscientes envolvidas no relacionamento emocional que estimulou essa constelação. Na presença dessa quaternidade, encontramos a experiência numinosa do si-mesmo, como uma relação. Desde que predomine suficiente consciência para enxergar as diferenças entre características humanas e arquetípicas nessa situação de amor e atração, surge aqui a oportunidade para uma plena experiência de si-mesmo (ver o capítulo 7).

O fator complicador é que essa experiência da anima/us-em-projeção acontece às pessoas em muitas fases de maturidade psicológica. Se é apenas uma questão de fascínio e amor, pode ocorrer na infância entre pais e filhos; depois, acontece de novo (clássica e intensamente) na adolescência; e, felizmente, continua a acontecer quando as pessoas entram na idade adulta. Prossegue até na velhice (conta-se que Goethe foi surpreendido murmurando uma oração de graças em seu septuagésimo aniversário por ser ainda capaz de apaixonar-se por uma jovem). A anima/us está permanentemente ativa na vida psicológica, e sua ausência define a natureza da depressão. Para além da sexualidade do corpo, essa é a sexualidade da psique. Ela começa antes do organismo físico estar pronto para a experiência sexual e continua a estar vibrantemente ativa para além da capacidade do corpo físico para cumprir os rigores do ato sexual. Entretanto, para colher todos os benefícios psicológicos da experiência de anima/us, a pessoa deve ter alcançado um nível de consciência excepcionalmente avançado. É rara, com efeito, a capacidade para diferençar entre projeção e portador da projeção, entre fantasia e realidade. Assim, a realização daquilo de que Jung está falando — a saber, a quaternidade envolvida nessa constelação e a realização das características transcendentes na experiência — está reservada para os poucos indivíduos dotados com a espécie de sutil discernimento psicológico que é apanágio dos mestres Kundalini e outros como eles. Para os demais, anima/us é Maya, a criadora de ilusões, a mistificadora, a ardilosa, a sempre esquiva miragem do eterno bem-amado. Ver através do jogo de ilusões da anima/us sem reconhecer as transcendentes figuras em ação leva ao cinismo e ao desespero: A anima é verdadeiramente *la belle dame sans merci.*

Sexualidade e Relacionamentos

Muitas pessoas tratam, com bons motivos, de passar ao largo dos escolhos da experiência anima/us. As defesas inatas do ego mantêm essa tentação a distância. Os rapazinhos fogem das meninas que são poderosas e atraentes demais, sabendo intuitivamente que não são capazes de enfrentar o desafio. Já homens feitos mostram-se por vezes suficientemente sábios para fazer o mesmo, pois a anima é uma destruidora de casamentos e carreiras convencionais. As mulheres também resistirão ao apelo do animus dionisíaco que tenta atraí-las para o êxtase e as promessas de plena realização se se abandonarem ao amor, pois também aí residem os perigos de desmembramento e loucura. Não é sem razão que muitos têm rezado para que os livrem de tentações que estejam além da sua capacidade de resistência. Uma das ilustrações favoritas de Jung do poder da anima é um romance de medíocre categoria de Rider Haggard, *She*, que descreve uma *femme fatale* imortal nas selvas africanas, a cujas ordens todos têm que obedecer. ("Aquela que deve ser obedecida" não é simplesmente um apodo zombeteiro para a autoritária esposa de Rumpole; a frase provém do romance de Haggard.) Ela é uma deusa eternamente agonizante e renascente que conduz os homens para as chamas da paixão devoradora e, finalmente, para a sua destruição. Mas Jung também achou que, se o indivíduo fosse capaz de suportar as labaredas da emoção e da paixão, poderia ser transformado. A experiência do arquétipo, do inconsciente coletivo e seus poderes, pode levar a um novo estado de consciência no qual a realidade da psique torna-se tão convincente para o ego quanto a realidade do mundo material para os sentidos. A anima/animus, uma vez experimentada como transcendente e reconhecida como Maya, converte-se na ponte para uma apreensão totalmente nova do mundo. A experiência de anima/us é a Estrada Real (a *via regia*) para o si-mesmo.

A teoria da anima/animus de Jung parece, em parte, ser uma variação altamente imaginativa sobre o velho tema de Freud da sexualidade como fonte central da libido. Mas na sexualidade humana vê Jung muito mais do que animais cruzando no cio e tentando aliviar-se da tensão ou buscando o prazer.

Estão envolvidos fatores psíquicos de atração, e quando estes se separam e distinguem da concomitante atividade biológica, surge a imagem. Essa imagem é um fato psíquico cuja fonte se situa na ponta arquetípica do espectro psíquico. Está unida à pulsão sexual, e essa combinação dá à anima/us sua força propulsora física.

A sexualidade humana é guiada pela imagem arquetípica, mas a imagem não é redutível ao impulso. Somos atraídos para certas pessoas. Por que se elege essa pessoa para nossa alma gêmea e não uma outra? Isso é governado pelas imagens que são projetadas. Tipicamente, "o animus projeta-se de preferência sobre autoridades 'intelectuais' e outros 'heróis' (inclusive tenores, 'artistas' e celebridades desportivas). A anima gosta de apoderar-se daquilo que na mulher é inconsciente, sombrio, equívoco e sem vínculos, e também tem predileção pelo que nela é vaidade, frigidez, vacuidade, desamparo e fragilidade".[23] Por que mulheres tão difíceis atraem os homens com tanta freqüência e com tamanha facilidade? Por que é que mulheres fortes quase nunca atraem os homens? Jung sugere que essa predileção por mulheres frágeis e indefesas baseia-se numa projeção da anima, uma vez que a anima é indiferenciada e inferior no inconsciente de uma pessoa fortemente identificada com o macho. A antiga sabedoria aconselha às mulheres que, para atrair um homem, "Sejam indefesas!" A anima representa o lado subdesenvolvido de um homem, onde ele é inconscientemente desamparado e sem vínculos, sombrio e equívoco. Ele é atraído por isso. Do mesmo modo, mulheres fortes serão freqüentemente atraídas por homens fracos e pusilânimes, por vezes de um modo fatídico, e passam a estar então cheias de fantasias de serem as salvadoras deles, resgatando-os do alcoolismo ou de alguma outra forma de decrepitude. Uma vez mais, estão buscando uma parte perdida delas próprias, o animus, que se apresenta como um macho inferior em projeção. Ou, se ela é uma mulher fraca e desamparada, o seu inconsciente pode compensar com imagens de competência masculina, e ela ver-se-á irremediavelmente atraída para uma carreira que seja a projeção do animus heróico.

Depois que as pessoas se unem e passam algum tempo em mútua companhia, o relacionamento subseqüente começa a mostrar algumas outras características típicas de anima-animus. Num relacionamento íntimo, não são apenas os egos dos parceiros que entram na combinação de psiques; são também as partes inconscientes e, de um modo muito importante, a anima e o animus. Eles sempre aí estiveram, fornecendo os fatores de atração para ambos os membros do casal, mas agora podem apresentar-se surpreendentemente diferentes do que pareciam ser na fase de namoro do relacionamento. Eis Jung, o realista psicológico, descrevendo a situação: " (...) homem algum é capaz de se entreter com um animus, pelo mais breve espaço de tempo que seja, sem sucumbir imedia-

O caminho para o interior profundo

tamente à sua anima. Quem, neste caso, possuísse o senso de humor suficiente para escutar o diálogo resultante, talvez ficasse espantadíssimo com a enxurrada de lugares-comuns, de banalidades usadas a torto e a direito, frases de jornais e romances, coisas velhas e cediças de toda a espécie, além de reles insultos e deprimente falta de lógica. É um diálogo que, independentemente de quem sejam os interlocutores, se repete milhões e milhões de vezes em todas as línguas do mundo, e permanece substancialmente sempre o mesmo."[24] Do lado masculino, a anima torna-se suscetível, hipersensível e emocional; do lado feminino, o animus torna-se agressivo, prepotente e opinativo. Não é um bonito quadro e certamente oferece um desolador contraste com a versão mais romântica da *mysterium coniunctionis* ("união mística") de canto e história. Um parceiro é possuído pelo animus — uma coleção indiscriminada de opiniões motivadas por um ímpeto de poder — e o outro retira-se para um estado de ânimo que é indiscriminado e impelido pela necessidade de amor. Um é dogmático, o outro torna-se retraído ou emocional e começa arremessando coisas que estejam à sua volta. É uma típica briga de gato-e-cachorro de anima contra animus.

Se a emotividade e o vitupério, o calor e a pirotecnia desse conflito esmorecem um pouco, há uma possibilidade de que tenham sido ditas coisas que são importantes para o casal. Uma vez os egos restabelecidos em suas posições normais, eles podem até dar-se conta de que ocorreu algum evento transcendente. O que foi dito não era, provavelmente, muito pessoal. Era mais geral, coletivo, talvez até arquetípico e universal. Talvez exista um germe de sabedoria escondido na escura massa de material expelida por cada parceiro. Talvez alguns esclarecimentos e *insights* possam resultar da tempestade que amainou. Isso seria o trabalho da consciência, pairando acima do nível de emotividade e chegando ao *insight* e empatia. A pessoa terá tido, pelo menos, uma visão de relance das profundidades de si mesmo e do outro, da vastidão imensa das emoções que estão normalmente encobertas pela persona socializada e adaptada.

Faria sentido, é claro, observar a própria vida de Jung para ampliar ainda mais o significado que teve para ela a figura da anima. Isso está fora do âmbito deste estudo. Eu usei algumas passagens de sua autobiografia, e obras biográficas estão publicadas e outras a caminho que fornecem descrições mais completas de seus profundos relacionamentos com mulheres. Jung disse certa vez que toda a teoria psicológica é também uma confissão pessoal, e isso é especialmente verdadeiro no tocante àquelas áreas que falam das figuras e personalidades internas da psique, como a sombra, anima e animus, e o si-mesmo. Essas teorias e conceitos abstratos baseavam-se em experiências psicológicas concretas, muitas delas interpessoais e não apenas solitárias e íntimas. No que se refere à anima, ela era para Jung uma realidade interior viva, uma verdadeira figura interna de primeira categoria, e também era poderosamente vivenciada por ele em projeção e em relacionamento. Começando cedo na vida com sua ama-seca e estendendo-se através do seu romântico namoro e casamento com Emma Rauschenbach e de seu profundo e duradouro relacionamento com Toni Wolff, a anima era companheira constante de sua vida interior e exterior. Para Jung, ela parecia ser a guia de seu destino. E a mais profunda experiência do si-mesmo, um conceito que descreverei no próximo capítulo, ocorreu para Jung na conjunção entre homem e mulher, quando a anima e o animus foram as figuras-guias na união de ambos.

7

O centro transcendente e a integridade da psique
(O Si-Mesmo)

Eu estava tentado a começar este livro com um capítulo sobre o si-mesmo, porque é a característica mais fundamental de toda a visão de Jung. É a chave para a sua teoria psicológica e, em alguns aspectos, é a peça que mais o distancia de todas as outras figuras nas áreas da psicologia da profundidade e da psicanálise. É instrutivo assinalar que a teoria psicanalítica deslocou-se significativamente na direção de Jung ao longo dos últimos 50 anos e, no entanto, muito poucos teóricos psicanalíticos, se porventura algum, em suas teorizações se aventuraram a ir tão longe quanto ele em sua concepção do si-mesmo. Embora muito poucos autores usem hoje o termo inglês *self* [si-mesmo] em seus estudos clínicos e enunciados teóricos, nenhum tem em mente o mesmo domínio que Jung estava tentando abranger com o seu conceito. Para começar, a teoria junguiana do *self* teria sido histórica e conceitualmente mal-entendida. É não só a característica mais fundamental de sua teoria, como também a sua pedra angular. Portanto, necessita de preparação a fim de se apreender todo o seu alcance e importância.

Para Jung, o si-mesmo é transcendente, o que significa que não é definido pelo domínio psíquico nem está contido nele mas situa-se, pelo contrário, além dele e, num importante sentido, define-o. É este ponto sobre a transcendência do si-mesmo que torna a teoria de Jung diferente da de outros teóricos do si-mesmo, como Kohut. Para Jung, o si-mesmo *não* se refere, paradoxalmente, a si mesmo. É mais do que a subjetividade da pessoa, e sua essência situa-se além do domínio subjetivo. O si-mesmo forma a base para o que no sujeito existe de comum com o mundo, com as estruturas do Ser. No si-mesmo, sujeito e objeto, o ego e o outro, juntam-se num campo comum de estrutura e energia. Este é o ponto que, assim espero, ficará mais destacado do que se segue neste capítulo.

O típico uso do termo "si-mesmo" (o *self* inglês) dificulta a apreciação do que Jung está objetivando em sua teoria. Tal como é usado na linguagem corrente, o si-mesmo é equivalente a ego. Quando dizemos que alguém só pensa em si mesmo, queremos significar que é um egoísta ou narcisista. Mas no vocabulário junguiano, o si mesmo tem um significado oposto. Dizer que alguém é egocêntrico (centrado em si mesmo) é dizer, precisamente, que não se trata de um egoísta e narcisista mas de alguém que, numa perspectiva mais filosófica e mais ampla, não é pessoalmente reativo nem levado a perder facilmente o equilíbrio. Quando o ego está bem ligado ao si-mesmo, uma pessoa mantém-se em relação com um centro transcendente e não está narcisisticamente investida em objetivos míopes e ganhos a curto prazo. Em tais pessoas, existe uma qualidade sem ego, como se estivessem consultando uma realidade mais profunda e mais ampla do que as meras considerações práticas, racionais e pessoais típicas da consciência do ego.

A Experiência de Jung do Si-Mesmo

Antes de iniciarmos um exame de *Aion*, o texto central da teoria de Jung do si-mesmo, penso ser útil ao leitor obter uma impressão das experiências originais de Jung que o levaram a postular a existência do si-mesmo. Sua teorização ulterior foi fruto dessa experiência.

O relato pelo próprio Jung de sua primeira experiência importante do si-mesmo situa-a no período entre 1916 e 1918. Durante esse difícil período de sua vida, ele realizou a importante descoberta de que, em última instância, a psique assenta numa estrutura fundamental e de que essa estrutura é capaz de suportar os choques de abandono e traição que ameaçam desfazer a estabilidade mental e o equilíbrio emocional de uma pessoa. Essa foi a descoberta de um profundo e predominantemente inconsciente padrão de unidade e integridade psicológicas.

Para Jung, a experiência do si-mesmo — esse que é o mais impessoal de todos os arquétipos — possuía uma qualidade eminentemente dramática. Resultou de suas lutas e tumultos interiores, e coroou um período de sua vida que,

O *centro transcendente e a integridade da psique* 139

com freqüência, o levara a imaginar se não estaria perdendo o seu rumo numa impenetrável selva psíquica. Não havia mapas que ele pudesse consultar enquanto tentava prosseguir através de um emaranhado de emoções, idéias, memórias e imagens. Em sua autobiografia, designou esse período como de "Confronto com o Inconsciente".[1] Na época de sua momentosa descoberta, Jung já estava em plena crise da meia-idade. Completara há pouco os 41 anos, rompera com Freud uns cinco anos antes e sofrera, depois disso, um período de desorientação emocional e incerteza profissional, do qual estava agora recuperando-se gradualmente. Ele refere-se à primeira metade do seu período de meia-vida (1913-1916) como a época em que descobriu o mundo interior, a anima, a pluralidade de imagens e fantasias inconscientes. Ao longo desses anos de exploração interior, Jung registrou seus sonhos, fantasias e outras importantes experiências num documento minuciosamente detalhado e ilustrado que passou a ser chamado o "Livro Vermelho". Enquanto se empenhava em separar e classificar as imagens e emoções que surgiam inopinadamente nele, oriundas do inconsciente, procurava também entender como elas se encadeavam e o que significavam. Tinha usado práticas tais como a respiração ioga para manter o seu equilíbrio emocional. Quando suas emoções ameaçavam destruir-lhe o equilíbrio e a sanidade psíquicos, usou a meditação, a ludoterapia, a imaginação ativa e o desenho para se apaziguar. Um terapeuta para si mesmo, elaborou técnicas (que usaria mais tarde com pacientes) para manter estável a sua própria consciência do ego, em meio a esse caudal de material proveniente do inconsciente.

Agora, como continuou a observar, escutar e registrar suas experiências interiores, sua abertura recrudesceu para o pólo arquetípico do contínuo psíquico e para o mundo do espírito no qual ele se incorpora. Depois de passar vários anos no "nível da anima", começou a ingressar num território que revelou o arquétipo do si-mesmo, o arquiteto mais fundamental da integridade e ordem psíquicas. Essa descoberta do si-mesmo é contada em sua autobiografia e teve lugar ao longo de um período de vários anos.

Primeiro houve o estranho incidente do toque de sineta na porta da rua. Jung conta como numa tarde de domingo, em 1916, quando se encontrava em sua sala de estar na Seestrasse, em Küsnacht, sentiu como que uma densa atmosfera emocional na casa. As pessoas na casa pareciam tensas e irritadiças. Ele não entendia por que mas a atmosfera parecia singularmente opressiva como se estivesse repleta de espíritos. De súbito, tocou a sineta da porta. Jung levantouse e foi atender, mas não havia ninguém. No entanto, a sineta estava claramente movendo-se. Ele jura que a viu mover-se. Sozinha! Quando a criada perguntou quem tinha feito soar a sineta, Jung respondeu-lhe que não sabia, pois não havia ninguém na porta. A sineta soou de novo. Desta vez, a criada também

140   *Jung — O Mapa da Alma*

viu a sineta da porta mover-se. Entreolharam-se, estupefatos. Ele não estava, pois, tendo uma alucinação. E Jung ouviu então as seguintes palavras sugerirem-se espontaneamente:

> Os mortos voltaram de Jerusalém, onde não encontraram o que procuravam. Pediram-me guarida e imploraram que lhes falasse. Assim comecei a ensinar... [2]

Decidiu escrever essas palavras. Outras mais vieram:

> Prestei atenção: começo pelo nada. O nada equivale à plenitude. No infinito, cheio não é melhor do que vazio. O nada é, ao mesmo tempo, vácuo e plenitude. Dele se pode dizer tudo o que se quiser; por exemplo, que é branco ou preto, ou, ainda, que é ou não é. A esse nada ou plenitude dá-se o nome de PLEROMA. [3]

Nos dias seguintes, Jung escreveu, como se lhe tivesse sido ditado, um texto gnóstico intitulado *Sete Sermões aos Mortos* [*Septem Sermones ad Mortuos*]. Esses ensinamentos, apresentados nas palavras e sob a identidade do antigo mestre gnóstico Basilides, é uma mensagem que chegou a Jung vinda da esfera arquetípica da psique. [4]

Sabe-se, é claro, que Jung estava muito interessado no gnosticismo antes dessa visitação e que lera numerosos fragmentos de antigos textos gnósticos, de modo que existiam, sem dúvida, muitas conexões com essa experiência visionária em sua sala de estar e biblioteca. Entretanto, isso era também uma nova obra sumamente imaginativa e criativa, embora na forma de um pomposo texto religioso, e provinha das profundezas da própria psique de Jung. Ele não estava simplesmente citando de memória — mesmo a criptomnésia não explica isso, uma vez que não pode ser encontrado em nenhum dos textos clássicos da Gnose. Tampouco ele estava tentando escrever deliberadamente no estilo dos gnósticos. Esse escrito não era intencional. Em retrospecto, pode-se ver que esse texto, que foi concluído em cerca de três dias, contém as sementes de muitas idéias que Jung elaboraria nas décadas seguintes em termos intelectuais e científicos mais racionais. Essa foi uma das muitas e incomuns experiências psíquicas durante esses anos de confronto com o inconsciente. Num nível mais terra-a-terra, Jung continuou com sua vida e prática profissional. Esse período coincidiu quase exatamente com a I Guerra Mundial, durante a qual a Suíça, um país neutro, foi isolada da Europa e do resto do mundo. Viajar era impossível. Como todos os homens adultos suíços, Jung estava no exército — era oficial médico — e foi nomeado para o papel de comandante do campo de prisioneiros de guerra em Chateau d'Oex, na parte do país de fala francesa. Deve ter sido um serviço administrativo razoavelmente enfadonho e começou a gastar rotineiramente algum tempo todas as manhãs desenhando círculos e desenvol-

O *centro transcendente e a integridade da psique* 141

vendo-os ao sabor de sua imaginação. Depois desse exercício, sentia-se revigorado e pronto para enfrentar mais um dia de rotina. Essa atividade mantinha-o concentrado, diz ele em sua autobiografia.[5]

Alguns desses desenhos converteram-se em pinturas muito elaboradas. Mais tarde, Jung comparou-as com o que os budistas tibetanos chamam de mandalas, imagens que representam o cosmo, o universo espiritual do budista praticante. (Uns vinte anos depois, em sua viagem à Índia, Jung notaria com grande interesse como as pessoas pintam essas imagens tradicionais nas paredes de seus lares ou em templos, a fim de permanecerem ligadas aos poderes espirituais cósmicos ou desviar forças e influências malignas. As mandalas têm uma função simultaneamente protetora e devota.) Jung deu-se conta de que estava reproduzindo um padrão arquetípico subjacente universal que tinha tudo a ver com a colocação das coisas em boa ordem. Essa experiência acabaria por levá-lo à conclusão de que se um processo psíquico que se desenrola espontaneamente for seguido por seu próprio fim lógico, e se lhe for permitido expressar-se plenamente, o objetivo desse processo estará cumprido, a saber, manifestar imagens universais de ordem e uma unidade. A mandala é um símbolo universal que expressa a intuição de integridade ordenada. Para denominar o fator arquetípico que opera na psique ao produzir esse objetivo e esse padrão, Jung escolheu o termo alemão *selbst* [si-mesmo], acompanhando os *Upanishades* indianos em sua designação da personalidade superior, o *atman*. Essa experiência de desenhar e elaborar mandalas seria mantida por Jung como a experiência central do si-mesmo: emergindo lenta, empírica e espontaneamente na consciência.

Finalmente, Jung registrou um sonho em 1928 que representou para ele o remate de sua realização do si-mesmo. (Embora a intensidade de sua crise da meia-idade declinasse por volta de 1920, as prolongadas conseqüências continuaram até 1928, quando Jung estava com 52 anos.) Na casa dos 40, viveu Jung numa espécie de limbo psicológico, de um modo intenso e profundo no começo e depois mais brando. No final, teve um sonho em que se encontrou sozinho na cidade inglesa de Liverpool. Estava caminhando pelas ruas com um grupo de amigos suíços numa noite chuvosa, e não tardaram em chegar a uma vasta praça onde desembocavam muitas ruas. Os quarteirões da cidade estavam dispostos radialmente em torno da praça, no centro da qual havia um lago com uma pequena ilha. Embora toda a área circundante estivesse mergulhada na escuridão, essa ilhota estava brilhantemente iluminada. Nela se erguia uma árvore solitária, uma magnólia repleta de flores avermelhadas. Seus companheiros pareciam incapazes de ver a bela árvore, mas Jung sentia-se arrebatado pela beleza da árvore em flor. Mais tarde, ele interpretou esse sonho com o significado de que lhe tinha sido propiciada uma visão do centro, o si-mesmo, uma imagem de sobrenatural beleza que está localizada no "lago da vida" (Liverpool, *the pool of life*). Dessa experiência onírica, escreve ele, "resultou uma primeira e vaga idéia do que deveria ser o meu mito pessoal".[6] Nessa passagem fundamental, Jung declara ser o si-mesmo o centro do seu mito pessoal. Mais tarde, concebê-lo-ia como o arquétipo primordial (o Uno), do qual, em última instância, todos os outros arquétipos e imagens arquetípicas derivam. O si-mesmo é o centro magnético do universo psicológico de Jung. Sua presença atrai a agulha da bússola do ego para o norte verdadeiro.

A Definição de Jung do Si-Mesmo

Passando agora da própria experiência pessoal do si-mesmo para a sua teoria, algumas observações prepararão o terreno para o exame do texto fundamental sobre esse assunto, *Aion*. Os escritos de Jung sobre o si-mesmo estão disseminados nos volumes e ensaios de suas *Obras Completas* que foram publicados depois de 1925 (o ano do 50º aniversário de Jung), e desses o mais concentrado no estudo do assunto é o *Aion*. Essa obra foi publicada em 1951 e, segundo os editores do volume, trata-se de "uma extensa monografia sobre o arquétipo do si-mesmo". O seu subtítulo, "Estudos sobre o simbolismo do Si-Mesmo", enfatiza o mesmo ponto. O título do livro é inspirado pela antiga religião do mitraísmo, onde Aion é o nome de um deus que governa o calendário astrológico e, por conseguinte, o próprio tempo. O título sugere, assim, um fator que transcende o contínuo tempo/espaço que rege a consciência do ego.

Os primeiros quatro capítulos de *Aion* funcionam como breve introdução geral à psicologia de Jung, cobrindo os conceitos de ego, sombra e animus/anima, e um primeiro passo na teoria do si-mesmo. A partir daí, ingressa no estudo de muitas representações simbólicas do si-mesmo, principalmente nas tradições bíblicas e em "heresias" importantes como o gnosticismo e a alquimia. A obra conclui com uma impressionante recapitulação teórica no capítulo final, intitulado "Estrutura e dinâmica do Si-Mesmo". A argumentação de Jung, por vezes difícil de acompanhar enquanto ele abre seu caminho através da astrologia, gnosticismo, alquimia, teologia e vários sistemas simbólicos tradicionais, afirma que esse fator transcendente da psique — a que chamamos hoje o si-mesmo — foi estudado e conhecido por experiência entre muitos povos em tempos idos, e seus relatos em termos simbólicos podem ser úteis para a apreensão de sua natureza e energia.

Assim começa o capítulo introdutório sobre o si-mesmo: "O si-mesmo está completamente além dos limites da esfera pessoal e, quando se manifesta, se é que isso ocorre, é tão-somente sob a forma de um mitologema religioso; os seus

O *centro transcendente e a integridade da psique* 143

símbolos oscilam entre o máximo e o mínimo. (...) quem quiser realizar essa difícil proeza não só intelectualmente mas também como valor de sentimento, deverá defrontar-se, para o que der e vier, com o animus ou com a anima; a fim de alcançar uma união superior, uma *coniunctio oppositorum* [unificação dos opostos]. Este é um pré-requisito indispensável para se chegar à integridade."[7] Neste ponto do texto, Jung introduz o termo "integridade", que é equivalente a si-mesmo. Em termos práticos, a integridade resulta quando o si-mesmo é realizado na consciência. De fato, isso não é completamente realizável, uma vez que as polaridades e os opostos que residem no si-mesmo estão gerando cada vez mais material novo a integrar. Não obstante, exercitar e praticar a integridade numa base regular é o método próprio do si-mesmo, a versão de Jung de viver em Tao. "Embora a 'integridade' não pareça, à primeira vista, mais do que uma noção abstrata (como a anima e o animus), trata-se, porém, de uma noção empírica, na medida em que é antecipada pela psique por símbolos espontâneos ou autônomos. São esses os símbolos da quaternidade ou das mandalas, que afloram não somente nos sonhos do homem moderno, que os ignora, como também aparecem amplamente difundidos em monumentos históricos de muitos povos e épocas."[8]

Os símbolos do si-mesmo determinam o enfoque de *Aion*. Tal como Jung os concebe, eles são ubíquos e autóctones (isto é, inatos e espontâneos), e são fornecidos à psique a partir do arquétipo *per se*, passando pela região psicóide arquetípica. O si-mesmo, uma entidade não-psicológica transcendente, atua sobre o sistema psíquico para produzir símbolos de integridade, freqüentemente como imagens de quaternidade ou mandalas (quadrados e círculos). "O seu significado como símbolos da unidade e da totalidade é corroborado no plano da história e também no plano da psicologia empírica. O que à primeira vista parece uma noção abstrata representa, na realidade, algo que existe e pode ser conhecido por experiência, que demonstra espontaneamente sua presença apriorística. A integridade constitui, portanto, um fator objetivo que se defronta com o sujeito independentemente dele."[9]

Nesta passagem, Jung passa então a descrever uma hierarquia de agências no interior da psique. Assim como a anima ou o animus ocupam "uma posição hierarquicamente superior à da sombra, assim também a integridade reclama uma posição e um valor superiores aos da Sizígia [anima/animus]".[10] No nível que se lhe segue de imediato está a sombra e, acima desta, anima/animus — a Sizígia — representa uma autoridade e um poder superiores. Presidindo a todo o governo psíquico está o si-mesmo, a autoridade suprema e o mais alto valor: "unidade e totalidade situam-se no ponto supremo da escala de valores objetivos porque os seus símbolos já não podem ser distinguidos da *imago Dei*".[11] Sustenta Jung que cada um de nós traz dentro de si a imagem de Deus — o cunho do si-mesmo. Ostentamos a marca do arquétipo: *typos* significa um cunho impresso numa moeda, e *arche* significa a matriz ou espécime original. Assim, cada indivíduo humano é portador de uma impressão do arquétipo do si-mesmo. Este é inato e dado.

Uma vez que cada um de nós está cunhado com a *imago Dei* por virtude de ser humano, também estamos em contato com a "unidade e totalidade que se situa no ponto supremo da escala de valores objetivos". Sempre que necessário, esse conhecimento intuitivo pode acudir em nossa ajuda: "Mostra-nos a experiência que as mandalas individuais são símbolos de ordem, sendo essa a razão por que ocorrem nos pacientes sobretudo em épocas de desorientação ou reorientação psíquicas."[12] Quando as pessoas desenham espontaneamente ou sonham a respeito de mandalas, isso sugere ao terapeuta que existe uma crise psicológica na consciência. O aparecimento de símbolos do si-mesmo significa que a psique necessita ser unificada. Essa foi a experiência do próprio Jung. Durante o seu período de maior desorientação, ele começou a desenhar espontaneamente mandalas. O si-mesmo gera símbolos compensatórios de integração quando o sistema psíquico corre o perigo de se fragmentar. Esse é o ponto em que intervém o arquétipo do si-mesmo num esforço para unificá-lo.

O surgimento dos símbolos de unidade e dos movimentos de integração no sistema psíquico são geralmente marcas da ação do arquétipo do si-mesmo. A tarefa do si-mesmo parece ser a de manter o sistema psíquico unido e em equilíbrio. A sua meta é a unidade. Essa unidade não é estática mas dinâmica, como veremos no próximo capítulo sobre individuação. O sistema psíquico é unificado na medida em que se torna mais equilibrado, correlacionado e integrado. A influência do si-mesmo sobre a psique como um todo é refletida pela influência do ego sobre a consciência. À semelhança do si-mesmo, o ego também exerce uma função centralizadora, ordenadora e unificadora, e o seu objetivo é, tanto quanto possível, equilibrar e integrar funções, dada a existência dos complexos e das defesas. No capítulo 1, ocupei-me do ego como o centro da consciência e o *locus* da vontade. Possui a capacidade para dizer "eu" e "eu sou", ou "eu penso", ou "eu quero". Num outro estágio, torna-se uma entidade psíquica consciente de si mesma e capaz de dizer não só "eu sou" mas "eu sei que eu sou". Pode ser o caso, embora não possamos estar certos disso, de que o si-mesmo também sabe que é. Possui o arquétipo percepção de si mesmo? Sabe que é? Jung descobriu o que pensou ser uma espécie de consciência nos arquétipos. Quando imagens arquetípicas invadem o ego, por exemplo, e se apossam dele, têm uma voz, uma identidade, um ponto de vista, um conjunto de valores. Mas existirá a percepção de si mesmo dentro da própria unidade arquetípica? Um mito aponta fortemente para tal percepção. Quando Moisés se encontrou frente a frente com Deus na sarça ardente e perguntou "Quem és?", a voz arquetípica respondeu: "Eu sou quem sou." Seja o que for que isso signifique do ponto de vista teológico, parece demonstrar a existência de uma consciência que reflete sobre si mesma no arquétipo.

Acreditava Jung que existe uma relação privilegiada entre o ego e o si-mesmo. Pode ser que o si-mesmo possua a mais alta forma de autoconhecimento e a reparta com o ego, o qual, por sua vez, mostrará essa propriedade com maior força nas regiões mais familiares do mundo psíquico. Por causa dessa íntima conexão entre o ego e o si-mesmo, poderia argumentar-se que o si-mesmo é, de fato, uma imagem do ego, uma espécie de superego ou ideal do ego. Jung, porém, quis insistir em que tinha descoberto algo psicóide — algo parecido com a psique mas que não era estritamente só psíquico — que existe num domínio além da própria psique, algo que afeta o sistema psíquico através de suas imagens, conteúdos mentais e idéias mitológicas, assim como através de experiências reveladoras — Moisés na sarça ardente ou recebendo a Lei no Monte Sinai —, mas que não é um produto do ego ou de construções sociais.

Símbolos do Si-Mesmo

Embora o livro seja todo sobre o si-mesmo, *Aion* tem dois capítulos que são especificamente dedicados ao tema. O primeiro deles, o capítulo 4, o qual acabamos de considerar, é introdutório. Por outro lado, o capítulo final do livro talvez seja o mais refinado e completo depoimento sobre o si-mesmo. Recapitula a discussão precedente de símbolos do gnosticismo, astrologia e alquimia, os quais, através de manifestações da cultura no Ocidente, têm perdurado ao longo dos dois últimos milênios.

Esse capítulo começa por referir-se ao si-mesmo como o arquétipo subjacente na consciência do ego. A consciência do ego é o ponto de vontade, percepção e auto-afirmação individuais. Sua função é prestar atenção ao indivíduo e mantê-lo vivo. O ego — conforme descrevi no capítulo 1 — é um complexo que está organizado em torno de um centro dual, um trauma e um arquétipo (o si-mesmo). Para falar sobre o si-mesmo, Jung enumera agora uma série de possíveis imagens para ele.[13] Algumas delas são imagens que se manifestam em sonhos ou fantasias, e outras aparecem em relações e interações com o mundo. Estruturas geométricas, como o círculo, o quadrado e a estrela, são ubíquas e freqüentes. Podem aparecer em sonhos sem atrair para si especial atenção: pessoas sentadas em volta de uma mesa redonda, quatro objetos dispostos num espaço quadrado, a planta de uma cidade, uma casa. Números, especialmente o número quatro e múltiplos de quatro, indicam estruturas da quaternidade. (Jung não tinha muito apreço pelo número três, que ele considera ser apenas uma expressão parcial do si-mesmo: a tríade "deve ser entendida como uma quaternidade defeituosa ou como um estado de transição para a quaternidade".[14] Ele é mais positivo a respeito de tríades e trindades em outras passagens, mas considera-as principalmente uma aproximação teórica da integridade que deixa de fora a realidade concreta e fundamentada que a integridade requer.)

Outras imagens do si-mesmo são as pedras preciosas, como diamantes e safiras, gemas que representam um elevado e raro valor. Entretanto, outras representações do si-mesmo incluem castelos, igrejas, vasos e recipientes, e, é claro, a roda, que tem um centro e raios que se projetam do centro para fora e terminam num aro circular. Figuras humanas que são superiores à personalidade do ego, como os pais, tios, reis, rainhas, príncipes e princesas, também são possíveis representações do si-mesmo. Também existem imagens animais que simbolizam o si-mesmo: o elefante, o cavalo, o touro, o urso, o peixe e a serpente. São animais totêmicos que representam um clã ou um povo. O coletivo é maior do que a personalidade do ego.

O si-mesmo pode ser também representado por imagens orgânicas, como árvores e flores, e por imagens inorgânicas, como lagos e montanhas. Jung também menciona o falo como símbolo do si-mesmo. "Nos casos em que há menosprezo pela sexualidade, o si-mesmo aparece simbolizado em forma de falo. Este menosprezo pode consistir numa repressão comum ou numa depreciação manifesta. Esta última surge em certos indivíduos mais diferenciados como uma maneira puramente biológica de conceber e avaliar a sexualidade."[15] Jung censura a atitude excessivamente racionalista de Freud, em virtude da sua ênfase superlativa sobre a sexualidade. Isso levou Jung a adotar uma atitude mística em relação a esse instinto.

O si-mesmo contém opostos e "tem um caráter paradoxal e antinômico [amoral]. É, ao mesmo tempo, masculino e feminino, velho e criança, poderoso e indefeso, grande e pequeno. [Poderia também ter acrescentado bom e mau.] É muito possível que o aparente paradoxo nada mais seja do que um reflexo das mudanças enantiodrômicas ocorridas na disposição da consciência, as quais podem ter um efeito favorável ou desfavorável sobre o todo".[16] Por outras palavras, a forma como o si-mesmo é representado é influenciada pela disposição consciente da pessoa que a olha. Mudanças na disposição consciente podem provocar mudanças nas características do símbolo do si-mesmo.

Ao avançar para a sua declaração sumária, Jung começa a desenhar diagramas do si-mesmo, por meio dos quais espera aclarar sua visão. Os diagramas nos parágrafos 390 e 391 de *Aion* são tentativas para resumir uma vasta quantidade de material. É um tanto incomum para Jung diagramar seu pensamento, mas ele está chegando a um nível de complexidade e inteligibilidade que pode situar-se além da compreensão humana. O primeiro diagrama mostra o que poderia ser chamado uma visão transversal de níveis no si-mesmo.

O centro transcendente e a integridade da psique

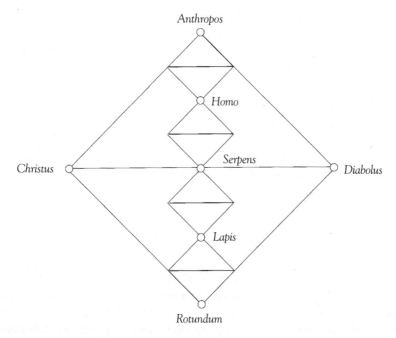

Cada nível é construído numa quaternidade, e cada uma delas representa a complexidade e integridade nesse nível. A imagem das quatro quaternidades, as quais são empilhadas numa ordem que ascende dos pólos material ao espiritual num contínuo, expressa totalidade e integridade.

O que se apresenta como quaternidades desde um ponto de vista são, de um outro ângulo, figuras tridimensionais de seis pontas ligadas entre si ponta com ponta.

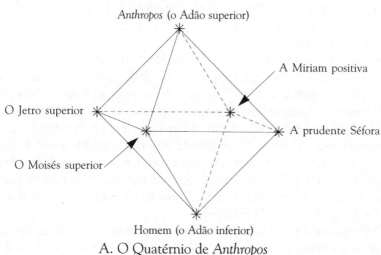

A. O Quatérnio de *Anthropos*

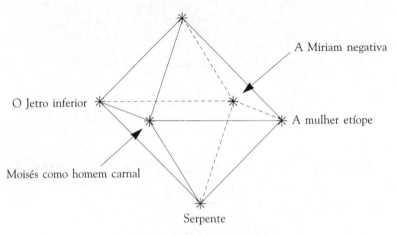

B. O Quatérnio da Sombra

Cada uma dessas pirâmides duplas tridimensionais tem um ponto comum com a que está acima e abaixo dela. Quando dispostas numa pilha de quatro, há uma linha que a divide pela metade — a linha *Christus-Diabolus* — acima da qual estão as quaternidades *Homo* e *Anthropos* e abaixo da qual ficam as quaternidades *Lapis* e *Rotundum*. O círculo na posição *Homo* localiza a posição da consciência do ego. Diretamente acima dele ergue-se a quaternidade *Anthropos*, uma expressão de integridade ideal no nível espiritual. Isto é simbolizado pelo *Anthropos* gnóstico ou Adão superior, uma figura ideal. Jung afirma que a atual era histórica, a qual consiste nos últimos dois mil anos, começou com uma ênfase sobre essa quaternidade espiritual. O homem foi visto como ser espiritual de acordo com a imagem espiritual ideal cristã projetada numa figura histórica, Jesus de Nazaré. A metamorfose de Jesus no Cristo foi o resultado de as pessoas projetarem nessa figura seus próprios si-mesmos espirituais superiores (*Anthropos*).

Abaixo do círculo *Homo* (consciência do ego) está uma quaternidade que representa a Sombra do que se situa acima dela. Apóia-se no círculo da Serpente. Esse "si-mesmo inferior" reflete o "si-mesmo superior" acima dele, mas sombriamente. As figuras da Sombra ocupam cada um dos quatro pontos da quaternidade (o Jetro inferior *versus* o Jetro superior, etc.). Jung chama a isso a quaternidade da Sombra. Corresponde ponto por ponto à quaternidade de *Anthropos* acima dela e representa uma expressão menos idealizada da mesma integridade. Da Sombra a trajetória continua descendo: do espírito para o instinto e deste para a própria matéria. O ponto da Serpente significa a base da Sombra e liga-a ao mundo material.

A Sombra é a personalidade inferior, cujos mais baixos níveis são indistinguíveis dos instintos animais. Isso liga a nossa integridade espiritual ideal à nossa natureza animal biológica. Uma pessoa que não está ligada na consciência com essa quaternidade vive na cabeça, num domínio de ideais intelectuais e espirituais que tem pouca relação com a vida quotidiana ou com o estrato biológico da existência. Por outro lado, uma pessoa identificada com a quaternidade da Sombra, e vivendo principalmente na dependência dela, está mais ou menos limitada à consciência ao nível de existência animal: a sobrevivência do indivíduo (alimento) e a da espécie (sexualidade), um estado de subdesenvolvimento espiritual e moral.

A Serpente simboliza o si-mesmo em sua mais forte e mais flagrante paradoxalidade. Por um lado, representa tudo o que é "viperino" na natureza humana: os instintos de sobrevivência, territorialidade e carnalidade básica que caracterizam as ações cometidas a sangue-frio. Por outro lado, simboliza a sabedoria do corpo e dos instintos — a percepção somática, as intuições viscerais e o conhecimento instintivo. A Serpente tem sido um símbolo tradicionalmente paradoxal, relacionado tanto com a sabedoria e a astúcia, quanto com a maldade (ou a tentação de praticar o mal). Por conseguinte, a Serpente simboliza a mais extrema tensão de opostos dentro do si-mesmo.

Continuando para baixo, o Quatérnio do Paraíso representa uma descida para o nível dos processos materiais orgânicos. Os seres humanos compartem esse nível não só com animais mas também com plantas. Isso refere-se ao fato físico de que a vida orgânica está organizada em torno da natureza do átomo de carbono e de suas propriedades. A química orgânica é a disciplina científica que estuda sistematicamente esse nível da existência humana. E abaixo dele está a quaternidade de *Lapis*, que constitui a base física absoluta do ser. Nesse

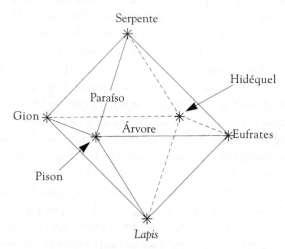

C. O Quatérnio do Paraíso

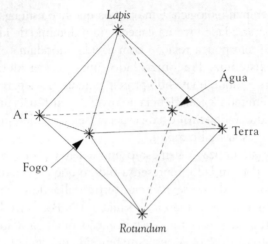

D. O Quatérnio de *Lapis*

nível, os elementos químicos e as partículas atômicas devem forjar alguma espécie de unidade e organização, interagindo de modo a produzir uma criatura estável que possa manter suficiente equilíbrio físico para a vida nos níveis orgânico, psíquico e espiritual.

Esse nível, que está subjacente na psique e no corpo orgânico, é o da transição para o domínio inorgânico, na verdade, o da descida até o nível molecular. Pela altura em que a estrutura do si-mesmo chega ao nível do *rotundum* (ou elemento redondo), foi atingido o nível da própria energia pura, a qual passa através do nível atômico para alcançar e ultrapassar o nível subatômico. O *rotundum*, diz Jung, é uma idéia transcendente abstrata: a idéia de energia.

A psique propriamente dita é deixada atrás da linha *Christus-Diabolus*, ou seja, no Quatérnio da Serpente. Essa linha é equivalente à fronteira psicóide onde a psique se funde com a matéria. Embora a serpente seja algo psíquico, ou quase psíquico, o fato de ser de sangue frio representa uma energia que também está muito distante da consciência do ego e da vontade pessoal. Mostra movimento e um tipo de consciência, mas muito longe da consciência do ego humana. A serpente representa o sistema nervoso autônomo. Há sabedoria no corpo, mas sua consciência consiste apenas em rápidos lampejos que podem ser captados e interpretados pelo ego. Por outro lado, o corpo pode muito bem ser responsável por alguns sonhos. A ambigüidade da serpente como símbolo deriva ou da ambivalência do ego em relação a ele — porque estamos ligados ao nível *anthropos* superior, aos nossos ideais e, portanto, em conflito com os instintos do nosso corpo —, ou então da sua capacidade para suscitar o medo de perder o contato com os níveis superiores da consciência, o que seria destrutivo.

O nível da serpente é um gerador de consciência e nisso representa o processo de psiquização.

A penetração no nível inorgânico leva ao domínio da energia pura, o que também foi descoberto pela física moderna. Isso é fruto de um contínuo e cada vez mais profundo avanço no interior da matéria, até se atingir finalmente um ponto que ela se dissolve em pura energia. Mas a energia é muito intangível. De fato, ela é uma idéia, uma abstração, um conceito usado para descrever algo que não pode ser observado diretamente, embora possa ser medido por seus efeitos. A energia psíquica, como vimos no capítulo 3, é para Jung a força vital, a vitalidade que investimos em nossos projetos, o interesse que nutrimos pela vida e pelos outros. É uma força a levar na devida conta, como alguém que tenha sofrido de uma depressão clínica provocada por sua ausência conhece bem demais. Ela pode mover montanhas, mas também é nebulosa e insondável. Assim, a descida através das camadas da psique desde os mais elevados níveis da idéia, do ideal e da imagem, passa pelos domínios concretos da existência do ego e da realidade do corpo, e logo pela composição química e molecular do nosso ser físico, até chegar finalmente à pura energia e retornar ao domínio das idéias, que é o mundo do *nous*, da mente, do espírito. Assim, as quaternidades tocam nos pólos de sua maior oposição, nos extremos do espírito e da matéria. Jung desenhou isso como circulação dinâmica:

As setas movimentam-se num círculo e, finalmente, *Anthropos* e *Rotundum* reúnem-se de novo no topo.

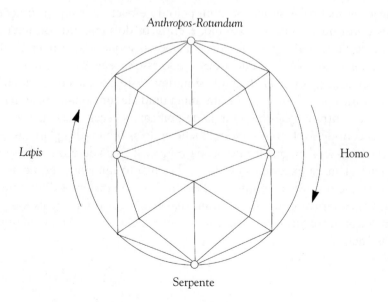

O Si-Mesmo como Mistério Central da Psique

É obvio, pelos escritos de Jung, que unidade e totalidade eram os seus valores supremos, e que o si-mesmo formou o seu mito pessoal. Mas é um mito que ele procurou fundamentar em provas e em teoria. Mais corretamente, a teoria do si-mesmo — o conceito de que existe um centro transcendente que governa a psique do lado de fora dela própria e circunscreve a sua integridade — foi um meio que Jung usou para explicar fenômenos psicológicos básicos, como o surgimento espontâneo de círculos ou mandalas, o funcionamento auto-regulador da psique no que ele chamou "compensação", o desenvolvimento progressivo da consciência ao longo da vida no que chamou a "individuação", e a existência de numerosas polaridades evidentes na vida psicológica que formam estruturas coerentes e geram energia. Jung tem sido criticado por alguns teólogos conservadores por transformar o si-mesmo num conceito de Deus e depois cultuá-lo no santuário que ele próprio criou. Ele provavelmente contestaria tal acusação afirmando que, como cientista empírico, estava simplesmente observando fatos e tentando justificar a existência deles e suas relações mútuas. Para ele, o conceito de si-mesmo oferecia a melhor explicação que era possível oferecer para um dos mistérios centrais da psique — sua criatividade aparentemente milagrosa, sua dinâmica centralizadora e suas estruturas profundas de ordem e coesão.

O sistema psíquico como um todo consiste em muitas partes. Pensamentos e imagens arquetípicas situam-se num pólo do espectro, as representações de pulsões e instintos no outro extremo, e entre os dois encontra-se uma vasta quantidade de material pessoal, como memórias esquecidas e relembradas, e todos os complexos. O fator que ordena todo esse sistema e o mantém unido e coeso é um agente invisível chamado si-mesmo. Este é o que cria os equilíbrios entre os vários outros fatores e os ata numa unidade funcional. Em suma, o si-mesmo é o centro e cabe-lhe a tarefa de unificar as peças. Mas faz isso a uma distância considerável, como o sol influenciando as órbitas dos planetas. A sua essência situa-se além das fronteiras da psique. É psicóide e estende-se a regiões para além da experiência e do conhecimento humanos. Nesse sentido, Jung diria que o si-mesmo é infinito. Pelo menos, não podemos dizer com base em provas empíricas onde se localizam suas bordas. Isto foi o mais longe que Jung avançaria, conforme assinala em sua autobiografia, mas é certamente uma boa distância.

8

O surgimento do si-mesmo
(Individuação)

As características do mapa junguiano da alma estão agora nos seus devidos lugares e, com isso em primeiro plano, estamos preparados para considerar a jornada psicológica empreendida nesse território no transcurso da vida de uma pessoa. Já abordei por várias vezes esse tema do desenvolvimento psicológico, mas agora, tendo presente a teoria em seu todo, é possível transmitir o pleno significado e alcance do que Jung chamou o *processo de individuação*. As pessoas desenvolvem-se sob muitos aspectos ao longo de suas vidas, e passam por múltiplas mudanças em muitos níveis. A experiência total de integridade ao longo de uma vida inteira — o surgimento do si-mesmo na estrutura psicológica e na consciência — é conceituada por Jung e denominada individuação.

O conceito de Jung de individuação baseia-se, em parte, na observação comum de que as pessoas crescem e desenvolvem-se no decorrer dos setenta ou oitenta anos que normalmente têm de vida nas sociedades ocidentais. *Fisicamente*, as pessoas nascem como bebês, transitam após alguns anos para a infância, depois ingressam na adolescência e logo nos primeiros anos de idade adulta. O ápice do desenvolvimento físico ocorre geralmente no período que vai do final da adolescência aos primeiros anos de adulto, e o crescimento físico está mais ou menos completamente realizado por volta dos 20 anos. O corpo saudável está agora vibrante e plenamente capaz de reprodução biológica e das proezas heróicas de esforço e resistência exigidas para enfrentar o mundo físico. Do ponto de vista físico, a pessoa está completa nesse ponto, embora os músculos possam ser ainda mais desenvolvidos e a competência atlética mais aprimorada e aguçada. A partir de meados da casa dos trinta, o declínio e a decadência das funções orgânicas começam a ser um fator cada vez mais importante. A pessoa tem que conservar e proteger o próprio corpo, e passar a ser mais cuidadosa a respeito do que possa causar excessivo estresse físico e emocional, a fim de evitar danos irreparáveis. Com a chegada da meia-idade, as mudanças e desenvolvimentos físicos que ocorrem são, na maioria das vezes, indesejáveis e podem causar considerável ansiedade. Rugas, barriga e seios flácidos, articulações doloridas — todas essas coisas são lembretes cotidianos de mortalidade. À meia-idade segue-se inevitavelmente a velhice, a qual pode prolongar-se por muito tempo ou ter breve duração. Considera-se ter início aos 70 anos. No próximo século, tornar-se-á comum, sem dúvida, as pessoas viverem até os 100 ou mesmo até os 120 anos. O declínio físico acelera-se durante esse período final. Em suma, o corpo físico cresce, amadurece, envelhece e declina no curso de uma vida. Crescimento e decadência físicos são governados, de modo importante, por programas genéticos, os quais, na teoria de Jung da psique, têm fronteiras comuns com os padrões arquetípicos. Um conjunto de imagens arquetípicas que dão forma a atitudes, condutas e motivações psicológicas fornecem uma sólida base de apoio a cada etapa da vida. O bebê, por exemplo, chega ao mundo preparado para desempenhar seu papel ao constelar adequadas atitudes e condutas maternais na pessoa que cuida dele, arrulhando, sorrindo, mamando e, de um modo geral, tornando-se uma criatura adorável. Ao mesmo tempo (se tudo correr bem) a mãe está preparada para assumir o papel de alimentar e criar o seu bebê. O par mãe-bebê descreve um padrão arquetípico de fantasia humana e de ação recíproca interpessoal que é primordial e tem importante valor de sobrevivência. Para cada etapa da vida existem tais constelações de instinto e arquétipo, as quais resultam em padrões de comportamento, sentimento e pensamento.

A Duração de Vida Psicológica

Jung foi o primeiro dos que vieram a ser chamados os teóricos da duração de vida *psicológica*. Em oposição aos que supõem que as mais importantes características do desenvolvimento psicológico e do caráter ocorrem na infância e nada de grande importância acontece depois disso, Jung viu o desenvolvimento como contínuo e as oportunidades para promover um ainda maior desenvolvimento

O *surgimento do si-mesmo* 155

psicológico como uma opção ao alcance de pessoas de qualquer idade, incluindo a meia-idade e a velhice. Isto não quer dizer que ele minimizasse o desenvolvimento dos primeiros anos de vida e certamente prestou grande atenção às características e tendências herdadas da personalidade, mas a plena expressão e manifestação da personalidade leva uma vida inteira para desenrolar-se. O si-mesmo emerge pouco a pouco, através dos numerosos estágios do desenvolvimento descritos por Jung e outros teóricos como Erik Erikson.

Para Jung, o desenvolvimento psicológico acompanha a trajetória do desenvolvimento físico até um certo ponto. Pode ser dividido em duas partes: a primeira metade da vida e a segunda. Num curto mas fecundo artigo intitulado "Die Lebenswende" [As etapas da vida humana], ele descreve essa trajetória do desenvolvimento usando a imagem do sol nascendo pela manhã, atingindo o ápice ao meio-dia, declinando ao longo da tarde e mergulhando, finalmente, no seu ocaso ao cair da noite.[1] Isso corresponde mais ou menos ao padrão do físico, mas Jung acrescenta que existem importantes diferenças, sobretudo a respeito da segunda metade da vida. No começo, a consciência surge como a aurora quando o ego infantil emerge das águas da inconsciência, e o seu crescimento, expansão e crescente complexidade e poder coincidem com o crescimento e desenvolvimento do corpo físico que o aloja. Quando o corpo cresce, o cérebro amadurece e as capacidades de aprendizagem se desenvolvem e expandem, o ego também desenvolve seu vigor e capacidades. Um primeiro passo é distinguir o corpo individual dos objetos no mundo circundante. Esse processo ocorre paralelamente à separação da matriz inconsciente interna. O mundo torna-se mais real e concreto, deixando de ser simplesmente o recipiente de projeções rudimentares. Distinções começam a ser feitas e observadas. As pessoas aproximam-se rapidamente de sua plena capacidade de funcionamento como entidades separadas. Começam atuando como indivíduos, com a competência para exercer o seu autodomínio, para controlar, num razoável grau, os seus meios ambientes, e para conter as emoções e o fluxo do pensamento conforme requerido pelos padrões sociais de comportamento. O ego aprende, muito natural e espontaneamente, a manipular o meio ambiente para a sobrevivência individual na cultura dominante e para a realização de benefícios pessoais. Desenvolve uma persona. O ego da criança e da pessoa jovem saudáveis empenha-se na tarefa de aprender a estabelecer o seu próprio mundo, tornando-se independente nas condições oferecidas por circunstâncias de nascimento. A adaptação, que está baseada em imagens arquetípicas tais como a unidade mãe-bebê e o ulterior padrão heróico de separação e conquista, tem lugar em relação a quaisquer circunstâncias, sejam elas quais forem. Finalmente, se tudo correr bem, as pessoas estão aptas a libertar-se da dependência de suas famílias de origem; estão aptas a reproduzir-se biologicamente e a criar seus filhos num ambiente propício criado por elas próprias; e podem desempenhar um papel no mundo adulto da sociedade onde a existência delas transcorre. Internamente, formam uma estrutura do ego e uma persona que se baseiam em potenciais arquetípicos e tendências tipológicas. Na primeira metade da vida, o principal projeto consiste em desenvolver o ego e a persona até ser atingido o ponto de viabilidade individual, adaptação cultural e responsabilidade adulta pela criação dos filhos.

De que modo isso é realizado e com que características se apresenta concretamente depende em considerável medida da família, do estrato social, da cultura e do período histórico em que uma pessoa nasceu. Esses fatores influenciarão e darão forma a muitos dos detalhes nas diferenças entre o desenvolvimento entre homens e mulheres, ricos e pobres, em indivíduos orientais e ocidentais. Esses mesmos fatores também influenciam, de algum modo, os detalhes no tocante ao momento escolhido para assumir papéis e responsabilidades. O que é universal, porém, e portanto arquetípico, é que toda e qualquer cultura espera e exige da pessoa jovem a realização do desenvolvimento e adaptação do ego à cultura a que ela pertence. Em todas as culturas, as imagens do herói e da heroína são tidas na conta de ideais. O herói é uma imagem ideal de alguém que realiza o desenvolvimento do ego como se presume que os homens devem emular e admirar; a heroína é uma imagem que fornece esse modelo para mulheres. Em algumas sociedades, o desenvolvimento do ego e o desenvolvimento da persona estão concluídos, para todos os fins práticos, na época em que a adolescência atinge a plenitude, ao passo que em outras (como as sociedades modernas, com suas exigências educacionais aparentemente infindáveis) é possível que só venham a ser completados quando a meia-idade se faz presente.

Individuação

Jung usou o termo individuação para falar sobre desenvolvimento psicológico, que ele define como o processo de tornar-se uma personalidade unificada mas também única, um indivíduo, uma pessoa indivisa e integrada. A individuação inclui mais do que o projeto realizado idealmente na primeira metade da vida, a saber, o desenvolvimento do ego e da persona. Quando isso é feito, uma outra tarefa começa a surgir, porquanto o desenvolvimento ideal de ego e persona deixou uma considerável soma de material psicológico fora do quadro consciente. A sombra não foi integrada, a anima e o animus permanecem inconscientes e, embora tenha sido útil nos bastidores, o si-mesmo dificilmente foi visto de uma forma direta. Mas agora a questão que se impõe é esta: Como

O surgimento do si-mesmo

pode uma pessoa realizar a unidade psicológica, no sentido mais amplo do termo, o que pressupõe unir aspectos conscientes e inconscientes da personalidade? É possível fracassar na tarefa de individuação. Uma pessoa pode permanecer dividida, não-integrada, internamente múltipla, até chegar a uma idade avançada, e ainda assim ser tida na conta de alguém que viveu uma vida social e coletivamente bem-sucedida, embora superficial. A profunda unidade interior num nível consciente é, de fato, uma proeza rara, embora seja apoiada, sem dúvida alguma, por um impulso inato muito forte; Jung fala sobre um impulso de individuação que não é primariamente um imperativo biológico mas, antes, de natureza psicológica. Explicarei o seu mecanismo em momentos.

Quero inserir neste ponto uma nota de advertência para os leitores que desejam comparar Jung com outros teóricos psicológicos. É preciso ser cuidadoso para não confundir o conceito de individuação de Jung com as noções que circulam sob esse mesmo termo em outras teorias psicológicas. Esse problema é semelhante ao de comparar o conceito de Jung do si-mesmo com o de outros autores. Na obra de Margaret Mahler, por exemplo, há uma forte ênfase sobre um processo que ela designou por "separação/individuação". A criança separa-se de sua mãe quando, por volta dos dois anos de idade, começa a dizer "não". Esse movimento, embutido no desenvolvimento natural do indivíduo psicológico, ocorre espontaneamente e facilita o desenvolvimento do ego. Tem uma base arquetípica e pode estar relacionado com o surgimento da primeira aproximação do modelo arquetípico do herói. Para Jung, isso seria um aspecto da individuação que se processa ao longo da vida inteira, mas não é, por certo, a história toda. A finalidade desse momento para a separação é criar uma situação psicológica que possa mais tarde avançar para novas etapas de conscientização e, finalmente, para a integração e unificação da personalidade como um todo. Para Mahler, a separação não é um fim em si mas unicamente uma etapa. A individuação, para Jung, *é* um fim em si.

O mecanismo psicológico por meio do qual a individuação ocorre, quer o consideremos na primeira ou na segunda metade da vida, é o que Jung chamou de *compensação*. A relação fundamental entre consciente e inconsciente é compensatória. O crescimento do ego para fora do inconsciente — impulsionado por um poderoso instinto para ficar separado do mundo circundante a fim de adaptar-se de um modo mais efetivo ao meio ambiente — resulta numa separação entre a consciência do ego e a matriz inconsciente donde provém. A tendência do ego é para tornar-se unilateral e excessivamente confiante em si mesmo. Como já vimos, isso baseia-se no modelo arquetípico do herói. Quando isso acontece, o inconsciente começa a compensar essa unilateralidade. As compensações acontecem classicamente em sonhos. A função de compensação consiste em introduzir equilíbrio no sistema psíquico. Essas compensações são ajustadas precisamente para o momento presente, e o seu *timing* é estritamente governado pelo que a consciência está ou não está fazendo, pelas atitudes unilaterais e desenvolvimentos da consciência do ego. *Com o tempo*, entretanto, essas muitas e pequenas compensações cotidianas somam-se e convertem-se em padrões, e esses padrões estabelecem a base da espiral de desenvolvimento para a totalidade a que Jung deu o nome de individuação. Jung acha que isso acontece de forma especialmente clara numa longa série de sonhos: "Essas ações compensatórias aparentemente isoladas obedecem a uma espécie de plano predeterminado. Parecem ligadas umas às outras e subordinadas, em sentido mais profundo, a um fim comum (...) Designei esse fenômeno inconsciente, que se exprime espontaneamente no simbolismo de longas séries de sonhos, pelo nome de processo de individuação."[2] Pode-se aplicar também essa mesma regra ao desenvolvimento psicológico de um modo geral. O inconsciente compensa a consciência do ego ao longo da vida toda e de muitas maneiras — por atos falhos, esquecimentos ou revelações milagrosas; proporcionando acidentes, desastres, ligações amorosas e golpes de sorte; gerando idéias instigadoras e noções levianas que levam ao desastre. No processo contínuo de desdobramento a que Jung chama individuação, a força impulsora é o si-mesmo, e o mecanismo pelo qual emerge na vida consciente do indivíduo é a compensação. Isto é igualmente verdadeiro tanto na primeira metade da vida quanto na segunda.

A segunda metade da vida envolve, entretanto, uma espécie de movimento diferente daquele que se conhece da primeira. Nesta segunda fase da individuação, o acento do modelo não recai sobre a separação do ego de seu *background* nem sobre a identificação com o meio ambiente mas, antes, sobre a unificação da personalidade total. Jung falaria algumas vezes do "regresso às mães", o que é um modo metafórico de dizer que quando o desenvolvimento do ego atinge o seu clímax na meia-idade, não faz mais sentido continuar perseguindo os mesmos antigos objetivos. De fato, alguns dos objetivos já alcançados são agora questionados como valores fundamentais, e isso leva à reavaliação do que foi realizado e de onde reside um outro e diverso significado.[3] A vida é muito mais do que abrirmos caminho no mundo equipados com um ego e uma persona sólidos e bem-estruturados. O estado de espírito da pessoa de meia-idade reflete a idéia de que, ao chegar aí, o que podia ser feito está feito. E agora o quê? O significado reside alhures e a energia psíquica muda de rumo. A tarefa agora consiste em unificar o ego com o inconsciente, o qual contém a vida não vivida da pessoa e o seu potencial não-realizado. Esse desenvolvimento na segunda metade da vida é o clássico significado junguiano de individuação — tornar-se o que a pessoa já é potencialmente, mas agora de um modo mais profundo e mais consciente. Isso requer o poder capacitador de símbolos que

O surgimento do si-mesmo   159

erguem e tornam acessíveis conteúdos do inconsciente que estiveram escondidos das vistas. O ego é incapaz de realizar essa unificação mais ampla da personalidade por seus próprios esforços. Necessita da ajuda de um anjo.

O próprio Jung não gastou muito tempo considerando as questões da primeira metade da vida após seu rompimento com Freud. Ele estava principalmente interessado em pessoas como a mulher de 53 anos descrita em "Um estudo no processo de individuação".[4] A maioria dos seus próprios pacientes era de adultos desse tipo. Não portadores de séria enfermidade mental, não necessitados de hospital ou tratamento médico, já transpostas as primeiras etapas de suas vidas, essas pessoas vinham a Jung em busca de sabedoria e orientação, empenhadas em obter um maior desenvolvimento interior. Isto não quer dizer que algumas não fossem também neuróticas e necessitando de ajuda psicológica, mas não eram típicas pacientes psiquiátricas. De fato, Jung preferia trabalhar com pessoas cujos anos de construção do ego e, no caso de mulheres, de fertilidade já eram coisa do passado. Agora era a oportunidade de explorar a segunda grande fase do processo de individuação, o surgimento mais explícito do si-mesmo na consciência. Os métodos usados por Jung para ajudá-las nesse complexo projeto passou a ser chamado de análise junguiana.

As mudanças e o desenvolvimento psicológico na idade adulta e na velhice são, em alguns aspectos, mais sutis do que o desenvolvimento na primeira metade da vida. As pessoas têm que ser observadas com muito cuidado e em níveis profundos para se perceber isso. E, por vezes, não há muito que observar porque o desenvolvimento foi mínimo. Por exemplo, o pai do meu melhor amigo desde os tempos de criança, aos 89 anos, tinha envelhecido notoriamente nos trinta anos transcorridos desde a última vez que eu o vira. Era evidente que ele estava se aproximando do fim de sua vida. Entretanto, embora o seu corpo tivesse sofrido grandes alterações, a sua persona, o seu senso de humor, a sua personalidade, não tinham, aparentemente, mudado muito e ele continuava sendo, quanto a isso, tão familiar e reconhecível como sempre fora. Quando voltei a vê-lo após todos esses anos, imediatamente o conheci. Para mim, a sua personalidade, conforme pude observar e comprovar através de nossas conversas, estava essencialmente intacta: era a mesma que eu sempre conhecera. Embora a sua energia pudesse ser menos do que fora outrora, ainda podia reunir o bastante para manter uma animada conversa acerca dos mais recentes modelos de seus automóveis favoritos. Continuava sendo a mesma pessoa que sempre fora, embora seu corpo estivesse mais enrugado e mais fraco.

Tinha havido qualquer desenvolvimento em sua psique durante sua vida adulta, após os 50 anos de idade? Tinham suas atitudes mudado? Será que eu o conhecia bem? Tinha-o conhecido quando eu era ainda um garoto e depois não o vira mais, de modo que a visão que tinha dele era a de uma criança.

160 *Jung — O Mapa da Alma*

Conhecia a sua persona, mas isso era tudo. Pelas aparências, a sua persona tinha permanecido intacta. Mas, como sabemos, existe muito mais na psique do que a persona. E ainda, se a persona não muda, tampouco haverá qualquer mudança mais profunda? Tão sutil será ela que não podemos enxergá-la sem a ajuda de entrevistas para sondagens e interpretações profundas? Talvez a sua consciência tenha tido um desenvolvimento espetacular para além do ponto em que estava quando o conheci há tanto tempo, mas que não tive ocasião de observar. Jung resistiu à noção de que a trajetória psicológica é idêntica à física, a qual mostra sobretudo o declínio na velhice. Existem compensações psicológicas que se sobreponham à decadência física e mostrem um diferente padrão?

As Cinco Etapas da Consciência

Para tratar dessa questão do desenvolvimento da consciência na segunda metade da vida, podemos adotar alguns padrões gerais de avaliação. Jung descreveu cinco etapas de desenvolvimento da consciência,[5] que descreverei em suas linhas gerais e sobre as quais me alongarei um pouco. Podemos utilizar essas etapas a fim de medir e avaliar o desenvolvimento da consciência em crianças e também em adultos em seus anos mais avançados.

A primeira etapa é caracterizada pela *participation mystique,* um termo tomado do antropólogo francês Lévy-Bruhl. A *participation mystique* refere-se a uma identificação entre a consciência do indivíduo e o seu mundo circundante, sem que ele tenha conhecimento de que se encontra nesse estado; a consciência e o objeto com o qual o indivíduo está identificado são misteriosamente a mesma coisa. Há uma ausência de conhecimento de uma diferença entre o próprio indivíduo e as suas percepções, por um lado, e o objeto em questão, por outro. Em certa medida, as pessoas permanecem nesse estado de participação mística durante a vida inteira. Por exemplo, muitas pessoas identificam-se desse modo com os seus automóveis. Elas experimentam toda a espécie de sentimentos de si-mesmo a respeito de seus carros. Quando o carro tem algum problema, o seu proprietário sente-se doente, cai de cama com um forte resfriado, tem dores de estômago. Estamos inconscientemente vinculados ao mundo que nos cerca. Foi a isso que Jung chamou participação mística.

A maioria das pessoas estão ligadas às suas famílias, pelo menos no começo da vida, por participação mística, a qual se baseia em identificação, introjeção e projeção. Esses termos descrevem a mesma coisa: uma entremistura de conteúdos internos e externos. No começo, o bebê é literalmente incapaz de distinguir onde ele termina e onde a mãe começa. O mundo do bebê é sumamente unificado. Nesse sentido, a primeira etapa de consciência é como que uma

O surgimento do si-mesmo

antecipação da etapa final: a unificação suprema das partes num todo. No começo, porém, é uma totalidade inconsciente, ao passo que no final o sentido de integração e totalidade é consciente.

Na segunda etapa, as projeções tornam-se mais localizadas. Após as projeções incertas da primeira etapa, começam a aparecer na consciência algumas distinções eu/outro. O bebê adquire uma noção concreta de certos lugares onde o seu próprio ser físico se choca com objetos de fora, e começa a prestar atenção às coisas e a reconhecer diferenças entre si-mesmo e o outro, e entre os objetos do mundo à sua volta. Lentamente, essa diferenciação entre o si-mesmo e o outro e entre o interior e o exterior aumenta e apura-se. Quando existe uma boa diferenciação sujeito/objeto e quando o si-mesmo e o outro são distinta e claramente diferentes, a projeção e a participação mística mudam. Isso não significa que a projeção tenha sido superada, mas apenas que passou a estar mais localizada, concentrando-se mais em poucos objetos do que no mundo em seu todo. Alguns objetos no mundo são agora claramente mais importantes e interessantes do que outros porque contêm projeções e são recipientes de investimento libidinal. Mãe, brinquedos favoritos, objetos brilhantes em movimento, animais de estimação, pai, outras pessoas, tornam-se especiais, são escolhidos e distinguidos. Assim, à medida que o desenvolvimento consciente prossegue, ocorre a diferenciação e a projeção passa a fixar-se em figuras específicas. E uma vez que as projeções recaem sobre o desconhecido, o mundo está repleto de oportunidades para continuar o processo de projeção ao longo de uma vida inteira.

Os pais são, inicialmente, os principais portadores de projeção, e os filhos pequenos projetam neles, inconscientemente, onipotência e onisciência. São o que Jung chamou de projeções arquetípicas. Os pais tornam-se deuses, investidos de poderes que as pessoas têm atribuído ao divino. "Papai pode fazer qualquer coisa! É o cara mais forte do mundo!" "Mamãe conhece tudo e pode fazer milagres. Ela também me ama incondicionalmente!" A chocante revelação de que os próprios pais não sabem tudo e podem ser qualquer coisa menos deuses ocorre usualmente durante a adolescência e então, durante um certo tempo, os pais "estão completamente por fora" (um outro tipo de projeção). Também projetamos em irmãos; aí está a raiz da rivalidade entre irmãos e da espécie de competitividade e, por vezes, dinâmica perversa que se desenrola no seio das famílias. Os professores e a própria escola também recebem muitas projeções. De fato, numerosas figuras em nosso meio ambiente tornam-se portadoras de projeção na segunda etapa de desenvolvimento da consciência. Isso confere às pessoas e instituições o poder de formar e modelar vigorosamente a nossa consciência, enchendo-a com os conhecimentos e opiniões delas, e substituindo gradualmente a nossa própria experiência pessoal por opiniões, pontos de vista e valores coletivos. Esse é o processo de aculturação e adaptação que tem lugar na infância e adolescência.

Enamorar-se e casar baseiam-se tipicamente em maciças projeções de anima e animus, e isso leva diretamente ao nascimento e criação dos filhos; durante esse período, os filhos tornam-se portadores de projeções da criança divina. Tal como a primeira etapa, a segunda é outra que ninguém deixa completamente para trás. Enquanto o indivíduo for capaz de deixar-se enlevar, de sentir o frêmito da aventura e do romance, de arriscar tudo por uma poderosa convicção, ela continuará a agir sobre objetos concretos no mundo a partir de projeções. E para muitos o desenvolvimento da consciência pára por aí. Tais indivíduos continuam a projetar maciçamente características positivas e negativas da psique no mundo à sua volta e a responder a imagens e poderes da psique como se estivessem localizados em objetos externos e pessoas.

Se o desenvolvimento da consciência continua — o qual pode começar quando uma nova fase de desenvolvimento cognitivo propicia ao indivíduo a competência necessária para atingir um nível de abstração que está relativamente livre de concretismo — ele dá-se conta de que os portadores de projeções específicas não são idênticos às projeções que trazem em si. As pessoas que trouxeram consigo as projeções podem sair detrás das projeções e, como resultado, elas tornam-se freqüentemente desidealizadas. Nesta etapa, o mundo perde muito do seu primitivo encanto. O conteúdo psíquico projetado torna-se abstrato, e manifesta-se agora como símbolos e ideologias. Omnisciência e onipotência deixaram de ser atribuídas a seres humanos, mas tais qualidades são projetadas em entidades abstratas, como Deus, Destino e Verdade. Filosofia e teologia tornam-se possíveis. Valores supremos assumem o poder numinoso que antes era atribuído a pais e professores. A Lei, ou a Revelação, ou os Ensinamentos passam a estar investidos com projeções arquetípicas, o mundo concreto cotidiano torna-se relativamente livre de projeções e pode-se assim interagir com ele como neutral. Na medida em que é alcançada essa etapa da consciência, uma pessoa fica menos vulnerável ao medo de inimigos e forças maléficas. Não precisa temer as represálias de inimigos humanos porque Deus é quem está no controle. Ou presume-se que a pessoa pode manipular e assumir o controle do mundo racionalmente porque ele obedece às leis da natureza e está livre de espíritos e demônios que poderiam não gostar de uma estrada aqui ou de uma residência ali. A pessoa não parece manter-se em constante choque consigo mesma, sentindo tão diretamente a dor do que está fazendo ao objeto.

A espontânea reação empática ao sofrimento entre criaturas no mundo e à destruição do mundo natural diminui em considerável medida quando a dicotomia si-mesmo/objeto atinge este ponto. Para muitos, isso não parece ser

O *surgimento do si-mesmo* 163

um avanço mas, pelo contrário, um retrocesso na consciência. Cumpre reconhecer, porém, que as reações de empatia manifestadas nas etapas anteriores do desenvolvimento estão baseadas, em grande parte, em projeções e têm muito pouca relação com uma avaliação objetiva do que está acontecendo ao objeto. Quando as projeções são removidas de objetos concretos no mundo, líderes políticos visionários e ideólogos carismáticos criam abstrações na forma de idéias, valores ou ideologias pelas projeções introduzidas em conceitos que declaram o que é de supremo valor e o maior bem resultante da sua percepção. Com base nesses valores, uma pessoa pode desenvolver um conjunto de imperativos e "mandamentos" que substituem as naturais e espontâneas relações emocionais com o mundo de que desfrutam as pessoas menos conscientes. Em vez da empatia inconsciente baseada na participação mística ou projeção, existem regras que ditam deveres. Uma pessoa faz a coisa ecologicamente certa, por exemplo, não inspirada por um sentimento mas por dever, não porque lhe dói no íntimo assistir à destruição do mundo natural mas porque é um imperativo moral solucionar o problema dos lixos e queimar menos combustível.

Nesta terceira etapa da consciência — que é, creio eu, aquela a que chegou o pai do meu amigo, porquanto ele era um homem religioso na acepção tradicional da palavra — ainda há projeções de material inconsciente. Mas essas projeções estão investidas menos em pessoas e coisas do que em princípios, símbolos e ensinamentos. É claro, essas projeções ainda são consideradas "reais" num sentido quase concreto. Deus existe realmente em algum lado, Ele ou Ela é uma personalidade distinta, e assim por diante. Enquanto a pessoa acreditar que um Deus real a punirá ou premiará na vida futura, isso indica uma Etapa 3 do nível de consciência. A projeção foi simplesmente transferida do pai ou mãe humanos para uma figura mais abstrata, mitológica.

A quarta etapa representa a extinção radical de projeções, mesmo na forma de abstrações teológicas e ideológicas. Essa extinção leva à criação de um "centro vazio" que Jung identifica com a modernidade. Isso é o "homem moderno em busca de sua alma".[6] O sentimento de alma — do grandioso sentido e propósito na vida, imortalidade, origem divina, um "Deus íntimo" — é substituído por valores utilitários e pragmáticos. Agora, a interrogação primordial é "Isso funciona?" Os seres humanos passam a ser vistos como engrenagens numa gigantesca máquina socioeconômica, e suas expectativas de significado são reduzidas ao mínimo. O indivíduo contenta-se com breves momentos de prazer e com as satisfações de desejos controláveis. Ou entra em depressão! Os deuses já não habitam nos céus e os demônios estão convertidos em sintomas psicológicos e desequilíbrios químicos cerebrais. O mundo está despojado de conteúdos psíquicos projetados. Nada de heróis, nada de malvados vilões — os seres humanos tornam-se realistas. Os princípios são apenas relativamente válidos e os valores são vistos como derivados de normas e expectativas culturais. Tudo o que é cultural parece ser manufaturado e desprovido de significado inerente. Natureza e história são vistas como o produto do acaso e do jogo aleatório de forças impessoais. Chegamos, neste ponto, à atitude e à tônica sentimental da pessoa moderna: secular, ateísta, talvez levemente humanista. Os valores de uma pessoa moderna parecem cercados de reservas, condições, "talvez", "não é seguro". A postura moderna é relativista.

Nesta quarta etapa da consciência, *parece* como se as projeções psíquicas tivessem desaparecido completamente. Jung sublinha, entretanto, que isso é, sem a menor dúvida, uma falsa suposição. Na realidade, o próprio ego foi investido com os conteúdos previamente projetados em outros, em objetos e abstrações. Assim, o ego está radicalmente inflado na pessoa moderna e assume uma posição secreta de Deus Onipotente. O ego, em vez das Leis ou Ensinamentos, é agora o recipiente de projeções, boas e más. O ego torna-se o único árbitro de certo e errado, verdadeiro e falso, belo e feio. Não existe fora do ego nenhuma autoridade que o supere. O significado deve ser criado pelo ego; não pode ser descoberto em nenhum outro lugar. Deus já não está mais "lá fora", sou eu! Embora a pessoa moderna pareça ser razoável e estar assente em bases firmes, na realidade está louca. Mas isso está escondido, uma espécie de segredo guardado até da própria pessoa.

Jung acreditava que essa quarta etapa era um estado de coisas extremamente perigoso pela razão óbvia de que o ego inflado é incapaz de adaptar-se muito bem ao meio ambiente e, por conseguinte, é passível de cometer catastróficos erros de julgamento. Embora isso seja um avanço da consciência num sentido pessoal ou mesmo cultural, é perigoso por causa do seu potencial para a megalomania. Vale tudo! Se quero fazer uma coisa e se me afigura que posso levar avante o meu intento e escapar sem problemas, isso tem que estar certo. Não inteiramente imune às sedutoras persuasões da sombra, o ego é facilmente levado a ceder à volúpia de poder da sombra e aos seus desejos de conquista do controle total do mundo. Esse era o Super-Homem de Nietzsche, e essa arrogância, esse excessivo orgulho, estão refletidos nas várias catástrofes sociais e políticas do século XX. Já prefigurado em Raskolnikov, o protagonista de Dostoievski em *Crime e Castigo*, assistimos agora a um ser humano matar uma anciã simplesmente para ver que sensação isso produz. A pessoa da Etapa 4 já não é controlada por convenções sociais relacionadas seja com pessoas, seja com valores. Por conseguinte, o ego pode considerar possibilidades ilimitadas de ação. Isso não significa que todas as pessoas modernas sejam sociopatas, mas as portas para tal desenvolvimento estão abertas de par em par. E os piores casos poderiam ser aqueles que parecem mais razoáveis — os "melhores e mais brilhantes" que pensam poder calcular uma resposta para todas as questões de política e moralidade.

O *surgimento do si-mesmo* 165

Jung disse, gracejando, que encontramos na rua pessoas em todas as etapas de desenvolvimento — neanderthalenses, gente medieval, gente moderna, em suma, pessoas de todos os níveis concebíveis de desenvolvimento. Viver no século XX não confere automaticamente o *status* de modernidade, o desenvolvimento da consciência de quem quer que seja. Nem todo o mundo chega à Etapa 4. De fato, muitas pessoas não podem suportar suas exigências. Outras consideram-na maléfica. Os fundamentalismos do mundo insistem em manter-se aferrados às Etapas 2 e 3, por temerem os efeitos corrosivos da Etapa 4 e o desespero e vazio que ela engendra. Mas é uma verdadeira façanha psicológica quando as projeções têm de ser removidas a esse ponto e os indivíduos assumem responsabilidade pessoal por seus destinos. A armadilha é que a psique passa a estar escondida na sombra do ego.

Essas primeiras quatro etapas no desenvolvimento da consciência estão relacionadas com o desenvolvimento do ego e a primeira metade da vida. A pessoa que realizou o ego autocrítico e reflexivo característico da Etapa 4 sem cair numa inflação megalomaníaca foi extremamente eficaz no desenvolvimento da consciência e, na avaliação de Jung, passou por uma notável transformação. Mas Jung reservou para uma quinta etapa a continuação do desenvolvimento na segunda metade da vida, uma etapa pós-moderna que tem tudo a ver com a abordagem de reunificação de consciente e inconsciente. Nessa etapa, há um reconhecimento consciente da limitação do ego e uma clara percepção dos poderes do inconsciente; e torna-se possível uma forma de união entre consciente e inconsciente através do que Jung chamou a função transcendente e o símbolo unificador. A psique unifica-se mas, ao invés da Etapa 1, as partes permanecem diferenciadas e contidas na consciência. E, ao contrário da Etapa 4, o ego não é identificado com os arquétipos: as imagens arquetípicas continuam sendo o "outro", não estão escondidas na sombra do ego. São vistas agora como "aí dentro", ao invés da Etapa 3, onde estão "lá fora", algures no espaço metafísico, concretamente, e não são projetadas em nada externo.

A expressão "pós-moderna" é minha, não de Jung. A sua quinta etapa de consciência não é "pós-moderna" no sentido em que a palavra é usada nas artes e na crítica literária, mas no sentido de uma etapa que transcende e suplanta o "moderno". Vai além do ego moderno que viu tudo com clareza e não acredita na realidade da psique. A postura moderna é uma atitude de "não é outra coisa senão". Está convencida de que as projeções foram eliminadas e de que não eram outra coisa senão uma porção de fumaça e de espelhos sem significado nenhum. A atitude pós-moderna reconhece a existência de realidade psíquica nas projeções, mas não no sentido concreto ou material. Se ouvimos muito barulho na floresta, é possível que, no fim de contas, alguma coisa exista lá dentro. Não o que pensamos mas, no entanto, algo real. Podemos observá-

166   *Jung — O Mapa da Alma*

lo? Podemos intuí-lo? Podemos concebê-lo? Assim, a própria psique passa a ser o objeto de minucioso exame e reflexão. Como captá-la em nossas observações? Como relacionarmo-nos com ela quando a observamos? Estas são as questões e perguntas pós-modernas. E assim, as tentativas de Jung de elaboração de uma epistemologia adequada em *Tipos Psicológicos* (uma "psicologia crítica", como ele chamou) representaram um esforço no sentido de criar as bases para abordar a psique como entidade independente. Suas técnicas de imaginação ativa e interpretação de sonhos prestam-se à interação direta com a psique e à formação de um relacionamento consciente com ela. Assim, ele estava forjando as ferramentas para relacionar-se com a vida de um modo consciente, pós-moderno, e para assumir uma posição respeitosa em relação aos mesmos conteúdos que os povos primitivos e tradicionais encontram em seus mitos e teologias, que os bebês e crianças de tenra idade projetam em seus pais, brinquedos e jogos, e que os pacientes mentais profundamente perturbados e psicóticos vêem em suas alucinações e visões. Os conteúdos são comuns a todos nós, e formam as camadas mais profundas e mais primitivas da psique, o inconsciente coletivo. Abordar as imagens arquetípicas e relacioná-las consciente e criativamente torna-se a peça central da individuação e constitui a tarefa da quinta etapa da consciência. Essa etapa da consciência produz um outro movimento no processo de individuação. O ego e o inconsciente unem-se através de um símbolo.

Oficialmente, Jung deteve-se na Etapa 5, embora em numerosos lugares indique que considerou a realização de novos avanços para além dela. Há sugestões em seus escritos para o que poderia ser considerado uma sexta e talvez até uma sétima etapa. Por exemplo, no seu Seminário de Ioga Kundalini,[7] realizado em 1932, Jung reconhece claramente a realização de estado/s de consciência no Oriente que superam amplamente o que é conhecido no Ocidente. Embora ele duvide das perspectivas de realizar etapas similares de consciência para os ocidentais no futuro previsível, admite, no entanto, a possibilidade teórica de fazer com que isso ocorra, e até descreve algumas características que essas etapas teriam. O tipo de consciência revelado em Kundalini poderia ser considerado uma Etapa 7 potencial. Recuando um pouco, existe um tipo de consciência que é mais acessível ao Ocidente e que ocuparia um lugar entre a Etapa 5 e essa suposta Etapa 7. Mais tarde, quando explorou a estrutura e função dos arquétipos no contexto da sincronicidade, Jung sugeriu que talvez essas estruturas aparentemente internas correspondam a estruturas de ser no mundo não-psíquico. Examinarei isto em maior detalhe no capítulo 9 mas, por agora, é suficiente sugerir que uma possível sexta etapa da consciência seja aquela que toma em consideração a mais ampla relação ecológica entre a psique e o mundo. Para os ocidentais, que estão fundamentalmente condicionados por uma atitude materialista, isso é uma possível opção de desenvolvimento. A Etapa 6, portanto, poderia ser vista como um estado de consciência que reconhece a unidade da psique e do mundo material. Jung, entretanto, mostrou-se cauteloso ao empreender a exploração de tais territórios porquanto estava claramente passando aí da psicologia para o que no Ocidente conhecemos como física, cosmologia e metafísica, áreas nas quais ele não se sentia intelectualmente qualificado e competente. Não obstante, o seu pensamento conduziu-o passo a passo nessa direção, e temos de admitir que ele mostrou coragem ao seguir suas intuições. Suas conversas com físicos modernos, como Wolfgang Pauli, com quem publicou um livro,[8] foram uma tentativa de elaboração de algumas dessas correlações e correspondências entre a psique e o mundo físico.

As cinco etapas de desenvolvimento da consciência descritas anteriormente são mencionadas sucintamente por Jung em dois parágrafos do ensaio "O espírito de Mercúrio".[9] Alonguei-me sobre este ponto usando muitas outras fontes em sua obra. O tema da individuação está presente em suas obras escritas desde 1910 em diante. É uma preocupação constante que se aprofunda à medida que avança em suas investigações sobre a estrutura e dinâmica da psique. Ela ainda está presente em seu espírito no ensaio "Uma visão psicológica da consciência",[10] publicado em 1958, três anos antes de sua morte aos 86 anos de idade. Quase tudo o que ele escreveu toca, de um modo ou de outro, no tema da individuação. Existem, porém, dois textos clássicos sobre esse tópico, e neles me concentrarei no restante deste capítulo. São eles: "Consciente, inconsciente e individuação"[11] e "Um estudo no processo de individuação".[12]

No ensaio "Consciente, inconsciente e individuação", Jung oferece um sumário sucinto do que entende pelo termo individuação. Começa por dizer que se trata do processo pelo qual uma pessoa se torna um indivíduo psicológico, ou seja, uma unidade consciente separada e indivisa, um todo distinto. Expliquei acima algumas das implicações disso como um processo que visa unificar, primeiro, a consciência do ego e, depois, todo o sistema psíquico de consciente e inconsciente, a fim de abordar o que Jung chamaria, em última instância, de um todo [eine Ganzes]. O todo ou a integridade é o termo-mestre que descreve o objetivo do processo de individuação, e é a expressão, no âmbito da vida psicológica, do arquétipo do si-mesmo.

Sublinha Jung que o caminho de ingresso no inconsciente é feito inicialmente através da emoção e do afeto. Um complexo ativo dá-se a conhecer através da perturbação do ego com um afeto. Isso é uma compensação proveniente do inconsciente e oferece potencial para crescimento. Finalmente, prossegue ele, essas perturbações afetivas podem ter suas raízes primordiais no instinto, mas também podem levar a imagens que antecipam o futuro. Jung postula um ponto de vista finalista, um movimento para uma determinada meta.

Para chegar à integridade, ao todo, os sistemas consciente/inconsciente devem ser colocados em relação mútua: "A psique consiste em duas metades incongruentes que, juntas, formam um todo."[13] Ele apresenta então um método prático que as pessoas podem usar a fim de trabalhar para unir as metades díspares da psique.

Jung está se referindo ao que descrevi acima como pessoas ocidentais na Etapa 4 que "acreditam na consciência do ego e no que chamamos a realidade. As realidades de um clima nórdico são, de certo modo, tão convincentes que nos sentimos muito mais à vontade quando não as esquecemos. Para nós, faz sentido preocuparmo-nos com a realidade. A nossa européia consciência do ego é propensa, portanto, a absorver o inconsciente, e se for comprovado que isso não é viável, tentamos suprimi-lo. Mas se entendemos alguma coisa do inconsciente, sabemos que ele não pode ser absorvido. Também sabemos que é perigoso suprimi-lo, porque o inconsciente é vida, e essa vida volta-se contra nós se for suprimida, como acontece na neurose".[14] A neurose baseia-se num conflito interno que garante a unilateralidade: o inconsciente é reprimido e uma pessoa acaba num impasse energético. Com a energia sendo usada para uma tão estreita gama de atividades e para defesas contra o acesso ao inconsciente, são negadas muitas das possibilidades de integração e satisfação da vida. Com freqüência, uma pessoa fica extremamente isolada, a vida torna-se estéril e pode chegar a um ponto morto, ao completo imobilismo. "O consciente e o inconsciente não formam um todo quando um deles é suprimido e prejudicado pelo outro. Se têm que competir, que seja pelo menos numa luta limpa, com armas e direitos iguais de ambos os lados. Ambos são aspectos da vida. A consciência deve defender sua razão e proteger-se, e à vida caótica do inconsciente deve ser dada uma oportunidade de fazer valer também os seus próprios métodos... até onde nos for possível suportar. Isso significa ao mesmo tempo conflito declarado e colaboração manifesta. É esse, evidentemente, o modo como a vida humana deveria ser conduzida. É o velho jogo do martelo e da bigorna; entre eles, o paciente ferro é forjado num todo indestrutível, num 'indivíduo'."[15]

Forjar um todo indestrutível entre o martelo e a bigorna! Esta imagem sugestiva fala da natureza da processo de individuação tal como Jung o entendeu. Não se trata, fundamentalmente, de um tranqüilo processo de incubação e crescimento mas, pelo contrário, de um vigoroso conflito entre opostos. O que se ganha assumindo a tarefa de enfrentar o conflito entre persona e sombra, por exemplo, ou entre ego e anima, é "coragem", o conhecimento adquirido com a experiência do encontro (*Auseinandersetzung,* como Jung lhe chamou em alemão) entre consciente e inconsciente. "Em termos gerais, isto é o que entendo por processo de individuação. Como o nome indica, é um processo ou curso de desenvolvimento resultante do conflito entre dois fatos psíquicos fundamentais [consciente e inconsciente]."[16]

O surgimento do si-mesmo 169

Estudo de um Caso de Individuação

No segundo ensaio, "Um estudo no processo de individuação", Jung fornece detalhes mais concretos sobre o processo de individuação, pelo menos em suas primeiras etapas durante a segunda metade da vida. Nesse estudo, ele descreve uma paciente de 55 anos de idade e que veio trabalhar com ele depois de ter regressado à Europa após um largo período de ausência no estrangeiro. Ela é uma "filhinha de papai", muito culta e educada. É solteira, "mas vivia com o equivalente inconsciente de um parceiro humano, a saber, o animus... naquela ligação característica freqüentemente encontrada em mulheres com educação acadêmica".[17] Jung está falando, neste ponto, a respeito de uma mulher moderna. Esse caso era, para ele, obviamente fascinante e instrutivo. A paciente não era uma mãe e dona de casa tradicional que precisava desenvolver o seu intelecto e vida espiritual (desenvolvimento do animus) na segunda metade da vida, que era o modo como Jung usualmente concebia a individuação de mulheres. Pelo contrário, essa era uma mulher com um desenvolvimento intelectual muito forte e com uma carreira. Mas estava identificada com o lado masculino e empenhava-se agora numa busca para descobrir algo sobre sua mãe escandinava e sua pátria. Queria entrar em contato com o lado feminino de sua personalidade, o qual era, para ela, inconsciente.

Na realidade, muitas mulheres desse tipo continuariam acudindo a Jung para tratamento nos anos seguintes. Essa paciente é semelhante a muitas mulheres de hoje que, tendo dado prioridade à educação em vez de criar uma família e ter filhos, seguem uma carreira profissional talvez até o ponto em que a gravidez se converte numa miragem cada vez mais distante. Em 1928, porém, esse não era ainda um tipo de mulher muito comum.

A paciente começou por fazer desenhos e pintar quadros. Não era uma artista treinada, o que para a análise era uma vantagem, pois isso permitia ao inconsciente expressar-se de um modo mais direto e espontâneo. Essa paciente comentou que seus olhos queriam fazer uma coisa, mas sua cabeça a queria fazendo uma outra, e ela deixou que os olhos fizessem o que queriam, indicando que o novo centro de consciência em vias de desenvolvimento possuía vontade própria. Queria que as coisas fossem deste modo e não daquele, e ela podia permitir-se que isso acontecesse. *Geschenlassen* ("deixar acontecer") é o modo de captar o inconsciente em ação. Jung não interpretou ativamente o significado psicológico dos desenhos e pinturas da paciente, preferindo participar no processo ao encorajar a mulher a "deixar acontecer" como o inconsciente dela queria. Era freqüente ele não entender sequer o que os desenhos queriam dizer para além do seu conteúdo manifesto. Jung encorajava-a simplesmente a permanecer com eles. Pôde-se assistir ao desenrolar gradual de uma história, teve lugar um desenvolvimento, e isso mostrou seu propósito em devido tempo.

O Quadro 1[18] mostra a situação inicial da paciente: descreve o estado de uma pessoa que se encontra imobilizada tanto no plano psicológico quanto no do desenvolvimento. O corpo de uma mulher está encravado num rochedo e esforça-se obviamente por libertar-se. Essa é a situação da paciente quando começa a análise. O Quadro 2 mostra o rochedo sendo atingido por um raio, o que faz com que uma pedra redonda se desprenda daquele. Essa pedra representa o núcleo da mulher (o si-mesmo). Comenta Jung que esse quadro representa o si-mesmo libertando-se do inconsciente: "O raio desprendeu do rochedo a forma esférica e causou assim uma espécie de libertação."[19] A paciente associou o raio ao seu analista. A transferência começou a ter seu profundo efeito sobre a personalidade dela. No drama, Jung é representado pelo raio, o qual é também o elemento masculino da própria personalidade da paciente, o elemento que fere e fertiliza. Jung assinala as implicações sexuais dessas imagens.

Mais adiante, no texto, Jung fala de si mesmo como um transmissor de projeções para a função inferior da paciente, a intuição: "A função 'inferior'... tem o significado de uma função de liberação ou de 'redenção'. Sabemos por experiência que a função inferior sempre compensa, complementa e equilibra a função 'superior'. A esse respeito, a minha peculiaridade psíquica faria de mim um adequado transmissor de projeções."[20] Como transmissor das projeções dela, as palavras e a presença de Jung tornaram-se compensatórias para a consciência da paciente e também consideravelmente hiperbólicas quanto ao seu poder e eficácia. Ela o via como um gênio de intuição, aquele que tudo sabe e entende. Esse é o tipo de coisa que uma forte transferência tipicamente diz a um paciente. É a intuição de Jung, portanto, que atinge a paciente como um raio e tem sobre ela um tão profundo efeito. Porque é também a função inferior da paciente, "atinge inesperadamente a consciência, como um raio, e ocasionalmente com devastadoras conseqüências. Empurra o ego para o lado e faz espaço para um fator supraordenado, a totalidade de uma pessoa".[21]

Esse quadro representa, portanto, o ego sendo posto de lado e o si-mesmo fazendo sua primeira aparição. A pedra que se solta do rochedo não representa o ego da paciente mas o si-mesmo. O raio liberta o seu potencial de integridade, o qual tinha estado até agora encerrado no inconsciente. "Esse si-mesmo sempre esteve presente, mas adormecido."[22] O notável desenvolvimento do ego dessa mulher tinha deixado o si-mesmo para trás, e ela ficara tolhida em adaptações da persona e numa identificação com o complexo do pai e o animus, os "rochedos" de sua pintura. Ela precisava ser libertada dessas identificações. A possibilidade de contatar e ficar mais ligada ao si-mesmo, que está no âmago

O surgimento do si-mesmo

do processo de individuação, deve desprender-se do inconsciente e, neste caso, isso acontece através da ação do raio terapêutico. Jung afirmou justificadamente que a transferência é crítica para o sucesso em terapia.

Antes dos seus comentários sobre o terceiro quadro, de uma importância crucial na série, Jung diz *en passant* que "o terceiro quadro... apresenta um motivo que aponta de forma inequívoca para a alquimia e forneceu realmente o incentivo definitivo para efetuar um minucioso estudo das obras dos seus antigos adeptos".[23] Essa é uma notável declaração, à luz do fato de Jung ter passado considerável parte do resto de sua vida estudando alquimia em grande profundidade e intensidade. O Quadro 3 descreve "uma hora de nascimento — não do sonhante mas do si mesmo."[24] A imagem é de uma esfera azul-escura flutuando livremente no espaço, um "planeta em formação".[25] É o aparecimento do que a paciente chamou a sua "verdadeira personalidade", e ela sentiu no momento de fazer esse quadro que tinha atingido o ponto culminante de sua vida, um momento de grande libertação.[26] Jung associa isso ao nascimento do si-mesmo[27] e indica que a paciente encontra-se no ponto de adquirir uma percepção consciente do si-mesmo quando "a libertação se tornou um fato que é integrado à consciência".[28]

No Quadro 4 verifica-se uma significativa mudança na esfera. Agora existe um certo grau de diferenciação: a esfera está dividida em "uma membrana externa e um núcleo interno".[29] A serpente que flutua acima da esfera no quadro anterior está agora penetrando na esfera e fecundando-a. O quarto quadro trata de fecundação e emprega imagens sexuais mais ou menos explícitas. A paciente pôs de lado a sua identificação masculina e está abrindo o seu ser para novas possibilidades de vida. Tal como a paciente e Jung interpretam este quadro, ele também comporta um significado impessoal: o ego deve passar pela experiência de "deixar acontecer" a fim de ampliar o horizonte de modo a incluir aspectos positivos e negativos da personalidade como um todo (integração da sombra). A união da serpente e da esfera representa a união dos opostos psíquicos na psique da paciente. Jung evita as interpretações de transferências sexuais concretas, que poderiam ser aqui tão facilmente feitas, porque isso levaria ao reducionismo sexual e frustraria o avanço do processo de individuação. O sofrimento por que a paciente estava passando era precisamente o causado pelo "deixar acontecer" interpretações personalistas, a saber, seus desejos sexuais por Jung o homem, e pela percepção de que, na realidade, não estava apaixonada pelo seu analista, de quem se tornara psicologicamente tão íntima; em vez disso, fora ativado um nível arquetípico do processo de individuação, e era este que estava agindo para além de suas relações pessoais. Era o si-mesmo em ação, emergindo através dessas imagens.

172 *Jung — O Mapa da Alma*

A série de quadros aborda agora em muito maior profundidade e detalhe o problema da sombra e a integração do bem e do mal. No Quadro 5 o mal é rejeitado e a serpente está colocada fora da esfera. O Quadro 6 mostra uma tentativa para unir os opostos fora e dentro, um movimento no sentido da percepção consciente. O Quadro 7 indica uma certa depressão e alguma conscientização adicional como resultado. O Quadro 8, que é muito importante, ilustra um movimento na direção da terra, da mãe, do feminino. Foi com esse intuito que essa mulher chegou à Europa; ela estava tentando estabelecer um contato firme com o lado feminino do seu ser. O Quadro 9 volta a mostrar a luta dela para unir os opostos, o bem e o mal. No Quadro 10, os opostos estão equilibrados mas a imagem do câncer aparece pela primeira vez. (Essa mulher, de fato, morreu de câncer dezesseis anos depois.) O Quadro 11 sugere que a crescente importância do mundo exterior estava começando a ofuscar o valor da mandala. Doravante, o tema da mandala é repetido em muitas variantes, cada uma delas tentando a cada vez maior integração e expressão do si-mesmo. A série conclui com o Quadro 19 inicialmente, mas depois a mulher deu-lhe continuidade por mais dez anos após o tratamento e termina, finalmente, com o Quadro 24, a imagem de uma bela flor de loto com um centro amarelo, colocada dentro de um círculo dourado suspenso contra um compacto fundo preto. Uma solitária estrela dourada paira acima do loto. O próprio loto está assente num canteiro de folhas verdes e por baixo das folhas estão o que parece ser duas serpentes douradas. É uma belíssima imagem do si-mesmo, manifesta e plenamente realizado. Jung recusa-se a comentar as imagens além do Quadro 19; elas, porém, falam por si mesmas sobre um aprofundamento e consolidação adicionais do si-mesmo, revelados e vivenciados durante e após o período de análise.

·A conclusão de Jung sobre este caso diz que essa mulher estava, durante sua análise, nas primeiras etapas de um poderoso processo de individuação. Durante o tempo em que ele a viu em análise, ela passou pela inesquecível experiência do surgimento do si-mesmo na consciência, e nas semanas e meses subseqüentes lutou por unir os opostos dentro de sua matriz psíquica. Ela pôde desidentificar-se com o animus e reconciliar-se com o núcleo feminino de si mesma. Nesse ponto, o ego tornou-se relativizado em face do si-mesmo, e a mulher pôde conhecer por experiência própria a psique arquetípica impessoal. Estas são as características clássicas do que Jung chamaria o processo de individuação na segunda metade da vida.

Os Movimentos do Si-Mesmo

Apenas uma palavra final sobre o assunto da individuação. A concepção junguiana do si-mesmo é simultaneamente estrutural e dinâmica. No capítulo prévio, concentrei-me sobretudo em suas características estruturais. Mas quando se considera o processo de individuação, a característica que ganha o primeiro plano é a sua qualidade dinâmica. Jung concebe o si-mesmo como algo que está sujeito a uma contínua transformação no decorrer de uma vida inteira. Cada uma das imagens arquetípicas que se apresentam na seqüência de desenvolvimento do nascimento à velhice — o bebê divino, o herói, o *puer* e a *puella*, o rei e a rainha, a velha bruxa e o sábio ancião — são aspectos ou expressões desse singular arquétipo. Durante o desenvolvimento, o si-mesmo colide com a psique e gera mudanças no indivíduo em todos os níveis: físico, psicológico e espiritual. O processo de individuação é impulsionado pelo si-mesmo e levado a efeito através do mecanismo de compensação. Embora o ego não o gere nem o controle, pode participar nesse processo na medida em que adquire consciência dele.

No final de um de seus últimos livros, o *Aion*, Jung apresenta um diagrama para ilustrar os movimentos dinâmicos do si-mesmo. O diagrama tem o aspecto de uma espécie de átomo do carbono.

Isto representa uma fórmula para a transformação de uma entidade singular, o si-mesmo, dentro do contexto do contínuo da vida psicológica de um indivíduo. Nesse diagrama, Jung está tentando retratar um movimento, dentro do si mesmo, desde o potencial puro até a sua concretização: "O processo expresso por nossa fórmula transforma a totalidade originariamente inconsciente numa totalidade consciente."[30] Uma vez que descreve um processo contínuo de transformação de uma só e mesma substância, é um processo de transformação e renovação, assim como um movimento para a tomada de consciência.

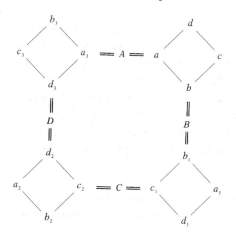

174   *Jung — O Mapa da Alma*

O movimento começa no Quatérnio A, o qual representa o nível arquetípico, o pólo do espírito do espectro psíquico. Manifesta-se aí como imagem ideal. Enquanto descreve um curso circular através dos Quatérnios A, B, C e D, e retorna então a A para repetir tudo de novo, um conteúdo psíquico, uma imagem arquetípica, ingressa no sistema psíquico na extremidade arquetípica do espectro, seguindo-se um processo de integração em cada um dos outros três níveis. Em primeiro lugar, a imagem circula pelos quatro pontos da quaternidade arquetípica, e a idéia fica mais clara. Depois, a idéia muda para o nível B, entrando pela porta de b minúsculo, por um processo semelhante ao da mudança de um nível de energia num átomo. Isto é uma mudança para outro nível de consciência. Agora, a idéia existe ao nível da sombra, e ingressa na realidade e na vida cotidiana, onde todos os objetos projetam sombras. A idéia adquire substancialidade, e a idéia de unidade, totalidade e integridade deve perdurar agora até o fim da vida. A idéia abre seu caminho através desse nível psíquico e deve ser concretamente realizada no espaço e no tempo, e isto introduz limitações e problemas. Jung diz que todo ato humano pode ser olhado positiva ou negativamente,[31] e quando se transita do pensamento para a ação está-se ingressando num mundo de potencial de sombra. Toda a ação leva a uma reação. Tem um impacto externo e assim, quando alguém principia realmente a individuar-se, a efetuar mudanças sobre as quais as outras pessoas começam a queixar-se, essa pessoa está se movimentando dentro do quatérnio da sombra. A idéia está se materializando, exercendo seu efeito no comportamento na vida real, e descendo até o nível instintivo. Arquétipos e instintos estão sendo ligados nesse nível, e quando a idéia se desloca para o quatérnio da sombra, ela assume cada vez mais atributos instintivos e consubstanciados.

Quando a idéia desce para o nível C, penetra no interior da *physis,* que é um nível extremamente profundo no substrato material do corpo, e o próprio corpo começa a mudar. O princípio organizador que começa com a imagem e ingressa na psique torna-se comportamento; depois entra em contato e constela o instinto, e começa agora a afetar o corpo de tal modo que, na realidade, reorganiza moléculas. Esse profundo nível físico situa-se para além da barreira psicóide da psique. Essa é uma forma motivadora implícita na própria evolução. A estrutura acompanha a forma.

Com o nível D, é alcançado o próprio nível da energia. Aí reside a origem da cristalização da energia em matéria. É o nível submolecular e subatômico de energia e o constitui de formas que a modelam. Atingir este nível é sugerir a realização de uma mudança deveras profunda, mudança ao nível da própria energia e de sua organização.

> A fórmula em questão representa um símbolo do si-mesmo, pois este último não é apenas uma grandeza estática ou uma forma persistente, mas também um processo

O surgimento do si-mesmo

175

dinâmico, do mesmo modo que os antigos não consideravam a *imago Dei* [imagem de Deus] presente no homem como simples marca estampada por sinete, uma espécie de impressão estereotipada e sem vida, mas como força atuante. As quatro transformações constituem um processo de reconstituição ou de rejuvenescimento que tem lugar, por assim dizer, no interior do si-mesmo, mais ou menos comparável ao ciclo do carbono e do nitrogênio no interior do sol, durante o qual um núcleo do carbono capta quatro prótons... e libera-os de novo sob a forma de partículas alfa. Neste ponto, o núcleo do carbono ressurge, inalterado, "como a Fênix das cinzas". É presumível que o mistério da existência, isto é, a existência do átomo e seus componentes, possa muito bem consistir num processo continuamente repetido de rejuvenescimento, e chega-se a conclusões semelhantes ao tentar explicar a numinosidade dos arquétipos.[32]

Num adiantamento por conta do próximo capítulo, podemos pensar no si-mesmo como uma entidade cósmica que emerge na vida humana e se renova interminavelmente em suas rotações através da psique. Talvez confie em indivíduos humanos para adquirir consciência de si mesmo, para encarnar no mundo tridimensional de tempo e espaço, e também para rejuvenescer e dilatar sua existência. Subsiste no universo para além da psique. Usa as nossas psiques e o mundo material, incluindo os nossos corpos, para os seus próprios fins, e continua depois que envelhecemos e morremos. Fornecemos um lar onde pode emergir e residir; entretanto, em nosso orgulho e egolatria, atribuímo-nos um crédito exagerado por seu gênio e beleza.

9

Do tempo e eternidade
(Sincronicidade)

Desde as suas primeiras tentativas para explorar a alma humana, mapeá-la e estabelecer suas fronteiras, Jung mostrou-se fascinado pelo que acontece nas áreas fronteiriças. Esse era o seu temperamento — gostava de ampliar os limites do já conhecido. O seu primeiro estudo importante foi uma dissertação sobre transes mediúnicos e os surpreendentes relatos de sua jovem prima, Helene Preiswerk, sobre personagens mortos desde há muito tempo. Foi uma investigação psicológica da relação entre estados normais e paranormais de consciência.[1] Trabalhos subseqüentes sobre associação de palavras e a teoria dos complexos estudaram as fronteiras entre as partes consciente e inconsciente da psique. Penetrando ainda mais profundamente no território do inconsciente, Jung descobriu uma outra região fronteiriça. Esta encontra-se situada entre os conteúdos pessoal e impessoal do consciente, entre o território dos complexos e o das combinações arquetípicas de imagem-e-instinto. Em suas ulteriores investigações do si-mesmo, encontrou um ponto de transgressão da fronteira entre psique e não-psique. Como o arquétipo *per se* é psicóide e não se encontra rigorosamente dentro dos limites fixados pelas fronteiras da psique, serve de ponte entre os mundos interior e exterior, e decompõe a dicotomia sujeito-objeto.

Em última instância, essa curiosidade acerca de fronteiras levou Jung a formular uma teoria que procura articular um único sistema unificado que abran-

Do tempo e eternidade 177

ge matéria e espírito e lança uma ponte entre tempo e eternidade. É a teoria da *sincronicidade*. Extensão da teoria do si-mesmo à cosmologia, a sincronicidade fala da profunda e oculta ordem e unidade entre tudo o que existe. Essa teoria também revela Jung o metafísico, uma identidade que ele freqüentemente negou.

Padrões no Caos

Os poucos textos de Jung a respeito da sincronicidade exploram a ordem significativa em eventos aparentemente aleatórios. Assinala ele — como muitos outros autores também o fizeram — que as imagens psíquicas e os acontecimentos objetivos estão organizados, por vezes, em configurações claramente definidas, e que esses padrões ocorrem por acaso e não em virtude de uma cadeia causal de eventos precedentes. Por outras palavras, não existe uma razão causal para que a configuração apareça. Ela ocorre puramente por acaso. E surge inevitavelmente a pergunta: Essa configuração é completamente aleatória ou é significativa? A adivinhação segue essa idéia de que certos acontecimentos aleatórios possuem um significado. Um certo pássaro é visto sobrevoando e o adivinho diz ao rei que está na hora de se preparar para a batalha. Ou há o caso mais complicado do antigo oráculo chinês chamado *I Ching* ou *O Livro das Mutações*. Para consultar este oráculo, emprega-se o complicado sistema das varetas ou o mais popular de jogar três moedas por seis vezes a fim de determinar uma configuração de moedas que é então relacionado com um de 64 hexagramas. Ao estudar-se esse hexagrama, é possível determinar um padrão de significado em eventos do momento presente e um padrão emergente que adquirirá forma no futuro. É do texto desse hexagrama que a pessoa pode obter conselho e orientação. Esse oráculo baseia-se no princípio de sincronicidade. O pressuposto é de que existe uma ordem significativa subjacente no resultado aleatório do lançamento das moedas ao ar, uma questão candente e eventos no mundo exterior. As pessoas que experimentam o *I Ching* são freqüentemente surpreendidas por sua perturbadora exatidão. Como explicar essas configurações e padrões significativos que não são criados por causas conhecidas?

Ainda mais próximo da prática analítica e da teoria psicológica de Jung está um fenômeno que ele assinala com fascínio, a saber, que a compensação psicológica ocorre não só em sonhos mas também em acontecimentos não-psicologicamente controlados. A compensação chega, por vezes, do mundo exterior. Uma paciente de Jung teve um sonho no qual recebia de presente um escaravelho dourado. Enquanto analisavam esse símbolo onírico no seu gabinete, ouviram um ruído como se alguém estivesse batendo na janela, e viram

178   *Jung — O Mapa da Alma*

que um escaravelho se debatia contra a vidraça. Jung abriu a janela e apanhou em pleno vôo um inseto conhecido como besouro-rosa comum, que é a versão mais próxima do escaravelho dourado (*Cetonia aurate*) que se podia encontrar naquelas latitudes.[2] De casos como esse deduz-se que o aparecimento de imagens arquetípicas em sonhos pode coincidir com outros acontecimentos. Os fenômenos compensatórios atravessam as fronteiras comumente aceitas entre sujeito e objeto, e manifestam-se no mundo objetivo. Uma vez mais, o quebra-cabeças para Jung era como explicar isso no contexto de sua teoria. Tais eventos não são, *stricto sensu*, psicológicos e, no entanto, possuem uma profunda conexão com a vida psicológica. Os arquétipos, concluiu ele, são *passíveis de transferência*,[3] ou seja, não estão limitados à esfera psíquica. Em sua transferibilidade, podem surgir na consciência quer oriundos do interior da matriz psíquica, quer do mundo à nossa volta — ou de ambos simultaneamente. Quando ocorrem ao mesmo tempo, são chamados de sincronísticos.

As referências ao *unus mundus* (o mundo unificado) e à noção de sincronicidade (se bem que nem sempre fosse usado este termo exato) estão disseminadas por todas as *Obras Completas* e em outros escritos menos formais, como cartas, mas Jung só veio a expressar plenamente seus pensamentos sobre esse assunto em período relativamente tardio de sua vida. Em 1952, ele e o Nobel de Física Wolfgang Pauli publicaram juntos o livro *Naturerklärung und Psyche* [A interpretação da Natureza e a Psique], que era uma tentativa de elucidação das possíveis relações entre natureza e psique. É significativo que Jung publicasse essa obra em conjunto com um cientista vencedor do Nobel e não com um filósofo, um teólogo ou um mitologista. De toda a obra teórica de Jung, esse estudo sobre sincronicidade é o que está sujeito às mais grosseiras distorções. Jung queria evitar ser visto como um místico ou um excêntrico, e é evidente que se preocupava em especial com a forma de expor essa parte do seu pensamento aos olhos do público científico moderno. O ensaio de Pauli, "A influência de idéias arquetípicas sobre a expressão das teorias científicas de Kepler", investiga os padrões arquetípicos no pensamento científico de Kepler e, num certo sentido, prepara o terreno para a mais temerária contribuição de Jung, o ensaio "Sincronicidade: um princípio de conexões acausais".[4] Essa obra sobre sincronicidade acrescenta à teoria psicológica de Jung a noção de que existe um alto grau de continuidade entre a psique e o mundo, de tal modo que imagens psíquicas (as quais incluem também os núcleos de pensamentos científicos abstratos, como o de Kepler) podem revelar também verdades sobre a realidade no espelho refletor da consciência humana. A psique não é algo que começa e termina somente em seres humanos e em isolamento do cosmo. Há uma dimensão na qual a psique e o mundo interagem intimamente e se refletem reciprocamente. Esta é a tese de Jung.

O Desenvolvimento da Idéia de Sincronicidade

Numa carta a Carl Seelig, o escritor e jornalista suíço que escreveu uma biografia de Albert Einstein, Jung escreve sobre a sua primeira e vaga suspeita de sincronicidade:

> O Professor Einstein foi meu convidado para jantar em muitas ocasiões... Estava ele começando então a desenvolver a sua primeira teoria da relatividade. Procurava instilar em nós os elementos dela, com maior ou menor dose de êxito. Como não-matemáticos, nós, psiquiatras, tínhamos certa dificuldade em seguir sua argumentação. Compreendi, no entanto, o suficiente para formar uma poderosa impressão de Einstein. Foi, sobretudo, a simplicidade e franqueza de seu gênio como pensador que me impressionou de modo irresistível e exerceu uma duradoura influência sobre o meu próprio trabalho intelectual. Foi Einstein quem primeiro me levou a pensar sobre uma possível relatividade tanto do tempo quanto do espaço, a sua condicionalidade psíquica. Mais de trinta anos depois, esse estímulo propiciou o meu relacionamento com o físico Professor W. Pauli, e a elaboração da minha tese sobre sincronicidade psíquica.[5]

A teoria da relatividade de Einstein deve ter conquistado a imaginação de Jung, ainda que não entendesse os seus detalhes ou as provas matemáticas que a embasavam. Também é interessante assinalar que físicos famosos desempenharam um papel nessa teorização em seu começo e na conclusão. Essa associação com a física moderna fornece o contexto histórico apropriado para a teoria da sincronicidade de Jung.

As relações entre Jung e os luminares da física moderna fazem parte de uma história que ainda tem de ser contada na íntegra. Além de Einstein e Pauli, havia também muitas outras figuras destacadas da física moderna que habitavam Zurique na primeira metade do século XX e realizavam conferências ou davam aulas na Universidade Politécnica onde Jung era professor de psicologia na década de 30. Zurique era um autêntico viveiro da física moderna nas primeiras décadas deste século, e seria quase impossível ignorar o estimulante fermento criado por esses intelectos. Havia a clara impressão de que a natureza da realidade física estava sendo fundamentalmente repensada e Jung começou desde cedo — conforme indica a sua carta a respeito de Einstein — a meditar sobre as semelhanças entre a física moderna e a psicologia analítica. O ensaio de Jung sobre sincronicidade foi, sem dúvida, o resultado de inúmeras discussões com essas pessoas durante os trinta ou mais anos que precederam a sua forma e publicação finais.

Cumpre reconhecer que a teoria dos arquétipos e do si-mesmo e a teoria da sincronicidade combinaram-se para criar um único tecido de pensamento. Essa é a visão unificada de Jung a que nos referimos na Introdução deste livro. Para apreender toda a extensão da teoria do si-mesmo, ela tem que ser considerada dentro do contexto do pensamento de Jung sobre sincronicidade; para apreender a sua teoria da sincronicidade, cumpre ter também em consideração a sua teoria dos arquétipos. Essa é uma das razões por que poucos psicólogos seguiram a orientação de Jung no tocante à teoria dos arquétipos. Ela torna-se metapsicológica, à beira de tornar-se metafísica, e poucos psicólogos se sentem à vontade em todas as áreas requeridas para abranger essa teoria em toda a sua plenitude — psicologia, física e metafísica. É um nível intelectual que poucos pensadores modernos podem nutrir a esperança de alcançar. Os mestres universitários mostram-se sumamente cautelosos em dar um passo além dos limites das especialidades de seus respectivos departamentos. A teoria da sincronicidade ajusta-se à visão de Jung do si-mesmo como uma característica de radical transcendência sobre a consciência e a psique como um todo, e desafia as linhas de fronteira comumente traçadas para separar as faculdades de psicologia, física, biologia, filosofia e espiritualidade. Supõe-se tradicionalmente que a psicologia se limita ao que ocorre na mente humana; mas com a sua teoria do si-mesmo e da sincronicidade, a psicologia analítica de Jung desafiou essa segmentação arbitrária. Quando estudantes perguntaram certa vez a Jung onde termina o si-mesmo e quais são as suas fronteiras, sua resposta foi que não tem fim, é ilimitado. Para se entender o que ele quis dizer com esse comentário, tem que se levar em conta que ele estava considerando as implicações da sincronicidade para a teoria do si-mesmo.

Jung era compreensivelmente ambivalente a respeito da apresentação de uma idéia da magnitude que a sincronicidade implica. Sempre o suíço cauteloso e conservador, Jung procurou, de um modo geral, fundamentar seus argumentos em bases puramente psicológicas, a área onde sua autoridade e *expertise* eram indiscutíveis. Com a teoria da sincronicidade, entretanto, ele ficou isolado. Aí, a psique por si só não lhe daria apoio. Não obstante, aos 75 anos de idade, deve ter sentido que adquirira o direito de entregar-se a essa espécie de especulação cosmológica. Estava pronto para mandar para o prelo uma de suas mais audaciosas noções, a unidade do si-mesmo e do Ser. É isso tão diferente de se dizer que o si-mesmo e Deus são um só? Ele aceitou o risco de soar como um profeta ou, pior ainda, como um excêntrico.

Sincronicidade e Causalidade

O próprio ensaio é difícil e, por certo, profundamente prejudicado por um mal orientado esforço de análise estatística de uma pesquisa sobre casais realizada

Do tempo e eternidade

por um colega. Em minha crítica desse ensaio limitar-me-ei às seções teóricas. Jung começa por fazer um comentário sobre a noção de causalidade e as leis de probabilidade, e assinala a tendência humana universal para projetar a causalidade. De um modo quase inevitável, as pessoas fazem a pergunta: Por que aconteceu isso? Parte-se do princípio de que todo o evento é causado por alguma coisa que o precedeu. Com freqüência, está presente uma relação causal dessa espécie mas, ocasionalmente, pode não estar. Em psicologia, por exemplo, é particularmente difícil determinar a causalidade, porquanto ninguém pode saber com absoluta certeza o que nos causa fazer, pensar e sentir desta ou daquela maneira. Existe motivação consciente e existe motivação inconsciente dos conteúdos e impulsos psíquicos. Há muitas teorias que tentam explicar a emoção e o comportamento em termos causais, mas as nossas projeções levam-nos, sem dúvida alguma, a apontar mais causas no domínio dos fenômenos psíquicos do que realmente aí se encontram. Ou podemos atribuir os acontecimentos a causas erradas, descobrindo mais tarde que estávamos equivocados.

Poderíamos apressar-nos em aceitar a conclusão de que um homem espanca a mulher porque foi espancado quando criança ou porque viu seu pai surrar regularmente sua mãe. Comporta-se assim por causa de experiências infantis, ou porque seus pais o influenciaram nessa direção. Poderíamos declarar com grande confiança em nossa acuidade psicológica que "ele sai ao pai" ou que o responsável é o "seu complexo materno". Isso não deixa de ser uma boa abordagem inicial, mas tal análise redutiva certamente não esgota toda a gama de causas e significados possíveis. Também existe uma causa final, por exemplo, que leva as pessoas a fazer algo com vistas à realização de um determinado objetivo ou à obtenção de uma certa medida de adaptação à vida. Talvez este homem esteja tentando assegurar-se de poder e controle sobre sua mulher, pretendendo assim adquirir maior domínio sobre o seu próprio futuro. A causação psicológica pode levar a um retrocesso na história ou igualmente a um decidido avanço rumo ao futuro. E depois temos também os acontecimentos aleatórios, como encontrarmo-nos no lugar certo na hora certa. É difícil explicar por que algumas pessoas são tão afortunadas ou malfadadas, tão bafejadas pela sorte ou marcadas pelo infortúnio, e é freqüente acabarmos elogiando-as por coisas que elas não fizeram ou censurando-as por coisas que não podiam evitar. Existe um espaço quase infinito para a projeção e a especulação.

Pensamos em termos de causa-e-efeito porque somos humanos, não porque vivemos numa era científica. Em todos os períodos e em todas as culturas, as pessoas pensam causalmente, mesmo que atribuam aos eventos causas que os nossos conhecimentos científicos contradizem. Poderemos dizer hoje de um determinado indivíduo que ele se comporta como um monstro psicopático porque foi severamente maltratado em criança, ao passo que na Idade Média a opinião era de que o Demônio o levava a proceder assim. São dadas razões diferentes mas o pensamento é o mesmo. Desafiar o próprio pensamento causal, reconhece Jung, é ir contra a natureza do senso comum. Então por que fazê-lo? Porque existem eventos que não podem ser cobertos por nenhuma das teorias de causalidade.

Ao pôr em dúvida o caráter último do raciocínio de causa-e-efeito, Jung descobriu que a física moderna era uma aliada, porquanto a física tinha descoberto alguns eventos e processos para os quais não havia explicações causais, tão-somente probabilidades estatísticas. Jung menciona, por exemplo, a decomposição de elementos radioativos. Não há explicação causal para nos elucidar por que um ou outro átomo de rádio se decompõe no momento em que isso ocorre. A decomposição de elementos radioativos pode ser prevista e estatisticamente medida, e a taxa de decomposição é constante ao longo do tempo, mas não há explicação que nos diga por que e como isso acontece. Simplesmente acontece. É uma daquelas coisas a cujo respeito dizemos: "Porque é assim mesmo." Essa descoberta de eventos não causados produz uma brecha no universo causal. É não só o fato de a ciência ainda não ter chegado a entender como a causalidade funciona em tais circunstâncias mas, sobretudo, a constatação de que, em princípio, a regra da causação não é aplicável. Se existem acontecimentos que não são criados por uma causa precedente, como poderemos pensar sobre suas origens? Por que acontecem? O que explica a sua ocorrência? São esses eventos aleatórios e puramente acidentais?

Jung reconhece a probabilidade como um importante fator na explicação de muitos acontecimentos. Mas existem séries de eventos aparentemente aleatórios que exibem um padrão para além das escalas de probabilidade, tais como seqüências de números ou outras coincidências extraordinárias. Os adeptos de jogos de azar vivem e torcem por essas seqüências de sorte que não podem ser explicadas. Jung quer manter-se longe de conceitos altamente intuitivos ou ocultos como as afinidades ou correspondências eletivas, as quais têm sido propostas por alguns videntes e filósofos visionários, como Schopenhauer. Ele prefere, em vez disso, abordar esse difícil assunto científica, empírica e racionalmente, tal como muitos anos antes tinha atacado empírica e cientificamente o mistério da mediunidade oculta em sua dissertação doutoral. Jung estava radicalmente comprometido com uma abordagem científica para o entendimento.

É tentador, entretanto, ler o estudo de Jung sobre a sincronicidade em termos mais biográficos. Em suas opiniões sobre individuação na segunda metade da vida, Jung sustenta que as pessoas (no mundo ocidental, pelo menos) devem tentar pôr sua consciência do ego racional em contato com o inconsciente coletivo não-racional, embora sem sacrificar a posição racional do ego. Jung também acreditava que a principal tarefa psicológica da segunda metade de

Do tempo e eternidade

sua vida era formular uma *Weltanschauung* ou visão do mundo, uma filosofia pessoal de vida. E ela deveria incluir elementos racionais e irracionais. Nesse ensaio sobre sincronicidade podemos ver Jung usando seu racional ego científico ocidental para explorar o mundo da magia e os extraordinários e inexplicáveis fenômenos que ocorrem no inconsciente coletivo. Ele está tentando formular um símbolo, na forma de um conceito, que possa manter unidos os dois domínios numa tensão de opostos. Embora as questões de que se ocupa sejam semelhantes às freqüentemente tratadas pela religião e pela filosofia, Jung está procurando aplicar o seu método racional científico e sua visão do mundo a fenômenos cuja natureza mística, religiosa e quase-mágica os exclui usualmente de qualquer discussão científica. Por suas próprias razões pessoais, mas também por nossa cultura científica como um todo, ele está tentando forjar uma ligação entre os dois focos culturais dominantes do Ocidente, ciência e religião. Está tentando manter essa tensão sem favorecer unilateralmente um ou outro elemento. Sua teoria da sincronicidade é o símbolo que tentará conter esse par de opostos. Essa é a parte pessoal dessa obra.

Os experimentos de J. B. Rhine em percepção extra-sensorial (PES) na Universidade Duke fascinaram Jung. Estava impressionado porque eles demonstraram, usando a teoria das probabilidades, que a PES não pode ser causalmente explicada. Os experimentos mostraram que os seres humanos podem cruzar as fronteiras aparentemente absolutas que nos limitam a um único contínuo tempo-espaço. Isso lembrou a Jung a teoria da relatividade de Einstein, e também sonhos por ele observados onde imagens de acontecimentos distantes eram formadas durante ou antes deles terem ocorrido. Os experimentos de Rhine ofereceram novas provas empíricas para o que Jung já tinha concluído, a saber, que a psique não está limitada, em absoluto, pelas fronteiras de tempo e espaço. A causalidade, que pressupõe um contínuo tempo-e-espaço rigorosamente fechado, não pode explicar esses eventos. Jung indica que nenhuma energia é transmitida nos experimentos PES de Rhine; há apenas uma "coincidência" no tempo de pensamento e evento. Uma carta do baralho é voltada numa sala, uma imagem aparece na psique de uma pessoa numa outra sala, e as duas imagens coincidem com maior freqüência do que é estatisticamente provável. Jung usa o termo "sincronicidade" em letra de forma pela primeira vez neste ensaio: "não se pode falar de causa e efeito, mas de uma coincidência no tempo, uma espécie de simultaneidade. Por causa do caráter dessa simultaneidade, escolhi o termo *sincronicidade* para designar um fator hipotético de explicação equivalente à causalidade."[6]

Sincronicidade e Teoria Arquetípica

Em 1954, dois anos após a edição do ensaio sobre sincronicidade, Jung publicou uma versão revista do seu definitivo estudo teórico, "A Natureza da Psique". Num importante suplemento, ele liga a teoria dos arquétipos ao princípio de sincronicidade. Isto é importante porque une duas partes de seu pensamento para formar um só enunciado teórico unificado. Jung usa a expressão "psique objetiva" para discutir o ponto de vista de que o inconsciente é um domínio de "objetos" (complexos e imagens arquetípicas), tanto quanto o mundo circundante é o domínio de pessoas e coisas. Esses objetos internos afetam a consciência do mesmo modo que os objetos externos. Eles não são parte do ego mas afetam o ego, e o ego deve relacionar-se com eles e adaptar-se-lhes. Os pensamentos, por exemplo, ocorrem-nos, "vêm-nos" à consciência (a palavra alemã *Einfall* significa algo que acode à mente, mas também uma "inspiração"). Para Jung, as intuições e os pensamentos que surgem do inconsciente não são produtos de esforços deliberados para pensar mas objetos internos, parcelas do inconsciente que pousam ocasionalmente na superfície do ego. (Jung gostava de dizer, por vezes, que os pensamentos são como pássaros: eles chegam e fazem ninho nas árvores da consciência por algum tempo, e depois alçam vôo de novo. São esquecidos e desaparecem.) Além disso, quanto mais penetramos na psique objetiva, mais objetiva ela se torna porque está cada vez menos relacionada com a subjetividade do ego: "Ela é, ao mesmo tempo, o que há de mais intimamente subjetivo e universalmente verdadeiro, quero dizer, é algo cuja universalidade pode, em princípio, ser comprovada, o que não pode dizer-se dos conteúdos conscientes de natureza personalística. O caráter esquivo, arbitrário, nebuloso e singular que a mente do leigo associa sempre à idéia do psíquico, não se aplica à consciência nem ao inconsciente absoluto."[7] Ao invés da consciência, o inconsciente é regular, previsível e coletivo: "As unidades com que o inconsciente opera são definíveis, não em termos quantitativos mas qualitativos; em outras palavras, os arquétipos têm, portanto, uma natureza a cujo respeito *não se pode afirmar com certeza que seja puramente psíquica*"[8] (o grifo é de Jung).

Em capítulos anteriores, sublinhei que os arquétipos devem ser considerados mais psicóides do que puramente psíquicos. No seguinte trecho, Jung afirma-o de modo explícito: "Embora eu tenha chegado, através de considerações puramente psicológicas, a duvidar da natureza exclusivamente psíquica dos arquétipos, a própria psicologia viu-se, contudo, obrigada a rever suas premissas 'unicamente psíquicas' em face de descobertas também físicas... A identidade relativa ou parcial entre psique e contínuo físico é de suma importância, sob o ponto de vista teórico, porquanto implica uma enorme simplificação ao pro-

Do tempo e eternidade 185

mover a transposição do aparentemente incomensurável abismo entre o mundo físico e o psíquico, não, por certo, de forma concreta mas, do ponto de vista físico, por meio de postulados empiricamente deduzidos — vale dizer, por meio de arquétipos, cujo conteúdo, se existe, a nossa mente não pode conceber."[9] Em outras palavras, Jung enxerga vastas áreas de identidade entre as mais profundas configurações da psique (imagens arquetípicas) e os processos e padrões evidentes no mundo físico e estudados por físicos. Assim, de uma forma bastante irônica, resulta que a *participation mystique* da primeira etapa, a psicologia primitiva, não está, afinal de contas, assim tão longe da realidade! A psique, definida por Jung como quaisquer conteúdos ou percepções que sejam capazes, em princípio, de tornar-se conscientes e ser afetados pela vontade, inclui a consciência do ego, complexos, imagens arquetípicas e representações de instintos. Mas arquétipo e instinto *per se* deixam de ser psíquicos. Situam-se num contínuo com o mundo físico, o qual, em suas profundidades (como exploradas pela física moderna), é tão misterioso e "espiritual" quanto a psique. Ambos se dissolvem em pura energia. Este ponto é importante porque sugere uma forma de conceber como a psique está relacionada com o soma e com o mundo físico. Os dois domínios, psique e mundo material, podem ser unidos por equações matemáticas e por "postulados empiricamente deduzidos — arquétipos".[10] Tanto o corpo material quanto a psique não precisam ser derivados um do outro. São, antes, duas realidades paralelas que estão sincronicamente relacionadas e coordenadas.

Mente e Matéria

A relação da mente com a matéria nunca deixou de intrigar Jung. Achou muito curioso por exemplo que, com base exclusiva no pensamento matemático, pudesse ser construída uma ponte capaz de suportar os rigores da natureza e do trânsito humano. A matemática é um produto puro da mente e não se mostra em parte alguma no mundo natural; no entanto, pessoas podem sentar-se em seus gabinetes e gerar equações que rigorosamente predizem e captam objetos e eventos físicos. A Jung impressionava o fato de que um produto puramente psíquico (uma fórmula matemática) pudesse ter um relacionamento tão extraordinário com o mundo físico. Por outro lado, Jung propõe que os arquétipos também servem como ligações diretas entre a psique e o mundo físico: "Somente uma explicação adquirida dos fenômenos psíquicos, com um mínimo grau de clareza, nos obriga a admitir que os arquétipos devem ter um aspecto não-psíquico. As razões para essa conclusão se encontram nos fenômenos de sincronicidade que acompanham a atividade de fatores inconscientes e que até hoje têm sido considerados ou rejeitados como 'telepatia', etc."[11] Jung é geralmente cauteloso a respeito de atribuir causalidade aos arquétipos em conexão com fenômenos sincronísticos (caso contrário, estaria recorrendo a um modelo de causalidade em que os arquétipos seriam as causas de eventos sincronísticos), mas, nesta passagem, ele parece ligá-los a "operadores" que organizam a sincronicidade.

A sincronicidade é definida como uma coincidência significativa entre eventos psíquicos e físicos. Um sonho de um avião despencando das alturas reflete-se na manhã seguinte numa notícia dada pelo rádio. Não existe qualquer conexão causal conhecida entre o sonho e a queda do avião. Jung postula que tais coincidências apóiam-se em organizadores que geram, por um lado, imagens psíquicas e, por outro, eventos físicos. As duas coisas ocorrem aproximadamente ao mesmo tempo, e a ligação entre elas não é causal. Antecipando-se aos seus críticos, Jung escreve: "O ceticismo... deveria ter por objeto unicamente as teorias incorretas, e não assestar suas baterias contra fatos comprovadamente certos. Só um observador preconceituoso seria capaz de negá-lo. A resistência contra o reconhecimento de tais fatos provém principalmente da repugnância que as pessoas sentem em admitir uma suposta capacidade sobrenatural inerente à psique. Os aspectos muito diversos e confusos de tais fenômenos podem muito bem ser explicados, até onde me é possível constatá-lo no presente, se admitirmos um contínuo espaço-tempo psiquicamente relativo. Assim que um conteúdo psíquico cruza o limiar da consciência, desaparecem os fenômenos sincronísticos marginais, o tempo e o espaço retomam o seu caráter absoluto habitual e a consciência fica de novo isolada em sua subjetividade."[12]

Os fenômenos sincronísticos manifestam-se com muito maior freqüência quando a psique está funcionando num nível menos consciente, como nos sonhos ou devaneios. Um estado de devaneio é o ideal. Assim que a pessoa se aperceba do evento sincronístico e se concentre nele, as categorias de tempo e espaço retomam sua ascendência. Jung concluiu que os sujeitos nos experimentos de Rhine devem ter reduzido sua consciência quando ficaram interessados e excitados pelo projeto. Tivessem eles tentado usar seus egos racionais para calcular probabilidades, os seus resultados PES teriam declinado, pois assim que o funcionamento cognitivo assume o controle das operações, a porta fecha-se para os fenômenos sincronísticos. Jung também sublinha que a sincronicidade parece depender em considerável medida da presença de afetividade, ou seja, sensibilidade a estímulos emocionais.

Em seus escritos, Jung oferece uma definição estrita e uma definição ampla de sincronicidade. A definição estrita é "a ocorrência simultânea de um estado psíquico com um ou vários acontecimentos externos que se apresentam como

Do tempo e eternidade 187

paralelos significativos do estado subjetivo momentâneo".[13] Por "simultânea" entende ele que um determinado evento ocorreu no âmbito de um mesmo quadro temporal, dentro de horas ou dias mas não necessariamente no mesmo momento. Há simplesmente a "coincidência no tempo" de dois acontecimentos, um psíquico e um físico. Do lado psíquico, pode ser uma imagem onírica, ou um pensamento, ou uma intuição. (Essa misteriosa correlação entre psique e mundo objetivo é a definição *stricto sensu* de sincronicidade. Apresentaremos mais adiante, neste ensaio, uma definição *lato sensu*.)

Ocorre uma outra sincronicidade, conforme foi antes assinalado, quando uma pessoa está psiquicamente num *abaissement du niveau mental* (num nível inferior de percepção consciente, uma espécie de obnubilação da consciência) e o nível da consciência caiu no que hoje é chamado um estado alfa. Isso também significa que o tônus do inconsciente está mais elevado do que a consciência, complexos e arquétipos são mais intensamente ativados e podem forçar um recuo do limiar de consciência em face do influxo de impulsos e conteúdos instintivos inconscientes. É possível que esse material psíquico corresponda a dados objetivos fora da psique.

Conhecimento Absoluto

Um salto intuitivo dado por Jung, o qual está, não obstante, baseado em considerável soma de provas confirmativas obtidas em sua experiência, é que o inconsciente possui o que ele designa por conhecimento *a priori*: "Como pôde um acontecimento remoto no espaço e no tempo produzir uma correspondente imagem psíquica quando a transmissão de energia necessária para isso não é sequer concebível? Por mais incompreensível que isso possa parecer, somos compelidos, em última instância, a admitir a existência no inconsciente de algo como um conhecimento *a priori* ou uma 'relação imediata' de eventos que carecem de qualquer base causal."[14] Isso levaria em conta a possibilidade de intuitivamente sabermos coisas sobre as quais não dispomos de qualquer modo racional de tomar conhecimento. A intuição profunda pode proporcionar conhecimentos que são realmente verdadeiros e não mera especulação, conjectura ou fantasia. Para Jung, o inconsciente desafia as categorias kantianas de conhecimento e suplanta a consciência no tocante à amplitude do saber possível. Por outras palavras, no inconsciente conhecemos muitas coisas que não sabemos que sabemos. Poderíamos chamar-lhes pensamentos não-pensados ou conhecimentos apriorísticos inconscientes. É esta noção que leva Jung aos limites extremos de suas especulações sobre a unidade da psique e do mundo. Se sabemos coisas que estão além da nossa possibilidade consciente de conhecimento, então também existe em nós um conhecedor desconhecido, um aspecto da psique que transcende as categorias de tempo e espaço e está simultaneamente presente aqui e ali, de tempos em tempos. Isso seria o si-mesmo.

Os junguianos comentam às vezes que no inconsciente não há segredos. Todo o mundo sabe tudo. Isto é um modo de falar sobre esse nível de realidade psíquica. Mesmo pondo de lado, de momento, as pessoas que possuem extraordinários dotes em intuição — como alguns intuitivos médicos que têm demonstrado uma surpreendente taxa de acertos em diagnósticos de pessoas que nunca tinham visto ou conhecido antes —, muitas pessoas têm a experiência de sonhar sobre outras de um modo que lhes fornece informação a que não têm acesso consciente. É claro, elas não podiam saber que um determinado sonho era exato. Por vezes, sonhamos os sonhos de outras pessoas. Por vezes, outras pessoas sonham a nossa realidade. Como analista que ouve inúmeros sonhos de transferência, posso verificar que alguns deles (não todos, por certo) são exatos muito além da soma de conhecimentos que os meus pacientes têm conscientemente a meu respeito. Certa vez, o sonho de uma paciente contou-me até algo sobre mim que eu ignorava conscientemente nessa altura. Ela sonhou que eu estava exausto e precisava de repouso. Eu só me apercebi disso no dia em que me reservei um tempo para uma reflexão e fui, pouco depois, derrubado por uma forte gripe; dei-me então conta de que o inconsciente dela tinha avaliado as minhas condições físicas mais corretamente do que eu próprio fora até então capaz de perceber em minha consciência. Pode-se comparar esse conhecedor inconsciente nas pessoas com o Olho de Deus, uma noção que as monjas usavam antigamente para assustar os colegiais em suas tentativas para induzir a estrita obediência aos ensinamentos da igreja. Não é apenas o que fazemos mas até o que pensamos — de fato, é o que *somos* — que Deus vê e mantém uma conta corrente disso. Trata-se de uma versão projetiva da mesma idéia de que alguma espécie de conhecimento absoluto existe no inconsciente.

Pensando ainda sobre essa questão de um conhecimento *a priori*, Jung considera também o significado psicológico de números. O que são? Suponha-se que definimos "o número como um arquétipo de ordem que se tornou consciente".[15] Existem, é claro, antigas doutrinas segundo as quais as estruturas cósmicas do ser estão baseadas nos números e na relação dos números entre si. As doutrinas pitagóricas, por exemplo, ensinaram tais noções. Jung adota uma abordagem semelhante, só que com noções mais modernas das matemáticas como estruturas fundamentais da psique e do mundo. Quando essas estruturas básicas do ser formam imagens na psique, apresentam-se tipicamente como círculos (mandalas) e quadrados (quaternidades), com os quais os números um e quatro estão relacionados. O movimento desde um (o começo), através dos números intervenientes dois e três, até o número quatro (completação, totali-

Do tempo e eternidade

189

dade) simboliza uma passagem da unidade primordial (mas ainda somente potencial) para um estado de totalidade real. Os números simbolizam a estrutura de individuação na psique, e também simbolizam a criação de ordem no mundo não-psíquico. Assim, o conhecimento humano de números torna-se conhecimento da estrutura psíquica. Na medida em que as pessoas têm um conhecimento apriorístico de números, em virtude de sua capacidade cognitiva e inteligência, elas também têm um conhecimento *a priori* do cosmos. (É interessante notar que os gregos antigos, como Empédocles, acreditavam que os deuses pensavam em termos matemáticos e que os humanos que eram gênios matemáticos eram divinos; na verdade, eram tão bons quanto os próprios deuses. Com essa convicção, Empédocles jogou-se do topo do monte Etna para dentro do vulcão em plena atividade.)

Se o número representa o arquétipo de ordem que se tornou consciente, isso não responde ainda à pergunta sobre *o que* é responsável, em última instância, por esse estado de ordem? O que é o arquétipo de ordem *per se*? Deve haver uma força dinâmica operando nos bastidores que cria a ordem evidente nos fenômenos sincronísticos e se revela em número e imagem. Jung está empenhado em criar uma nova cosmologia, uma exposição acerca do princípio de ordem não só para a psique mas também para o mundo. É uma declaração que, basicamente, nada tem de mitológica no sentido religioso ou simbólico, porquanto se baseia, sobretudo, na visão científica do mundo dos tempos modernos. Isso levou-o à definição mais ampla de sincronicidade.

Um Novo Paradigma

Na parte final do seu ensaio, Jung apresenta uma idéia de grande importância e projeção, a saber, a inclusão da sincronicidade — a par de espaço, tempo e causalidade — num paradigma que pode oferecer uma completa descrição da realidade, tal como é experimentada pelos seres humanos e medida por cientistas. Num certo sentido, o que Jung está fazendo nesse caso é inserir a psique na descrição completa da realidade, quando diz que deve ser considerada "a significativa coincidência entre um evento psíquico e um evento objetivo".[16] Isso adiciona o elemento de significação ao paradigma científico, o qual, sem o concurso desse elemento, continua sem referência à consciência humana ou ao valor do significado. Jung está propondo que uma descrição completa da realidade deve incluir a presença da psique humana — o observador — e o elemento de significação.

Já vimos em capítulos anteriores a tremenda importância que Jung atribuiu à consciência humana. De fato, ele considerou que a significação da vida humana neste planeta está vinculada à nossa capacidade de conscientização, ao adicionar ao mundo uma percepção reflexiva de coisas e significados que, caso contrário, passariam eternidades sem que fossem vistos, pensados ou reconhecidos. Para Jung, a subida à consciência de padrões e imagens oriundas das profundezas do inconsciente coletivo psicóide fornece ao gênero humano seu propósito no universo, pois somente nós (até onde nos é dado saber) estamos aptos a perceber esses padrões e a dar expressão ao que percebemos. Dito de outra maneira, Deus precisa de nós a fim de tornar-se presente na consciência. Os humanos estão numa posição que lhes permite tomarem consciência de que o cosmos tem um princípio ordenador. Podemos notar e registrar o significado aí existente. Mas Jung também quer salientar vivamente que não está tentando fazer aí mera filosofia especulativa. Isso seria tradicional e antiquado, e pertenceria a um nível pré-moderno de consciência. Ele está se esforçando por chegar à consciência da Etapa 5 e mesmo da Etapa 6 (ver o capítulo 8) e está, por conseguinte, trabalhando empírica e cientificamente. A sincronicidade não é, primordialmente, uma noção filosófica, pretende Jung argumentar, mas um conceito baseado em fatos e observações empíricas. Ela pode ser testada em laboratórios.[17] Só uma cosmologia dessa espécie será aceitável no mundo contemporâneo. Nostalgia pelos sistemas tradicionais de crenças ainda será encontrada nos dias de hoje em muitas áreas do nosso mundo mas, quanto ao presente e ao futuro, e para os níveis supremos de consciência, o paradigma não pode ser mitológico. Deve ser científico.

Como base para uma nova visão do mundo, o conceito de sincronicidade e suas implicações funcionam com eficácia porque são bastante fáceis de entender intuitivamente e de incorporar à vida cotidiana de cada um. Todos temos consciência de acontecimentos em que a sorte nos bafejou e de dias de azar quando tudo nos parece correr mal. Grupos de eventos que estão relacionados através de significado e imagem mas causalmente sem relação alguma entre si podem ser facilmente experimentados e verificados por qualquer pessoa. Mas aceitar esse conceito seriamente como princípio científico nada tem de fácil. É revolucionário. Em primeiro lugar, requer uma forma de pensar inteiramente nova acerca da natureza e da história. Se uma pessoa pretende encontrar uma significação em eventos históricos, por exemplo, a implicação é que o subjacente arquétipo de ordem está organizando a história de tal modo a produzir algum novo avanço da consciência. Isso não significa progresso como os seres humanos gostariam de pensar nele mas, antes, um avanço no entendimento da realidade. O entendimento pode equivaler ao reconhecimento tanto do lado terrível da realidade quanto de sua beleza e glória.

Foi essa noção que proporcionou a Jung o impulso para escrever *Aion*. A história religiosa e cultural ocidental dos últimos dois mil anos pode ser vista

Do tempo e eternidade 191

como um modelo de consciência que se desenrola em torno de uma estrutura arquetípica subjacente. Não há acidentes nos meandros e vicissitudes do processo histórico. Ele está seguindo um determinado curso e produzindo uma imagem específica que precisa espelhar-se e refletir-se na consciência humana. Há um lado luminoso e um lado sombrio nessa imagem. Esse mesmo modo de reflexão pode ser aplicado à história da vida de um indivíduo, assim como à história coletiva; e, na verdade, as duas podem (aliás, devem) ser vistas em relação recíproca e unidas de forma significativa. Cada um de nós é o portador de um fragmento da consciência de que os tempos necessitam para ampliar o conhecimento dos motivos subjacentes que se desenrolam na história. Sonhos individuais de natureza arquetípica, por exemplo, podem estar a serviço dos tempos, compensando a unilateralidade da cultura, e não só da consciência do indivíduo. Nesse sentido, o indivíduo é um co-criador do reflexo de realidade que a história como um todo revela.

É considerável o salto mental requerido para pensar em cultura e história em termos que incluem a sincronicidade, em particular para os ocidentais estreitamente racionalistas que estão comprometidos com um rigoroso princípio de causalidade. A Era do Iluminismo deixou um legado de faticidade sem significação. Supõe-se que o cosmos e a história estão dispostos pelo acaso e pelas leis causais que governam a matéria. Jung reconhece o desafio. Ele próprio, afinal de contas, era fruto da *Weltanschauung* científica ocidental. "A idéia de sincronicidade com sua qualidade inerente de significação produz uma imagem do mundo que é tão irrepresentável quanto desconcertante. A vantagem, porém, de se acrescentar esse conceito é que ele torna possível uma maneira de ver que inclui o fator psicóide em nossa descrição e no conhecimento da natureza — ou seja, uma significação apriorística (ou uma 'equivalência')."[18] Jung apresenta um diagrama que foi elaborado por ele e pelo físico Wolfgang Pauli. O eixo vertical representa o contínuo espaço-tempo, e no horizontal existe o contínuo entre causalidade e sincronicidade. A descrição mais completa da realidade, é aí afirmado, inclui o entendimento de um fenômeno pela consideração de quatro fatores: onde e quando o evento aconteceu (o contínuo espaço-tempo, e o que levou a isso e qual o seu significado (o contínuo causalidade-sincronicidade. Se estas questões podem ser respondidas, o evento será entendido em sua plenitude. Poderia haver um debate sobre qualquer ou todos esses pontos; certamente a questão da significação de um evento está fadada a produzir uma grande soma de diferenças e controvérsias. Interpretações são geradas interminavelmente, sobretudo a respeito de acontecimentos importantes, como a explosão da primeira bomba atômica, por exemplo, para não mencionar eventos muito mais pessoais, como o nascimento ou a morte de alguém da família. Há margem para opiniões amplamente divergentes. Também existe, é

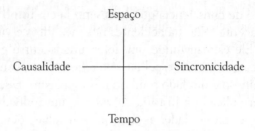

claro, vasta gama de opiniões acerca da causalidade. A tese de Jung sustenta que a resposta à questão do significado requer mais do que a mera descrição da seqüência causal de eventos que culminam no evento em questão. Argumenta ele que a sincronicidade deve ser levada em conta para se chegar a uma resposta à questão do significado. Do lado psicológico e psicóide das coisas, cumpre investigar os padrões arquetípicos que são evidentes numa situação constelada, pois eles fornecerão os parâmetros necessários para abordar a questão da sincronicidade e a profunda significação estrutural. A respeito do surgimento da bomba atômica no palco da história mundial, por exemplo, a exploração do seu significado teria de incluir o fator de constelação da Segunda Guerra Mundial e a polarização de opostos que a guerra gerou de um modo tão violento. Ter-se-ia de incluir também a análise de sonhos com a bomba atômica na humanidade contemporânea. O que é que a bomba atômica acrescenta à consciência humana unilateral acerca das estruturas do Ser?

A fim de relacionar a teoria dos arquétipos com os eventos sincronísticos que transgridem as fronteiras do mundo psíquico, Jung viu-se forçado a ampliar a sua noção da natureza não-psíquica do arquétipo. Por um lado, é psíquico e psicológico, uma vez que é experimentado dentro da psique na forma de imagens e idéias. Por outro lado, é irrepresentável em si mesmo e sua essência está fora da psique. Jung apresenta a idéia da propriedade de *transgressividade* do arquétipo. "Embora estejam associados a processos causais ou 'portados' por eles, [os arquétipos] estão, entretanto, ultrapassando continuamente os seus próprios limites, procedimento este a que eu daria o nome de transgressividade porque os arquétipos não se encontram de maneira certa e exclusiva na esfera psíquica, mas podem ocorrer também em circunstâncias não-psíquicas (equivalência de um processo físico externo com um processo psíquico)."[19] O arquétipo transgride as fronteiras da psique e da causalidade, embora seja "portado" por ambas. Jung tem o propósito de atribuir à transgressividade o significado de que as configurações que ocorrem na psique estão relacionadas com eventos e padrões situados fora da psique. A característica comum a ambos os domínios é o arquétipo. No caso da bomba atômica, o arquétipo do si-mesmo é revelado na história dentro e fora da psique pelo evento de sua explosão, na e através do

Do tempo e eternidade

contexto histórico mundial em que surgiu, e por milhões (minha conjectura, embora tenham sido efetuadas algumas pesquisas a tal respeito) de sonhos em que figurou a bomba.

Essa idéia da transgressividade do arquétipo desenvolve-se em duas direções. Em primeiro lugar, como estive expondo, afirma existir uma significação objetiva subjacente nas coincidências que ocorrem na psique e no mundo, e nos impressionam como intuitivamente significativas. Por outro lado, cria a possibilidade de que exista um significado onde intuitivamente não o enxergamos, quando, por exemplo, ocorrem acidentes que nos impressionam como meramente devidos ao puro acaso. Em ambos os casos, esse tipo de significação vai além de (transgride) a cadeia de causalidade linear. O nosso nascimento numa determinada família é unicamente devido ao acaso e causalidade, ou pode haver também aí um significado? Ou suponhamos que a psique está organizada e estruturada não só causalmente, como é o pensamento dominante na psicologia do desenvolvimento, mas também de modo sincronístico. Isso significaria que o desenvolvimento da personalidade tem lugar por momentos de significativa coincidência (sincronicidade), assim como por uma seqüência epigenética pré-ordenada de etapas. Subentenderia também que os grupos de instintos e os arquétipos se uniram e foram ativados de modo tanto causal quanto sincronístico (significativo). Um instinto como a sexualidade, por exemplo, poderia ser ativado não só em virtude de uma cadeia causal de eventos em seqüência (fatores genéticos, fixações psicológicas ou experiências infantis), mas também porque um campo arquetípico está constelado num determinado momento e um encontro ocasional com uma pessoa converte-se num relacionamento para a vida inteira. Nesse momento, algo do mundo psicóide torna-se visível e consciente (a sizígia, o par animus-anima). A imagem constelada do arquétipo não cria o evento, mas a correspondência entre a preparação psicológica interior (a qual pode ser totalmente inconsciente nesse momento) e o aparecimento exterior de uma pessoa, de forma inesperada e imprevisível, é sincronística. Por que acontecem tais conexões parece um mistério se refletirmos unicamente em termos de causalidade, mas se introduzirmos o fator sincronístico e a dimensão de significação, estaremos muito mais perto de uma resposta mais completa e satisfatória. Num universo aleatório, essa coincidência de necessidade e oportunidade, ou de desejo e satisfação, seria impossível ou, pelo menos, estatisticamente improvável. Esses mistérios inesquecíveis que estão consubstanciados em eventos sincronísticos transformam as pessoas. As vidas encaminham-se em novas direções, e a contemplação do que está por detrás de eventos sincronísticos leva a consciência para profundos, talvez até definitivos níveis de realidade. Quando um campo arquetípico é constelado e a configuração emerge sincronisticamente no interior da psique e no mundo não-psíquico objetivo, tem-se a experiência do ser em Tao. E o que fica acessível à consciência através de tais experiências é fundamental, uma visão de quanto os homens são capazes de discernir da realidade suprema. Ingressar no mundo arquetípico de eventos sincronísticos gera a sensação de se estar vivendo na vontade de Deus.

Cosmologia

O ensaio sobre sincronicidade começa com (e, de fato, a sua maior parte concentra-se em) o que Jung chama a "definição de sincronicidade em sentido estrito," ou seja, a coincidência significativa entre um evento psíquico, como um sonho ou pensamento, e um evento no mundo não-psíquico. Mas Jung também considera a definição mais ampla. Esta relaciona-se com a organização acausal no mundo sem qualquer referência especial à psique humana. Isso consiste numa "concepção mais geral de sincronicidade como 'organização acausal'"[20] no mundo. Isso converteu-se no enunciado cosmológico de Jung. A sincronicidade, ou "organização acausal", é um princípio subjacente na lei cósmica. "Nesta categoria se incluem todos os 'atos de criação', fatores *a priori* tais como, por exemplo, as propriedades dos números inteiros, as descontinuidades da física moderna, etc. Por conseqüência, teríamos de incluir no círculo de nosso conceito ampliado certos fenômenos constantes e experimentalmente reproduzíveis, o que não parece estar de acordo com a natureza dos fenômenos compreendidos no conceito de sincronicidade em sentido estrito."[21] Do ponto de vista do princípio geral de sincronicidade, a nossa experiência humana de organização acausal, através do fator psicóide e da transgressividade do arquétipo, constitui um caso especial de ordenamento muito mais amplo no universo.

Com este quadro cosmológico, dou um retoque final no mapa da alma traçado por Jung. Suas explorações da psique e suas fronteiras levaram-no para territórios normalmente ocupados por cosmólogos, filósofos e teólogos. O seu mapa da alma deve, entretanto, ser colocado no contexto dessa perspectiva mais ampla, pois é esta que fornece o mais extenso alcance de sua penetrante e unificada visão. Nós, seres humanos, ensina ele, temos um papel especial a desempenhar no universo. A nossa consciência é capaz de refletir o cosmos e de introduzi-lo no espelho da consciência. Podemos chegar à conclusão de que vivemos num universo que pode ser melhor descrito usando quatro princípios: energia indestrutível, contínuo espaço-tempo, causalidade e sincronicidade. Jung diagrama essas relações como se mostra a seguir.

A psique humana e a nossa psicologia pessoal participam da maneira mais profunda na ordem desse universo por intermédio do nível psicóide do inconsciente. Mediante o processo de psiquização, configurações de ordem no universo tornam-se acessíveis à consciência e podem, finalmente, ser entendidas e integradas. Cada pessoa pode testemunhar o Criador e as obras criativas desde dentro, por assim dizer, prestando atenção à imagem e à sincronicidade. Pois o arquétipo é não só o modelo da psique, mas também reflete a real estrutura básica do universo. "Como em cima, assim embaixo", falaram os sábios antigos. "Como dentro, assim fora", responde o moderno explorador da alma, Carl Gustav Jung.

Notas

Introdução
1. Jung, *Collected Works*, Vol. 6.
2. Jung, *Coll. Wks.*, Vol. 1, pp. 3-88.
3. Jung, *Coll. Wks.*, Vol. 3, pp. 1-152.
4. Henri Ellenberger, *The Discovery of the Unconscious*, p. 687.
5. Jung, *Memories, Dreams, Reflections*, pp. 182-83.

1. Superfície (Consciência do Ego)
1. Jung, *Coll. Wks.*, Vol. 4, § 772.
2. Jung, *Coll. Wks.*, Vol. 9/ii, § 1.
3. Ibid.
4. Jung, *Coll. Wks.*, Vol. 8, § 382.
5. Jung, *Memories, Dreams, Reflections*, p. 32.
6. Muitas espécies animais parecem, de fato, possuir consideráveis, embora peculiares e inexplicáveis, dotes e recursos de comunicação. Entretanto, até onde nos é dado saber, eles são insignificantes quando comparados com a capacidade humana, ainda que a mais reduzida, de aprender línguas e funcionar num universo lingüístico. Sem dúvida, muitas de suas aptidões de comunicação não-verbal ainda têm que ser descobertas.
7. Jung, *Memories, Dreams, Reflections*, p. 45.
8. Jung, *Coll. Wks.*, 9/1, § 3.
9. Ibid.
10. Ibid.
11. Ibid.
12. Ibid.
13. Ibid.
14. A identidade fundamental de Jung como cientista sublinha o seu reconhecimento de que a teoria dos arquétipos é uma hipótese. Proceder de outra forma teria sido envolver-se na criação de mitos e em pronunciamentos visionários, a base para a religião mas não para a ciência. Os escritos de Jung são tratados como dogmas, ocasionalmente, mas não deviam ser, porquanto ele próprio se baseia num método empírico e reivindica o papel de cientista, não de profeta.
15. Jung, *op. cit.*, § 5.
16. William James, *Principles of Psychology*, Vol. 1, pp. 291-400.
17. Jung, *op. cit.*, § 6.
18. Jung, *Coll. Wks.*, Vol. 6, p. v.
19. Jung foi buscar esta expressão nos textos do antropólogo francês Lévy-Bruhl para descrever a mais primitiva relação do ego com o mundo e com o grupo ou tribo à sua volta. *Participation mystique* refere-se a um estado de identidade primitiva entre o si-

Notas 197

mesmo e o objeto, quer o objeto seja uma coisa, uma pessoa ou um grupo. Líderes políticos carismáticos como Mao Tsé-Tung procuraram cultivar esse estado de consciência em seu povo. "Uma China, um espírito" — significando o espírito de Mao — foi o *slogan* do ditador chinês durante a desastrosa revolução cultural.

20. Jung, *op. cit.*, § 9.

21. Ibid.

22. Romanos 7: 15-18.

23. Jung, *op. cit.*

2. O interior povoado (Os Complexos)

1. O Experimento de Associação Verbal foi um teste inventado por Galton e revisto pelo psicólogo alemão Wilhelm Wundt, que o introduziu na psicologia experimental do continente no século XIX. Antes de Jung e Bleuler o adotarem, o teste tinha sido usado principalmente para estudos teóricos nos quais a mente associa palavras e idéias (ver *Coll. Wks.* 2, § 730). Seguindo o exemplo de Bleuler e a inspiração da obra de Freud sobre a importância dos fatores inconscientes na vida mental, Jung procurou dar ao teste um uso prático na clínica psiquiátrica, embora continuasse também a empregar os dados resultantes dele para teorizar sobre a estrutura da psique.

2. Para detalhes sobre essa pesquisa, ver Ellenberger, *The Discovery of the Unconscious*, pp. 692 ss.

3. Para uma discussão fascinante do uso por Freud dos termos complexo e complexo nuclear, ver Kerr, *A Most Dangerous Method*, pp. 247ss.

4. Jung, *Coll. Wks.*, Vol. 2, § 8.

5. Ibid., §§ 1015ss.

6. Jung, *Coll. Wks.*, Vol. 8, §§ 194-219.

7. As várias correntes de opinião nessa discussão foram publicadas em *Lingering Shadows*. Esses argumentos foram objeto de comentários críticos de Anthony Stevens em seu livro *Jung* [traduzido no Brasil com o título de *Jung, Vida e Pensamento*, pela Editora Vozes, 1993], onde ele afirma vigorosamente que Jung não era culpado de comportamento anti-semita ou de pró-nazismo. O ponto de vista contrário foi defendido em muitos escritos por Andrew Samuels.

8. Jung, *op. cit.*, § 198.

9. Ibid.

10. Ibid.

11. Jung, "New Aspects of Criminal Psychology", em *Coll. Wks.*, Vol. 2, §§ 1316-47.

12. Joseph Henderson foi o maior expoente desse ponto de vista em termos junguianos. Para uma discussão detalhada do inconsciente cultural e seus vários aspectos, ver Henderson, "Cultural Attitudes and the Cultural Unconscious", em *Shadow and Self*, pp. 103-26.

13. Este ponto foi consideravelmente desenvolvido no importante ensaio de Hans Dieckmann, "Formation of and Dealing with Symbols in Borderline Patients".

14. Jung, *Coll. Wks.*, Vol. 8, §201.

15. Ibid.

198   *Jung — O Mapa da Alma*

16. Ibid.
17. Ibid., § 202.
18. Ibid.
19. Ibid.
20. Ibid.
21. Ibid., § 204.
22. Ibid.
23. Ibid.

3. Energia psíquica (Teoria da Libido)

1. William McGuire (org.), *The Freud-Jung Letters*, pp. 6-7.
2. Jung, *Memories, Dreams, Reflections*, p. 164.
3. Em Jung, *Coll. Wks.*, Vol. 8, §§ 1-130.
4. McGuire, *op. cit.*, p. 461.
5. Jung, *Psychology of the Unconscious*, pp. 142-43.
6. McGuire, *op. cit.*, p. 460.
7. Jung, *Psychology of the Unconscious*, pp. 144-45.
8. Ibid., p. 156.
9. Jung, *Memories, Dreams, Reflections*, p. 167.
10. Jung, *Psychology of the Unconscious*, p. 480.
11. Jung, *Coll. Wks.*, Vol. 5.
12. Os pontos de vista de Jung sobre o valor do trabalho regular são interessantes a esse respeito. A ética do trabalho é realmente uma emancipadora, em sua opinião, da servidão do desejo incestuoso. "A destruição da escravatura era a condição necessária dessa sublimação [da sexualidade incestuosa], pois a antigüidade não tinha ainda reconhecido o dever de trabalho e o trabalho como um dever, como uma necessidade social de importância fundamental. A mão-de-obra escrava era trabalho compulsório, a contraparte da igualmente desastrosa compulsão da libido dos privilegiados. Só a obrigação do indivíduo de trabalhar é que tornou possível, a longo prazo, essa "drenagem" do inconsciente, o qual foi inundado pela contínua regressão da libido. A indolência é o começo de todo o vício, porque numa condição onírica indolente a libido tem abundantes oportunidades para mergulhar em si mesma, a fim de criar obrigações compulsórias por meio de laços incestuosos regressivamente reanimados. A melhor libertação é através do *trabalho regular*. O trabalho, porém, só é salvação quando é um ato livre, e nada tem em si de compulsão infantil. A esse respeito, a cerimônia religiosa apresenta-se num elevado grau como inatividade organizada e, ao mesmo tempo, como precursora do trabalho moderno" (*Psychology of the Unconscious*, p. 455). Isto é uma versão da noção *Arbeit macht frei*, usada de maneira tão abjeta pelos nazistas em seus campos de concentração, precisamente onde o trabalho escravo tinha sido institucionalizado. É quando o trabalho é livremente escolhido e aceito como um dever vital que a transformação da libido pode ocorrer. Quando uma pessoa escolhe livremente uma profissão e sacrifica voluntariamente uma grande soma de prazer e satisfação sexual no interesse da aprendizagem e de sua aplicação prática, a transformação da libido foi bem-sucedida.

Notas 199

13. George Hoganson examina extensamente essa questão da autoridade em seu livro *Jung's Struggle with Freud*.

14. Jung, *Coll. Wks.*, Vol. 8, §§ 6 ss.

15. Ibid., § 5.

16. Ibid., § 58.

17. Ibid.

18. Ibid.

19. Um terapeuta que adotasse esse ponto de vista enérgico finalístico poderia justificadamente ser visto como impessoal e não-empático. Pouca atenção seria prestada a fatores causativos, como traumas da infância ou relações conflituosas e abusivas no passado. O foco estaria em rastrear o fluxo de energia do ego para o inconsciente (regressão) para nova adaptação (progressão), e em analisar completamente atitudes e estruturas cognitivas que poderiam impedir ou bloquear o fluxo de libido, impedindo-o de encontrar seu gradiente ou percurso natural. É uma abordagem muito mais cognitiva. O analista empático, por outro lado, procuraria descobrir no passado as razões para as dificuldades presentes e mostraria compreender o modo como o passado criara problemas no presente. Jung, em geral, achou que a abordagem de Freud era da variedade empática, causal-mecanística, enquanto que a sua própria abordagem era do tipo impessoal, enérgica-finalística. O analista que disseca a psique com o intuito de analisar o movimento de energia e facilitar o seu fluxo para atingir o objetivo de estabilidade e equilíbrio está usando o método impessoal. Os extrovertidos, no entendimento tipológico de Jung, são usualmente mais atraídos para teorias causais, ao passo que os introvertidos favorecem uma abordagem finalística que é mais abstrata. Muitos analistas contemporâneos tentam combiná-las.

20. A diferença entre Adler e Freud foi um elemento importante no confronto de Jung com Freud, e seus contínuos esforços para entender a dinâmica interpessoal participaram também de sua teoria dos tipos psicológicos. Uma razão que levou Jung a investigar diferenças de personalidade em termos de tipo psicológico estava relacionada com a diferença entre as posições teóricas de Adler e Freud. Ambas as teorias tinham muito a oferecer e ambas pareciam corretas em muitos aspectos. Entretanto, Jung, que diferia tanto de Freud quanto de Adler, concluiu que a teoria de Freud era fundamentalmente extrovertida no sentido de pressupor pulsões que buscam prazer e liberação via objetos, ao passo que a de Adler era introvertida porque via as pessoas empenhadas, basicamente, em estabelecer o controle do ego sobre os objetos. Jung viu a necessidade de poder descrita na teoria de Adler como sendo, em essência, a necessidade dos indivíduos introvertidos de controlarem o mundo de objetos em vez de se relacionarem com ele e de derivarem prazer desse relacionamento. As pessoas introvertidas são mais motivadas pelo impulso para a conquista de uma posição de superioridade e para o controle sobre objetos ameaçadores do que pela busca de prazer. Os extrovertidos, por outro lado, são orientados pelo princípio de prazer e essas pessoas estão em harmonia com a perspectiva psicológica de Freud. Tanto Freud, que vê os seres humanos como basicamente extrovertidos e impulsionados pelo princípio de prazer, quanto Adler, que nos vê como seres introvertidos e impulsionados pela necessidade de poder, oferecem verdadeiras explicações do comportamento humano, mas cada um deles abordou a psique de uma

200 Jung — O Mapa da Alma

diferente perspectiva e, num certo sentido, estava descrevendo um tipo diferente de indivíduo.

21. Jung, *op. cit.*, §§ 79-87.
22. Ibid., §§ 88-113.
23. Jung, *Letters*, Vol. 2, p. 624.
24. Jung, *Coll. Wks.*, Vol. 8, §§ 818-968.

4. As fronteiras da psique
(Instintos, Arquétipos e o Inconsciente Coletivo)

1. Esta área — o inconsciente coletivo — fez com que a psicologia acadêmica se afastasse de Jung e o tachasse de místico. Só em tempos mais recentes se passou a dispor de ferramentas, na forma de técnicas de pesquisa biológica, especialmente sobre o cérebro e sobre a relação da química cerebral com o humor e o pensamento, para meter mãos à obra e examinar a fundo as hipóteses apresentadas por Jung muitas décadas atrás. Grande parte das pesquisas recentes sobre as bases biológicas do comportamento humano tende a conformar os pontos de vista de Jung segundo os quais herdamos um considerável número de padrões mentais e comportamentais que tinham sido considerados aprendidos e fruto da criação, não da natureza (ver Satinover, Stevens, Tresan). Para Jung, os arquétipos são como instintos, na medida em que são dados com a nossa constituição genética, inatos.

2. De fato, Jung foi visto por alguns autores (por exemplo, Philip Rieff) como uma reversão arqueológica ao século XVIII, quando *scholars* e cientistas amadores simplesmente coletavam fragmentos avulsos de informação sobre tudo o que havia no mundo e criavam bibliotecas e museus que mostravam escasso entendimento das coisas que estavam abrigando. Seria desnecessário acrescentar que Rieff era um freudiano ferrenho.

3. Jung, *Letters*, Vol. 1, p. 29.
4. Ibid., p. 30.
5. Ibid., p. 29.
6. Jung, *Coll. Wks.*, Vol. 4, § 728.
7. Jung, *Memories, Dreams, Reflections*, p. 161.
8. Ibid.
9. Jung, *Coll. Wks.*, Vol. 8, § 400.
10. Ibid.
11. Ibid., § 401.
12. Ibid., § 402.
13. Ibid., § 367.
14. Ibid., § 368, citando Bleuler.
15. Ibid., § 376.
16. Ibid., § 377.
17. Ibid.
18. Ibid.
19. Ibid., § 379.
20. Ibid.

Notas 201

21. Ibid.
22. Ibid.
23. Ibid., § 398.
24. Ibid., § 404.
25. Ibid.
26. Ibid., § 405.
27. Ibid., § 406.
28. Ibid.
29. Ibid.
30. Ibid.
31. Ibid., § 407.
32. Ibid., § 408.
33. Ibid., § 415.
34. Ibid.
35. Ibid., § 417.
36. Ibid.
37. Ibid.

5. O revelado e o oculto nas relações com outros (Persona e Sombra)

1. Para uma discussão mais detalhada das opiniões de Jung sobre o Mal, ver *Jung on Evil*, editado e com uma extensa introdução por Murray Stein.
2. Jung, *Coll. Wks.*, Vol. 6, § 799.
3. Ibid.
4. Ibid.
5. Ibid., § 687.
6. Ibid.
7. Ibid., § 798.
8. Ibid.
9. Ibid.
10. Jung, *Coll. Wks.*, Vol. 13, § 70.

6. O caminho para o interior profundo (Animus e Anima)

1. Jung, *Memories, Dreams, Reflections*, pp. 185-88.
2. Ibid., p. 186.
3. Extraído de "Visions Seminar", de Jung, citado em *Memories, Dreams, Reflections*, p. 392.
4. Jung, *Coll. Wks.*, Vol. 6, § 801.
5. Ibid.
6. Ibid.
7. Ibid., § 801.
8. Ibid.
9. Ibid., § 802.

202 Jung — O Mapa da Alma

10. A opinião foi relatada em *The New Yorker*, 9 de setembro de 1996, p. 34, quando os candidatos presidenciais estavam se preparando para as eleições vindouras.

11. Jung, *op. cit.*, § 804.

12. Ibid.

13. Ibid.

14. Ibid.

15. Ibid.

16. Ibid.

17. Ibid.

18. Jung, *Coll. Wks.*, Vol. 17, § 338.

19. Jung, *Coll. Wks.*, Vol. 9/2, § 26.

20. Ibid., § 41.

21. Ibid., § 42.

22. Ibid.

23. Jung, *Coll. Wks.*, Vol. 16, § 521.

24. Jung, *Coll. Wks.*, Vol. 9/ii, § 29.

7. O centro transcendente e a integridade da psique (O Si-Mesmo)

1. Jung, *Memories, Dreams, Reflections*, pp. 170-99.

2. Ibid., p. 378.

3. Ibid., p. 379.

4. A descrição por Jung desse notável incidente encontra-se em *Memories, Dreams, Reflections*, pp. 189-91.

5. *Op. cit.*, pp. 195-97.

6. Ibid., p. 199.

7. Jung, *Coll. Wks..* 9/2, §§ 57-58.

8. Ibid., § 59.

9. Ibid.

10. Ibid.

11. Ibid., § 60.

12. Ibid.

13. Ibid., §§ 351-57.

14. Ibid., § 351.

15. Ibid., § 357.

16. Ibid., § 355.

8. O surgimento do si-mesmo (Individuação)

1, Jung, *Coll. Wks.*, Vol. 8, § 778.

2. Ibid., § 550.

3. Jung, *op. cit.*, § 769.

4. Jung, *Coll. Wks.*, Vol. 9/1, pp. 290-354.

5. Jung, *Coll. Wks.*, Vol. 13, pp. 199-201.

Notas

6. *Modern Man in Search of a Soul* é o título de um livro famoso publicado por Jung em 1933.

7. Jung, *The Psychology of Kundalini Yoga*.

8. O volume, que foi publicado em 1952, intitula-se *Naturerklärung und Psyche* (Studien aus dem C.G. Jung-Institut Zürich, 4).

9. Jung, *Coll. Wks.*, Vol. 13, §§ 248-49.

10. Jung, *Coll. Wks.*, Vol. 10, pp. 437-55.

11. Jung, *Coll. Wks.*, Vol. 9/1, pp. 275-89.

12. Ibid., pp. 290-354.

13. Ibid., § 520.

14. Ibid., § 221.

15. Ibid., § 522.

16. Ibid., § 523.

17. Ibid., § 525.

18. As belas pranchas coloridas desta série estão inseridas em *Coll. Wks.*, Vol. 9/1, p. 292 em diante.

19. Ibid., § 538.

20. Ibid.

21. Ibid.

22. Ibid.

23. Ibid., § 544.

24. Ibid., § 548.

25. Ibid., § 545.

26. Ibid., § 548.

27. Ibid., § 550.

28. Ibid., § 549.

29. Ibid., § 556.

30. Jung, *Coll. Wks.*, Vol. 9/2, § 410.

31. Ibid., § 355.

32. Ibid., § 411.

9. Do tempo e eternidade (Sincronicidade)

1. Ele também estava interessado em provas que evidenciavam a existência de fantasmas e *poltergeists*, certamente fenômenos tidos como casos-limites. E depois houve a relação peculiar que ele assinalou entre psique (interior) e objeto (exterior), como no "fenômeno de exteriorização catalítica" observado na presença de Freud, quando ambos ouviram um forte ruído proveniente de uma estante de livros no gabinete de Freud. Jung refere-se a isso em *Memories, Dreams, Reflections*, p. 155.

2. Jung, *Coll. Wks.*, Vol. 8, § 843.

3. Ibid., § 515.

4. Este ensaio encontra-se em *Coll. Wks.*, Vol. 8, pp. 419-519.

5. Jung, *Letters*, Vol. 2. pp. 108-9.

6. *Op. cit.*, § 840.

7. Ibid., § 439.
8. Ibid.
9. Ibid., § 440.
10. Ibid.
11. Ibid.
12. Ibid.
13. Ibid., § 850.
14. Ibid.
15. Ibid., § 870.
16. Ibid., § 850.
17. Ibid., § 960.
18. Ibid., § 962.
19. Ibid., § 964.
20. Ibid., § 965.
21. Ibid.

Glossário

anima   As imagens arquetípicas do eterno feminino na consciência de um homem que formam um elo entre a consciência do ego e o inconsciente coletivo, e abrem potencialmente um caminho para o si-mesmo.

animus   As imagens arquetípicas do eterno masculino no inconsciente de uma mulher que formam um elo entre a consciência do ego e o inconsciente coletivo, e abrem potencialmente um caminho para o si-mesmo.

arquétipo   Um padrão potencial inato de imaginação, pensamento ou comportamento que pode ser encontrado entre seres humanos em todos os tempos e lugares.

compensação   O processo dinâmico auto-regulador por meio do qual a consciência do ego e o inconsciente buscam o equilíbrio homeostático, o qual também promove a individuação e o desenvolvimento progressivo para a totalidade.

complexo   Conteúdo autônomo do inconsciente pessoal cuja expressão sensível é usualmente formada através de lesão ou trauma psíquico.

consciência do ego   A porção da psique composta de pensamentos, memórias e sentimentos de fácil acesso, em cujo centro se encontra o ego, o "eu".

ego   O centro da consciência, o "eu".

extroversão   Uma atitude habitual da consciência que prefere o envolvimento ativo com objetos, em vez do minucioso e estrito exame dos mesmos.

função transcendente   O elo psíquico criado entre a consciência do ego e o inconsciente como resultado da prática de interpretação dos sonhos e da imaginação ativa, e essencial, portanto, para a individuação na segunda metade da vida.

imago   A representação ou imagem psíquica de um objeto, como um dos pais, a qual não deve ser confundida com o objeto real.

inconsciente   A porção da psique situada fora do conhecimento consciente. Os conteúdos do inconsciente são constituídos por memórias recalcadas e por material, como pensamentos, imagens e emoções, que nunca foram conscientes. O inconsciente está dividido em **inconsciente pessoal**, o qual contém os complexos, e o **inconsciente coletivo**, que aloja as imagens arquetípicas e os grupos de instintos.

individuação   O processo de desenvolvimento psíquico que leva ao conhecimento consciente de totalidade. Não confundir com individualismo.

instinto   Uma fonte inata, fisicamente baseada, de energia psíquica (ou libido) que é formada e estruturada na psique por uma imagem arquetípica.

introversão   Uma atitude habitual da consciência que prefere a introspecção e o exame estrito e minucioso das relações com os objetos.

libido ou "energia psíquica", tem afinidades com o conceito filosófico de "força vital". A libido é quantificável e pode ser medida.

neurose   Uma atitude habitual de rígida unilateralidade na consciência do ego, a qual defensiva e sistematicamente exclui da consciência os conteúdos inconscientes.

persona   A interface psíquica entre o indivíduo e a sociedade que constitui a identidade social de uma pessoa.

projeção   A exteriorização de conteúdos psíquicos inconscientes, ora para fins defensivos (como no caso da sombra), ora para fins de desenvolvimento e integração (como no caso da anima e do si-mesmo).

psicóide   Um adjetivo referente às fronteiras da psique, uma das quais estabelece o contato direto com o corpo e o mundo físico, e a outra com o domínio do "espírito".

psicose   Um estado de possessão em que a consciência do ego é inundada pelo inconsciente e freqüentemente busca defender-se pela identificação com uma imagem arquetípica.

si-mesmo   O centro, fonte de todas as imagens arquetípicas e de todas as tendências psíquicas inatas para a aquisição de estrutura, ordem e integração.

sincronicidade   A coincidência significativa de dois eventos, um interior e psíquico, e o outro exterior e físico.

sombra   Os aspectos rejeitados e inaceitáveis da personalidade que são recalcados e formam uma estrutura compensatória para os ideais de si-mesmo do ego e para a persona.

tipo psicológico   A combinação de uma de suas **atitudes** (extroversão ou introversão) com uma de quatro **funções** (pensamento, sentimento, sensação ou intuição) para formar uma distinta orientação habitual da consciência do ego.

totalidade   O sentido emergente de complexidade e integridade psíquica que se desenvolve no transcurso de uma vida inteira.

Referências

Burnham, J. S. e McGuire, W. (orgs.) 1983. *Jelliffe: American Psychoanalyst and Physician.* Chicago: University of Chicago Press.

Clark, J. J. 1992. *In Search of Jung.* Londres e Nova York: Routledge.

Csikszentmihalyi, M. 1990. *Flow.* Nova York: Harper & Row.

Dieckman, H. 1987. "On the theory of complexes." Em *Archetypal Processes in Psychotherapy* (N. Schwartz-Salant e M. Stein, orgs.). Wilmette, Ill.: Chiron Publications.

—————. 1988. "Formation of and dealing with symbols in borderline patients." Em *The Borderline Personality in Analysis* (N. Schwartz-Salant e M. Stein, orgs.). Wilmette, Ill: Chiron Publications. [*A Personalidade Limítrofe*, publicado pela Editora Cultrix, São Paulo, 1992.]

Ellenberger, H. 1970. *The Discovery of the Unconscious.* Nova York: Basic Books.

Erikson, E. 1968. *Identity, Youth, and Crisis.* Nova York: Norton.

Fordham, F. 1953. *An Introduction to Jung's Psychology.* Baltimore: Penguin Books.

Fordham, M. 1970. *Children as Individuals.* Nova York: Putnam.

—————.1985. *Explorations Into the Self.* Londres: Academic Press.

Hannah, B. 1976. *Jung, His Life and Work.* Nova York: G.P. Putnam's Sons.

Henderson, J. 1990. "Cultural attitudes and the cultural unconscious." Em *Shadow and Self.* Wilmette, Ill.: Chiron Publications.

Hogenson, G. 1994. *Jung's Struggle with Freud.* Wilmette: Chiron Publications.

Jacobi, J. 1943. *The Psychology of C. G. Jung.* New Haven, Conn.: Yale University Press.

James, W. 1902. *Varieties of Religious Experience.* Nova York: Longmans, Green & Co. [*As Variedades da Experiência Religiosa*, publicado pela Editora Cultrix, São Paulo, 1991.]

—————. 1950. *The Principles of Psychology.* Nova York: Dover.

Jung, C.G. Com exceção das obras abaixo, as referências são às *Collected Works* (CW) pelo número do volume e do parágrafo.

—————. 1961. *Memories, Dreams, Reflections.* Nova York: Random House.

—————. 1973. *Letters,* vol. 1. Princeton: Princeton University Press.

—————. 1974. *The Freud/Jung Letters.* Princeton: Princeton University Press.

—————. 1975. *Letters,* vol. 2. Princeton: Princeton University Press.

—————. 1977. *C.G. Jung Speaking.* Princeton: Princeton University Press.

—————. 1983. *The Zofingia Lectures.* Princeton: Princeton University Press.

—————. 1991. *Psychology of the Unconscious.* Princeton: Princeton University Press.

Kerr, J. 1993. *A Most Dangerous Method.* Nova York: Knopf.

Maidenbaum, A. (org.). 1991. *Lingering Shadows: Jungians, Freudians and Anti-Semitism.* Boston: Shambhala.

McGuire, W. (org.). 1974. *The Freud/Jung Letters.* Princeton: Princeton University Press.

Noll, R. 1989. "Multiple personality, dissociation, and C.G. Jung's complex theory." Em *Journal of Analytical Psychology* 34:4.

_____. 1993. "Multiple personality and the complex theory." Em *Journal of Analytical Psychology* 38:3.

_____. 1994. *The Jung Cult*. Princeton: Princeton University Press.

Rieff, P. 1968. *Triumph of the Therapeutic*. Nova York: Harper & Row.

Samuels, A. 1992. "National psychology, National Socialism, and analytical psychology: Reflections on Jung and anti-semitism," Partes I e II. Em *Journal of Analytical Psychology* 37:1 e 2.

_____. 1993. "New material concerning Jung, anti-Semitism, and the Nazis." Em *Journal of Analytical Psychology* 38:4, pp. 463-470.

Satinover, J. 1995. "Psychopharmacology in Jungian practice." Em *Jungian Analysis* (org. M. Stein), pp. 349-71. LaSalle, IL: Open Court.

Stevens, A. 1982. *Archetypes: A Natural History of the Self*. Nova York: William Morrow & Co.

Stein, M. (org.) 1995. *Jung on Evil*. Princeton: Princeton University Press.

Tresan, D. 1995. "Jungian metapsychology and neurobiological theory: auspicious correspondences." Em *IAAP Congress Proceedings 1995*. Einsiedeln: Daimon Verlag.

von Franz, M. L. 1971. "The inferior function," Em *Jung's Typology*. Dallas: Spring Publications. [A *Tipologia de Jung*, publicado pela Editora Cultrix, São Paulo, 1990.]

Wehr, G. 1987. *Jung, A Biography*. Boston: Shambhala.

Índice

Abraham, Karl, 64
Adler, Alfred, 12, 71
alma (*Seele*) e espírito (*Geist*),
    ver também Jung: sobre a psique
anima e animus (anima/us), 116, 117, 122
    ver também: Jung: sobre anima e animus
    e sexo, 117, 122-23, 125
    e desenvolvimento psicológico ideal, 121
    e psique, 118
    e sombra, comparação entre, 116, 124-25
    e o inconsciente, 117
arquétipos, 14, 56, 117
    ver também Jung: sobre arquétipos
    e cultura, 116

behaviorismo, 104
Bergson, Henri, 60
Binswanger, Ludwig, 42
Bleuler, Eugen, 16, 42, 90, 197

complexos (*ver também* Jung: sobre comple-
    xos; sobre constelação)
    coletivos, 50
    constelação de, 47
    e ego, 54-55, 57-58
    formação de, 50
    e distúrbio da personalidade múltipla, 54
    pessoais, 49
    e possessão, 57-58
consciência, 21, 23-25
    ver também Jung: sobre consciência
    desenvolvimento da, 25
    oposto de, 24
Cristianismo, 68

energia psíquica, 73, 74 (*ver também* Jung: so-
    bre energia psíquica)
ego (consciência do ego), 21, 22, 40, 41
    ver também Jung: sobre o ego

Freud, Sigmund, 12
    sobre incesto, 66

A *Interpretação dos Sonhos*, 43
e Jung, 13, 44-46, 87-88, 99, 118, 131
    diferenças entre, 61-64, 66-68, 80, 85,
    87, 133, 146
    influência sobre, 15, 25, 41, 45, 61, 85,
    133, 197
    rompimento entre, 41, 115, 139, 159
como mecanístico, 71
reducionismo de, 68, 80, 93
sobre sexualidade, 57, 61-62, 63, 64, 69,
    146
Totem e Tabu, 87
sobre transferência, 110

Gnósticos, 15 (*ver também* Jung: e o Gnosti-
    cismo)

I Ching (*O Livro das Mutações*), 177
Identificação psicológica, 104
Inconsciente, (*ver também* Jung: sobre o in-
    consciente)

Jung, Carl Gustav, 11
    Aion
        sobre anima e projeção, 129, 131
        sobre ego, 22-24
        sobre si-mesmo, 23, 137, 138, 142-43,
        172-73
        sobre motivos subjacentes na história,
        191
    sobre anima e animus, 96, 108, 115-16,
    117-19, 143
        como arquetípicos, 116, 123, 128-29
        e ego, 120-22, 126, 129
        como destino, 131
        e questões de sexo, 116, 123-26, 129
        e individualidade, 127
        e desenvolvimento interior, 122, 127,
        128
        e Maya, 129, 133
        e persona, diferença entre, 118, 119,
        124, 126

problemas de, 120, 121
e projeção, 129, 130, 131, 132, 134, 162
e psique, 128, 129, 134
e relações, 131, 134-36
e sexualidade, 132, 134
e a sombra, diferença entre, 124, 128, 130, 131 e o "sujeito", 118
como sizígia, 143
e figuras transcendentes, 132, 133
como transformativos, 130
sobre arquétipos, 68, 72, 81, 123, 138, 173
como junção de fronteiras, 176
consciência em, 144
e cultura, 116
e ego, 94
o herói, 86, 156, 157
e instintos, 81, 84, 92-96
par mãe-bebê, 154, 155
de ordem, 189
e mundo físico, contínuo com, 184, 185
projeções de, 161
como psíquico/não-psíquico, 192
como psicóide, 176, 184
e religião, teologia, 93, 94
e sincronicidade, 184, 186, 191-93, 195
como transgressivos, 178, 193, 194
sobre atitude, 103, 104
autobiografia de, 115, 139, 141
sobre pulsões básicas, 61, 62
sobre causalidade, 181-82, 183
em psicologia, 181
como fronteiras desafiadoras, 176, 180
Collected Works (Obras Completas), 13, 19, 36, 142, 178
As Conferências Zofingia, 15
sobre compensação, 157, 158
sobre complexos, 41, 42, 44, 45, 47-49, 55
e arquétipos, 45, 52, 55, 56, 73, 97
núcleo de, 55
criação de, 56
e desintegração, dissociação, 53-54
e sonhos, 52
e ego, 48, 54, 57-58, 72, 73, 74, 97
e energia, 72, 73, 75, 76
como dotados de consciência, 54, 98
e imagem, 51, 52
modificação de, 56

como fragmentos de personalidade, 53, 54
e poltergeist, 48
e possessão, 57, 58
e psique, 51, 52
e psicogalvanômetros, 49
como quase-instintivos, 52
como memórias recalcadas, 55
sobre consciência, 21, 23, 24-25, 95, 155, 189, 190
distúrbios da, 40, 43, 44
cinco etapas da, 160, 167
sexta e sétima etapas da, 166
sobre constelação, 47
sobre cultura, 86
como natural, 76, 78, 80
sobre o desejo de morte, 67, 85
desenvolvimento de, 14
Diagnostische Assoziationstudien (Estudos sobre associação de palavras), 42, 45
tese doutoral de, 13
sobre ego (consciência do ego), 21, 24, 26-27, 37, 92, 105, 110, 145
e autonomia, 35, 38, 107
e corpo, 30-31, 33, 34
e colisões, 34-36, 40
e complexos, 47, 48-50, 167
conflito em, 107
e consciência, 22-24, 25-28, 32-35, 144
núcleo do, 28, 29
desenvolvimento do, 29, 34-37, 40, 98, 154-55, 158
e liberdade, 27, 38, 39, 92
e identificação, 104-105
e psique, 23, 26, 30-33, 38-40, 44
e consciência de si-mesmo, 29
como colocação dos humanos como seres à parte, 27
e o inconsciente, 2, 39, 96, 113
sobre enantiodromia, 59, 101
sobre pontos de vista enérgicos e mecanísticos, 70-72
sobre energia (ver também Jung: sobre energia psíquica), 69, 74
valores de, 74
sobre extroversão e introversão, 77, 78
sobre livre-arbítrio, 38, 39

sobre gnosticismo, 140, 142, 145 ·
sobre evolução humana, 86
sobre a imagem (imago), 51, 52, 118
sobre incesto, 66
sobre individuação, 84, 88, 112, 152, 153,
   156, 167
   estudo de caso de, 169-72
   e compensação, 157-158, 167, 173
   e conflito de opostos, 168
   e cinco etapas da consciência, 160-66,
      167
   na segunda metade da vida, 158, 172,
      182
   e o si-mesmo, 158, 159, 172
   e a sombra, 174
   e unidade, 157, 158, 167
   como integridade, 153, 157, 167
sobre instinto, 90
   e arquétipos, 81, 84, 93, 94
   e psique, 90-92
Kundalini Yoga Seminar, 166
sobre libido, 60, 63, 64, 69
   dessexualização da, 65-66
   natureza dual da, 85
   progressão da, 76, 77
   como energia psíquica, 64, 69
   regressão da, 76, 77
   e símbolos, 79
   transformação da, 68, 78, 80, 86
   como vontade, 66
sobre mandalas, 141, 144, 152
sobre matemáticas, 185, 188
Memories, Dreams, Reflections, 29
sobre espírito e corpo (matéria),
   relação entre, 82, 185
sobre modernidade, 163
Naturerklärung und Psyche,
   (*A interpretação da natureza e a psique*),
   178
e Alemanha nazista, 45
sobre números, significado de, 188
sobre "psique objetiva", 184
sobre o paranormal, 176
sobre a persona, 97, 100-10, 118, 119
   e adaptação, 107
   na adolescência, 108
   e ordem de nascimento, 108, 111
   e ego, 100, 104-07, 110, 118
   e identificação, 105, 111

de introvertidos e extrovertidos, 109-
   10
   e objetos, 109-10
   armadilhas da, 108
   e sombra, 97, 100, 112-14
   e culturas de vergonha e culpa, 111-
      12
   fontes da, 105-06
   transformação da, 110
e física, 69, 179-80, 182
questões "pós-modernas" em, 165-66
sobre projeção, 129-30
   e desenvolvimento consciente, 161-65
sobre psique (alma), 13, 15, 19, 20, 21,
   23, 26, 30-31, 69, 73, 138, 152
   e arquétipo, 95
   e corpo, 30-31, 32, 75, 90-91
   e colisões, 35-36, 40
   e complexos, 47, 51, 52
   complexidade da, 48
   e dissociação, 89
   e ego, 23, 26, 27, 30-33, 37-39, 44
   hierarquia na, 143
   e imagem, 51
   e instinto, 90-92, 94, 95
   limite da, 32
   mapeamento da, 11, 13, 15-18, 21, 41,
      45, 81-83, 95, 194
   como sistema aberto, 73
   partie inférieure, 91, 95
   partie supérieure, 91, 95
   e sacrifício da satisfação, 85
   e contínuo espaço-tempo, 186
   e o espiritual (*geistlich*), 91
   e sincronicidade, 186, 187
   e o inconsciente, 31-33, 43, 88-90, 95
   e o mundo, 178, 185, 187
sobre energia psíquica, 64, 69, 72, 75, 151
   arquétipos como fonte, 81
   regressão de, 76, 77
   transformação de, 65, 68, 78
experiências psíquicas de, 140
sobre o psicóide, 32, 89-90, 92, 96
como teórico da duração de vida psicológica, 154-56
Tipos Psicológicos, 13, 22, 36, 84, 102, 118,
   119, 166
sobre tipos psicológicos, 36, 37

psicologia analítica, 17, 48, 179
psicologia dos complexos, 48
Psicologia do Inconsciente, 64, 65, 66-68, 75, 84, 87
Psicologia e Patologia dos Chamados Fenômenos Ocultos, 13
empirismo científico, 15, 16, 18, 19, 182, 190
sobre o Si-Mesmo, 22, 96, 137-38, 141, 180
  e anima/animus, 142
  como arquétipo, 138, 139, 141, 144
  diagramas do, 146
  e ego, 144-49
  como empírico, 143, 152
  como imagem de Deus (*imago Dei*), 143
  e individuação, 158
  opostos em, 146
  símbolos de, 143-46
  como transcendente, 137, 142, 143
  como conhecedor desconhecido, 187
  como integridade, 138, 141, 143
sobre a sombra, 97-101, 143
  e ego, relação entre, 98-100, 107
  e o mal, 99, 101, 112
  e persona, 97, 100, 112-114, 124-125
  e projeção, 99, 100
  e vergonha, 111, 112
sobre a alma (*ver* Jung: sobre a psique)
Estudos sobre Psicologia Analítica, 84
fontes de pensamento, 15
sobre subpersonalidades, 53, 97, 98, 101, 102
sobre símbolos, 78-80, 113
Símbolos da Transformação, 67, 68
sobre sincronicidade, 177, 179
  como acausal, 177, 183, 186, 194
  e arquétipos, 184, 185, 186, 190, 192-193, 195
  e grupos de eventos, 190
  e compensação, 177, 178
  e continuidade, 178
  definições de, 186; ampla, 194; estrita, 186, 194
  e significação, 191-192, 193
  e ordem, 189, 194
  e psique, 185-187, 189
  e o psicóide, 191, 194

e teoria da relatividade, 179
e tensão de opostos, 183
tema de universalidade, 84, 87, 88
sobre o inconsciente, 23-24, 32-33, 41-43, 88-89
  um conhecimento *a priori* do, 187-189
  coletivo, 81, 82, 83, 85, 87
  e complexos, 44, 98, 167
  e ambiente de família, 50-51
  elementos formadores em, 88
  e sonho de casa, 85
  modificação do, 51
  e neurose, 168
  como previsível, 184
  fontes do, 83
  temas no, 88
  e estímulos verbais, 42-43
visão unificada de, 180
sobre o *unus mundus* (mundo unificado), 178
sobre vontade, 67, 92
Experimento de Associação Verbal, 41, 42, 44, 46, 49, 50, 69, 74
Instituto Jung, 11, 16

libido, 60 (*ver também* Freud: sobre libido; Jung: sobre libido)

mandalas, 141 (*ver também* Jung: sobre mandalas)

participation mystique, 160, 185 (*ver também* Jung: sobre cinco etapas da consciência)
persona, 118 (*ver também* Jung: sobre a persona)
personalidade múltipla, distúrbio da, 53
  e complexos, 54
  e ego, 54
  e conexões psicossomáticas, 54
PES (percepção extra-sensorial), 183, 186
possessão, 57-58
psique (alma), 21, 40, 41 (*ver também* Jung: sobre a psique)
  e corpo, 75-76
  e energia, 60
  como especificamente humana, 56

sincronicidade. *Ver* Jung: sobre sincronicidade
sonhos, constituição de, 52

Leia também:

JUNG E A INTERPRETAÇÃO DOS SONHOS

James A. Hall

Os sonhos, chamados, por alguns, de língua esquecida de Deus e, por outros, de mensagens do demônio, durante muito tempo foram considerados bons ou maus presságios do futuro. A crença moderna, porém, de que estão diretamente relacionados com a psicologia de cada um, e com as atitudes e padrões de comportamento de quem sonha, deve-se ao trabalho pioneiro do psiquiatra suíço C. G. Jung, que introduziu a idéia de que nos sonhos o inconsciente emerge de uma forma muito clara.

Este é um guia prático e abrangente para a compreensão dos sonhos com base nos princípios da Análise Psicológica de Jung. Aqui, o modelo da psique segundo Jung é discutido de forma concisa, com muitos exemplos clínicos de sonhos e do modo como eles podem ser interpretados em seu contexto.

Atenção particular é dada aos temas comuns e repetidos nos sonhos (quedas, perseguições, casas, carros, mortes, mágoas, casamentos, o fim do mundo, os símbolos sexuais etc.), Aos sonhos traumatizantes, à função intencional e compensatória dos sonhos, aos sonhos que prognosticam doenças ou mudanças físicas e ao modo como os sonhos estão relacionados com a etapa da vida e com o processo de individuação de quem sonha.

O autor, dr. James A. Hall, estudou na Universidade do Texas e no Instituto C. G. Jung, de Zurique. Atualmente, é psiquiatra e analista junguiano em Dallas, onde é professor clínico associado de psiquiatria na Medical School de Southwestern.

EDITORA CULTRIX

A
TIPOLOGIA
DE JUNG

Marie-Louise von Franz • James Hillman

Marie-Louise von Franz descreve, na primeira parte deste volume, o funcionamento interior dos oito tipos psicológicos e revela os potenciais e pontos fracos de cada um deles. Enriquecidos com as narrativas de casos que servem de ilustração às suas afirmações, seus capítulos apresentam ainda exemplos clínicos, mostrando que a tipologia é tanto um instrumento de diagnóstico como um modo de obter o conhecimento de si mesmo.

Na segunda parte, James Hillman distingue entre o sentimento e outros atos psicológicos, refutando conceitos errôneos acerca do sentimento e esclarecendo confusões freqüentes entre a anima e o complexo materno. Partindo de uma introdução histórica ao tema, passa por descrições e distinções junguianas e termina com um importante capítulo sobre a educação da função sentimento, no qual analisa, com autoridade, a coragem, o tato, os modos de comportamento e a criação da atmosfera propícia à expressão adequada do sentimento.

EDITORA CULTRIX

Impresso por :

Graphium
gráfica e editora
Tel.:11 2769-9056